L'adolescent face à son corps

La collection Païdos, Bibliothèque de psychologie et psychopathologie de l'enfant et de l'adolescent, est dirigée par le professeur Pierre Ferrari.

ANNIE BIRRAUX

L'adolescent face à son corps

Collection Païdos
BAYARD ÉDITIONS

Ce livre a été publié sous le même titre aux Éditions Universitaires en 1990.

ISBN 2-227-005-65-3

22, cours Albert-Ier, 75008 Paris

Bayard Éditions est une marque
du département Livre de Bayard Presse.

Un matin, au sortir d'un rêve agité, Grégoire Samsa s'éveilla transformé dans son lit en une véritable vermine. Il était couché sur le dos, un dos dur comme une cuirasse, et, en levant un peu la tête, il s'aperçut qu'il avait un ventre brun en forme de voûte divisé par des nervures arquées. La couverture à peine retenue par le sommet de cet édifice était près de tomber complètement, et les pattes de Grégoire, pitoyablement minces pour son gros corps, papillotaient devant ses yeux.

Que m'est-il arrivé ? pensa-t-il. Ce n'était pourtant pas un rêve.

F. Kafka, *La Métamorphose.*

INTRODUCTION

De quoi parlons-nous lorsque nous disons le corps ? Du corps anatomique, de l'ensemble de ses fonctions vitales, certes, mais aussi du corps identitaire, de ce qui fait que nous nous reconnaissons et que l'on nous reconnaît, des indices qui rendent possibles cette identité et cette identification, de leur figuration concrète autant que des représentations inconscientes du corps, c'est-à-dire de l'adéquation ou de l'inadéquation de soi à soi dont les ressorts échappent si souvent à la conscience.

Cette rapide évocation du champ complexe des signifiés du corps nous laisse entrevoir pourquoi celui-ci résiste à une définition exhaustive, et l'on voit que l'élargissement du domaine de définition du concept viendrait ici compliquer le problème plus qu'il ne le solutionnerait.

Dans un souci de simplification, on peut en faire le contenant matériel, objectivable du sujet, mais cette conception, d'une part, fait surgir la notion d'un contenu d'une autre nature, qui renvoie dans une version moderne à l'âme, d'autre part, exclut que le corps soit lui-même contenu comme représentation consciente ou inconsciente et organisateur de la vie psychique du sujet.

On peut en faire aussi le « support » du sujet, mais on voit bien se dessiner le risque d'un nouveau clivage soma-psyché, sauf à confondre corps et sujet. Ces questions se compliquent encore d'un constat en forme de truisme, c'est qu'il n'y a pas d'adolescent sans corps : il n'y a en effet d'adolescent que parce que le changement pubertaire travaille le corps de l'enfant, bouleverse ses repères spatiaux et la linéarité de son développement physique. En ce sens « l'adolescent et son corps » est un thème que l'on pourrait accuser de redondance, puisque la notion d'adolescence contient celle du changement corporel, si n'était le fait que ce qui nous intéresse dans la mise en tension des deux termes est essentiellement l'éprouvé psychique de la puberté et sa gestion dans le rapport au corps comme objet privilégié.

Nous partirons d'un donné, le corps biologique, au moment des transformations pubertaires et de l'émergence de la sexualité génitale, et nous tenterons de comprendre comment il participe de la construction du sujet. C'est donc du corps dans une théorisation de l'adolescence dont il sera question. Certes, le corps est là avant la puberté. L'histoire infantile en a ébauché les contours. Le corps objective déjà le sujet en devenir, mais le changement pubertaire va l'affecter définitivement, irréversiblement dans sa morphologie, ses identifications, son identité. Le changement pubertaire va, aussi irréversiblement, modifier le fonctionnement psychique du sujet.

« L'adolescent et son corps » sera donc essentiellement une réflexion sur le changement pubertaire et sa gestion : faute de pouvoir être un préalable, la définition du corps se construira au cours de notre cheminement.

Mais qu'est-ce que l'adolescence ?

« L'adolescence, dit Winnicott[1], est une découverte personnelle… chaque sujet est engagé dans une expérience – celle de vivre –, dans un problème, celui d'exister. » Il y aurait ici beaucoup à dire et nous pourrions nous laisser aller à des considérations philosophiques si Winnicott ne nous rappelait que cette découverte personnelle est en fait pulsionnelle. Il s'agit de négocier « une nouvelle poussée du ça », « d'intégrer les modifications de la puberté dans le schéma de la personnalité particulier à l'individu en question ».

La découverte pulsionnelle, celle des forces obscures qui lui appartiennent en propre et qui le poussent vers de nouveaux objets, de nouveaux intérêts, sexuels, intellectuels, sociaux ou intimes, partagés ou solitaires est un fait incontestable. Elle est associée aux

1. WINNICOTT D.W., « L'adolescence » (1962), in *Pédiatrie et psychanalyse*, Paris, PBP, 1969.

changements physiologiques de la puberté et en ce sens, elle est centrale à l'adolescence et concerne tous les adolescents. Cependant la manière dont elle est vécue, c'est-à-dire son éprouvé reste complexe en ce qu'il implique l'histoire propre du sujet avec sa configuration spécifique : ses premiers bonheurs et les charmes de ceux-ci, ses premières détresses, mais aussi ses conflits internes autant que ses certitudes, son angoisse et le système d'organisation de ses défenses contre elle, aussi bien que sa quiétude.

S'il existe un déterminisme biologique de la puberté, il existe aussi un déterminisme historique de la manière dont elle sera vécue et intégrée, et ce déterminisme est essentiellement celui de l'inconscient.

On constate cependant que l'intérêt des psychanalystes pour l'adolescence est relativement récent, comme si pendant des décennies la spécificité de celle-ci n'avait pu se dégager de l'idée qu'elle n'était qu'une répétition des premières phases de développement de l'enfant. C'était sous-estimer la pensée de Freud dont la contribution à l'approche des phénomènes psychiques de la puberté, dès 1905, dans les *Trois essais sur la théorie de la sexualité* insistait sur l'importance considérable de cette période de remaniements dans le devenir de l'individu. La découverte de l'adolescence, associée dans les travaux de Freud à la compréhension des mécanismes psychiques de la névrose, s'est étoffée dans les dernières décennies des observations et théorisations des Stanley Hall, Helen Deutsch, Erik Erikson et Peter Blos, considérés comme les pionniers de ce champ de recherche. S'il est indubitable que ces travaux constituent un ensemble de références toujours vivantes pour la compréhension des phénomènes normaux ou pathologiques, on ne peut ne pas y associer en France ceux de Pierre Mâle qui, pour n'être pas aussi souvent cité que les premiers, n'en a pas moins contribué à nourrir tout un courant d'intérêt et de recherches dont les analystes français sont les héritiers.

Tous ces travaux sur l'adolescence en réfèrent à Freud, mais prennent leur appui sur des concepts centraux qui ne sont pas nécessairement en cohérence les uns avec les autres.

Pour certains (S. Lebovici, E. Kestemberg, 1962), l'adolescence est le temps de consolidation de l'identité, et la conclusion des processus identificatoires est la clé de voûte des phénomènes psychiques de la puberté.

Le jeune pubère sait qu'il n'est plus un enfant puisque son corps s'est modifié, et qu'il entend constamment dans les propos de ses parents ou de ses maîtres : « ne fais pas l'enfant ; tu n'es plus un enfant », mais il ne sait pas encore qui il est. Il est un « pré-quelqu'un ». À ce stade, le désir d'être quelqu'un et le sentiment d'être quelqu'un en devenir, c'est-à-dire l'identification et l'identité sont un seul et même mouvement qui organise toutes les relations de l'adolescent avec lui-même, avec les images parentales qu'il a intériorisées et avec les autres. Ce mouvement est générateur d'anxiété, voire d'angoisse, car le jeune ne peut pas mettre en sens ce qui se passe en lui. L'adolescence pourrait se résumer en une question ontologique : « Qui suis-je ? Être ou ne pas être », si n'était subsumée dans cette interrogation la conscience d'avoir acquis la maturation des organes génitaux ; dès lors, l'adolescence pose essentiellement la question de l'« assomption » de sa personne avec un autre par l'exercice des fonctions génitales parvenues à maturité : le « cogito » adolescent, c'est l'orgasme coïtal.

Pour d'autres (Meltzer, 1978), le temps de la puberté engendre essentiellement un bouleversement des repères de pensée et de connaissance du monde. L'enfant a édifié ces repères dans une communauté d'enfants, face à une communauté d'adultes à laquelle il attribue l'omniscience et le pouvoir, car quand il apprend à parler, il croit que le mot contient la chose et qu'en possédant le mot, il possède la chose et ses qualités. Ainsi pense-t-il que les mots dont disposent ses parents sont la preuve qu'ils savent tout et qu'ils ont tous les pouvoirs.

Progressivement, en raison de l'édification du sens de la réalité, ces convictions s'effondrent, et au moment de la puberté et des changements qu'elle inaugure, tant au niveau du corps qu'à celui des représentations psychiques qui en découlent, l'enfant découvre la fragilité du savoir de ses parents et la relativité de leur pouvoir. Cette nouvelle version de la castration l'amène à penser « ils ne savent même pas faire des enfants » ; entendons par là : « l'enfant que je suis n'est pas l'enfant idéal dont rêvaient mes parents, parce qu'on ne fait pas l'enfant qu'on veut ». En même temps il réalise qu'il n'appartient plus au monde des enfants, pas encore à celui des adultes ; il entre dans une phase de transitions, sans références stables, où il lui faut se créer de nouveaux repères. Sa communauté d'appartenance est caractérisée par l'incertitude, le doute, par la désillusion autant que par l'appétit des possibles. Cette version de l'adolescence a l'intérêt de poser la question du changement pubertaire en termes de processus de pensée, de connaissance et de jugement. Il reste à débattre cependant du rôle déclenchant de ces processus dans le changement psychique de l'adolescence car on peut les appréhender aussi comme une des conséquences de celui-là.

Pour d'autres encore (Laufer, 1978), la puberté initie une rencontre avec un corps sexué et l'adolescence consistera à intégrer dans l'activité psychique la représentation de ce nouvel objet qu'est ce nouveau corps. Cette conception implique le présupposé que le corps et la relation au corps propre sont les facteurs déterminants de la constitution de l'appareil psychique, de son fonctionnement et donc de la capacité de penser. Elle met l'accent très spécialement sur le rôle des changements morphophysiologiques de la puberté en tant que moteurs ou inhibiteurs des changements du fonctionnement psychique. Le rejet inconscient des modifications pubertaires du corps, signifié dans le *fantasme masturbatoire central,* serait ainsi susceptible d'induire un phénomène de rupture dans la continuité des processus psychiques. Ce *breakdown* menacera l'évolution ultérieure du sujet incapable d'intégrer les conséquences du changement dans son histoire. Il se traduira par des symptômes d'allures diverses, qui tous mettront en scène un désir de destruction ou une desctructivité active de la partie sexuée du corps.

Pour différents qu'apparaissent ces points de vue, ils ne se centrent pas moins autour d'une idée essentielle : l'adolescence est une phase de bouleversements aussi bien psychiques que morpho-physiologiques. Le repérable, l'objectivable des changements corporels sous-tend et est sous-tendu de transformations internes psychiques notables. La puberté se donne ainsi à appréhender comme un événement initiatique qui n'a pas de précédent dans l'histoire de l'individu.

J'oppose ici *initiatique* à *infantile* en ce sens que sur des données historiques, mises en forme dans les premières relations de l'enfant avec son environnement, répétées dans le langage des pulsions partielles successives sédimentées, va surgir, avec ce corps génitalement mature et capable de procréer, quelque chose de radicalement nouveau et d'insensé. Cet événement est par essence irreprésentable puisqu'il ne réfère à aucune expérience antérieure. Le jeune pubère vit des éprouvés d'étrangeté qu'il identifiera peu à peu dans une mise en relations des sensations, des perceptions actuelles avec celles de son histoire antérieure et du savoir qu'il a acquis sur les choses.

L'économie libidinale du jeune s'en trouvera complètement bouleversée et devra se gérer dans de nouveaux investissements. Les parents de la petite enfance ne sont plus les objets de désir, et pourtant l'objet de satisfaction de la pulsion ne peut être qu'un objet incestueux. La castration se formalise dans l'impossible de la jouissance alors que tout est en place pour signifier au jeune la puissance advenue. Cet événement initiatique introduirait en somme au paradoxe. En conséquence, l'adolescent est en proie à des éprouvés d'inquiétante étrangeté sur lesquels il ne peut pas mettre de mots parce qu'il ne possède pas ceux qui désignent ces phénomènes. Aucune expérience antérieure ne peut en effet les rendre familiers, ni une pédagogie informative, explicative, ni la proximité de la sexualité des adultes parce qu'il s'agit d'une expérience radicalement singulière. Mais plus, le paradoxe en question est irreprésentable parce qu'il signifie l'inceste comme seule figure du plaisir et comme origine de la souffrance.

L'émergence de la représentation de la *complémentarité* des sexes donnera un sens à ces bouleversements.

S'il existe des pubertés plus ou moins paisibles, il en existe aussi qui peuvent être vécues comme de véritables traumatismes qui affecteront spécifiquement le corps.

C'est cette machinerie complexe qui entraîne la relation du sujet à son propre corps que je souhaite ici explorer.

Devenir un corps adulte est une épreuve, renoncer pour cela à son corps d'enfant n'est pas non plus une mince affaire. Celui-ci est le garant d'une sécurité acquise au cours des années dans les relations de dépendance aux images familiales, à leurs désirs, à leurs exigences. Il est le symbole d'une identité première construite entre papa et maman ou leurs substituts ; il est le temple de la toute-puissance, du bébé roi, non encore destitué par les épreuves de la réalité, il est sous l'emprise d'un moi idéal qui le réaspire dès que la réalité se fait trop exigeante. Le corps d'enfant angélique est une représentation active qui sous-tend des stratégies de retrouvailles de la complétude.

La puberté va tout remettre en question : l'enfant découvre la vanité de ses rêves : il n'épousera pas maman ; elle ne séduira pas papa ; plus, il, elle a un sexe anatomique qui, dans la conquête de l'identité, est le signe irréversible d'un nécessaire renoncement à l'autre sexe. Cette découverte qualitative de la différence des sexes est concommitante de la révélation de l'évidence de leur complémentarité, évidence dont il faudra se déprendre pour accéder à la castration génitale : la complémentarité des sexes est une figure de la complétude recherchée et un temps pour mesurer l'impossible de la jouissance.

La perte du corps d'enfant au profit d'un corps d'adulte peut donc apparaître à certains sujets comme une opération trop lourde de risques pour être tentée. L'histoire pubertaire engage alors dans la voie de constructions pathologiques inconscientes à seule fin d'éviter un changement qui porte en lui la potentialité d'un drame. À l'insu du sujet, celles-là peuvent conduire à la tragédie.

L'épreuve narcissique est co-existante de l'événement pubertaire. La représentation du changement est menaçante pour le fonctionnement du moi, les fantasmes incestueux obligent à une réorganisation des défenses, les idéaux du moi sont encore précaires et ne constituent pas un étayage réel qui pourrait se substituer aux images prothétiques parentales. La menace d'effondrement du moi est une constante qui permet de comprendre l'ampleur et la complexité des processus défensifs mis en place pour maîtriser le changement.

Plusieurs scénarios peuvent être repérables qui, chacun à sa manière, traduisent aussi le désir d'un commerce facilité avec le corps.

– *Le déni :* tout se passe comme si rien ne changeait. Le moi se clive, admet la réalité d'une partie du monde et s'arrange, au prix d'efforts qui à la longue l'épuisent, pour refuser la réalité du changement pubertaire et ses conséquences.

– *L'ascétisme :* il s'agit comme l'a si bien montré Anna Freud[2] de récuser tout ce qui vient témoigner de l'activité pulsionnelle et signifier le changement pubertaire. L'adolescent ici va tenter de rejeter de sa vie psychique tout ce qui évoque ce changement, et l'on verra tout le registre pulsionnel contaminé par ce processus de refus de la jouissance.

– *L'extériorisation :* le sujet ne peut s'assumer comme lieu et acteur du changement et s'emploie à trouver en dehors de lui les causes de ce qu'il éprouve. Comme dans les phases précoces de son développement, et en raison de sa fragilité narcissique, il s'emploie à démontrer que ce qui est bon est à l'intérieur de lui et que la source des conflits, le mauvais est à l'extérieur.

Ces trois stratégies, les plus fréquentes mais non les seules, se pensent en des configurations diverses ; les mises en scène sont toutes singulières ; les conjugaisons multiples. Elles révèlent un fait d'importance, c'est qu'à l'adolescence, l'ennemi c'est le corps.

Le corps, et sa nouvelle capacité de jouissance dans le coït et l'orgasme, doit trouver sa place et sa fonction dans l'histoire du sujet. Or, les représentations de celle-là subsumées dans la notion de complémentarité des sexes véhiculent, voire organisent, des fantasmes terrifiants : de la crainte du dommage corporel (comment les discours médiatiques sur le sida par exemple entrent-ils en résonance avec ce problème ?) à la peur de la jouissance incontrôlée, ils se constituent autour d'une angoisse plus profonde, indicible : celle de perdre l'éprouvé de l'unité du moi, celle de l'impuissance primitive et de l'effondrement en face des exigences du monde externe.

Ces aspects du processus adolescent sont trop souvent laissés pour compte dans l'approche du jeune, au profit de conceptualisations psycho-sociologisantes : conflit de générations, crise culturelle d'identité, etc. ; celles-ci ne sont pas sans intérêt, et l'on sera amené à le voir dans nos développements, mais elles ne suffisent pas à rendre compte de l'adolescence dont elles sous-estiment, voire méconnaissent, l'essentiel : le rapport intime du sujet à la métamorphose de son corps.

Difficulté et souffrance le caractérisent : « J'avais vingt ans, disait Nizan, et je ne permettrais à personne de dire que c'est le plus bel âge de la vie[3]. » Et nous aurions mille exemples de la littérature ou de notre vie quotidienne pour conforter cette assertion : Kafka bien sûr, mais aussi Nabokov, Mishima, Segalen et ces jeunes qui nous côtoient, et ceux que nous avons été.

Mon intention est de redécouvrir cet adolescent banalisé dans notre champ social à travers les stéréotypes médiatiques, pour tenter de l'accompagner de l'intérieur, de le rencontrer dans l'intimité de son commerce à son corps pubère, pour faire apparaître ce qu'il nous est si facile de nier : l'extraordinaire exploit d'une adolescence réussie.

---

3. Nizan P., *Aden Arabie*, Paris, Rieder, 1932, Maspero, 1960.

Mon propos s'étaiera sur un rappel des données physiologiques, biologiques et psychologiques de la puberté (chap. 1) et sur l'inventaire des figures sociologiques de l'adolescence avant d'envisager les caractéristiques du changement psychique qu'elles initient (chap. 2) pour mettre en évidence l'insuffisance d'une approche qui ne se justifierait que d'un statut social particulier. J'aborderai ici une définition de l'adolescence. Je fonderai mon argumentation sur les travaux de Freud et de ses successeurs. J'essaierai aussi de mettre en évidence que l'avènement de l'adolescence et sa conclusion procèdent d'une dialectique dans laquelle le fait psychique n'est pas moins important que la réalité physique. Le corps n'est pas plus important que la représentation du corps.

J'insisterai sur le concept de *complémentarité des sexes* comme résumant et solutionnant le bouleversement pubertaire.

J'aborderai alors les achoppements du processus de l'adolescence, qui peuvent se révéler dans les relations que certains jeunes et moins jeunes entretiennent avec leur corps : corps désaffecté (anorexie, psychose ; chap. 3) ; corps agressé (risques physiques, tentatives de suicide ; chap. 4) ; corps maîtrisé (ascétisme et intellectualisation ; chap. 5) ; corps fétichisé (phobies, narcissisme ; chap. 6) ; corps stigmatisé (handicap physique ; chap. 7).

Pour conclure, j'essaierai de dégager la spécificité de l'angoisse à l'adolescence et les caractéristiques de sa gestion (chap. 8). Toutes les stratégies que le jeune développe au cours de sa puberté, et dans lesquelles il implique son corps, ayant pour but d'empêcher l'émergence de l'angoisse et son éprouvé.

Ce découpage est arbitraire et limitatif. Je ne développerai pas par exemple le problème, pourtant actuel, de la toxicomanie. Il met certes en scène une relation particulière au corps sexué que l'on peut appréhender comme une fuite active de la souffrance de l'intégration de la puberté et des solutions identificatoires, au même titre que certaines autres problématiques que je traite ici ; mais si la toxicomanie existe, il est regrettable qu'elle soit traitée comme le fléau numéro un de l'adolescence, au détriment des tragédies plus silencieuses qui n'en existent pas moins et compromettent tout autant l'avenir du jeune. J'ai fait le choix d'insister sur ce dont on parle peu. J'évoquerai par contre l'addiction alcoolique dont le sens me paraît plus accessible à l'analyse dans le cadre de cette étude, car il ne véhicule pas les mêmes enjeux socio-politiques que celui du commerce et de la consommation des drogues illicites. De plus, l'alcoolisme chez les adolescents est souvent correllé avec des facteurs culturels ou éducatifs, et je souhaite l'aborder sous un autre angle.

Je parlerai peu du corps malade, des pathologies somatiques chroniques, pour des raisons qui m'obligeraient aussi à des raccourcis ou à des amalgames réducteurs.

Pour toute problématique évoquée je renverrai le lecteur, chaque fois qu il sera possible, à une bibliographie complémentaire.

Cette réflexion pose le cadre théorique d'un problème qui ne saurait se limiter à des développements que nous proposons.

CHAPITRE I

ADOLESCENCE ET PUBERTÉ L'IMPLOSION BIOLOGIQUE ET LA PHÉNOMÉNOLOGIE DE LA PUBERTÉ

Puberté – adolescence

Quelle que soit la définition que l'on s'accorde à donner du processus d'adolescence, elle contient un double implicite : d'abord celui du changement, ensuite, celui de l'existence de potentialités considérables, souvent menaçantes pour l'adulte et la société et qu'il faudra canaliser, endiguer.

Le changement semble objectivement repérable, il s'agit de la rupture de la linéarité du développement physique, de la mutation sociale : de la dépendance familiale à l'autonomie. Il s'agit aussi de l'évolution de la qualité des processus de pensée : de la pensée concrète à la pensée formelle pour Piaget et son école, ou des représentations présexuelles aux représentations sexuelles et à l'intégration de la complémentarité des sexes pour les psychanalystes. Ces changements menacent la permanence du sentiment d'identité construit dans les premières enfances. La question « Qui suis-je dans ce nouveau corps ? » se complique de la non-familiarité du vécu et des éprouvés associés à ces transformations ; en ce sens, l'objectivité du changement est seulement partielle. Celui-ci a ses zones d'ombres, et ce qui se voit, n'est qu'une infime partie du bouleversement pubertaire.

Quant aux potentialités, elles pourraient relever du mythe, si toutes les sociétés n'avaient perçu la menace de déstabilisation des ordres établis que véhicule l'adolescence. Potentialités physiques qui s'expriment par exemple dans les compétitions et exploits sportifs, mais aussi forces plus obscures, plus mystérieuses qui se repèrent essentiellement au détour de l'histoire dans les cadres qui à chaque époque ont été édifiés pour les contenir.

Or, ce cortège de transformations visibles et invisibles, aussi bien que la révélation de cette soudaine puissance qui contribueront dans le meilleur des cas à la constitution d'une identité et d'un sentiment d'appartenance à une communauté adulte sont initiés par le bouleversement physiologique pubertaire, et ne se réalisent pas sans lui.

Ce n'est pas dire pour autant que l'adolescence est réductible au processus pubertaire, mais c'est insister sur le fait que le changement s'organise essentiellement autour du corps pubère et de la relation que le sujet peut créer avec lui.

Jean-Jacques Rousseau[1] déjà, montrait en des pages très sensibles, l'intrication des changements physiques et la naissance des passions à la puberté.

> Nous naissons pour ainsi dire deux fois : l'une pour exister et l'autre pour vivre : l'une pour l'espèce et l'autre pour le sexe. Ceux qui regardent la femme comme un homme imparfait ont tort sans doute, mais l'analogie extérieure est pour eux. Jusqu'à l'âge adulte, les enfants des deux sexes n'ont rien d'apparent qui les distingue : même visage, même figure, même teint, même voix, tout est égal : les filles sont des enfants, les garçons sont des enfants : le même nom suffit à des êtres si semblables. Les mâles chez qui on empêche le développement ultérieur du sexe gardent cette conformité toute leur vie ; ils sont toujours de grands enfants, et les femmes ne perdant point cette même conformité, semblent à bien des égards ne jamais être autre chose.
>
> Mais l'homme en général n'est pas fait pour rester toujours dans l'enfance. Il en sort au temps prescrit par la nature ; et ce moment de crise bien qu'assez court, a de longues influences.
>
> Comme le mugissement de la mer précède de loin la tempête, cette orageuse révolution s'annonce par le murmure des passions naissantes :

1. ROUSSEAU J.-J. (1762), *Émile, ou de l'éducation*, Paris, Garnier-Flammarion, 1966, chap. IV, pp. 273-274.

une fermentation sourde avertit de l'approche du danger. Un changement dans l'humeur, des emportements fréquents, une continuelle agitation d'esprit rendent l'enfant presque indisciplinable. Il devient sourd à la voix qui le rendait docile : c'est un lion dans sa fièvre, il méconnaît son guide, il ne veut plus être gouverné.

Mais la puberté est spontanée et limitée dans le temps, alors que l'adolescence, elle, en raison d'une part, de la dialectique qu'elle impose entre le monde interne et externe du sujet, de la diversité des modes de gestion possibles de cette mise en tension, en raison d'autre part des normes de groupe, sociales, constantes ou occasionnelles, s'inscrit dans une durée variable. La puberté admet un schéma séquentiel unique, l'adolescence, au contraire, est non systématisable. L'appareil psychique, par essence singulier, traite en effet les effets de la puberté de manière absolument originale pour chaque sujet : si l'on peut mettre en évidence des spécificités culturelles, sociales, voire des généralités en forme de lois qui régissent ce processus, il serait bien imprudent de prétendre qu'elles permettent la saisie de toutes les données qui y concourent et la mise à plat radicale de la dynamique qui y opère.

J'évoquerai trois constats en forme de postulats :

1) C'est le corps du sujet qui est au cœur de l'adolescence : un corps en transformation, un corps en identification, un corps en sexuation. Ce sont des effets d'une dialectique entre le corps infantile connu, fantasmé, sédimenté par les accidents de l'histoire, et le corps inconnu, mystérieux, mature sexuellement qui s'impose dans les transformations de la puberté dont rend compte l'adolescence comme construction du sujet.

2) Il n'y a pas de discours exhaustif possible sur l'adolescence, il y a des multiplicités de discours justes. En prenant comme cadre de référence la théorie psychanalytique et ses concepts, je ne prétends pas à une vérité qui rendrait caduques les autres approches (par exemple sociologiques, cognitives, anthropologiques). J'ai la conviction que l'adolescence est un processus interne, avant d'être ce par quoi elle s'expose sur la scène sociale, et c'est la raison de mes choix conceptuels. Ils ne sont pas limitatifs et ouvrent à bien des transversalités.

3) L'adolescence n'est pas la puberté ; mais bien que leurs définitions engagent des éléments spécifiques, il me paraît nécessaire

de garder à l'esprit l'idée que les deux phénomènes sont connexes : la biochimie du changement pubertaire n'affecte pas seulement le corps de l'enfant, sa morphologie ; elle modifie aussi son monde interne, ses représentations, ses affects, ses émotions, l'image de son corps et la place qu'il lui fait dans sa relation au plaisir ; « aux signes moraux d'une humeur qui s'altère se joignent des changements sensibles dans la figure[2] », Inversement, si la préadolescence, l'adolescence sont pour certains, une classe d'âge au statut social particulier – entre la dépendance et l'autonomie – la manière dont l'enfant prépubère se projette par anticipation, dans la vie adulte, ou la stratégie qu'il développe pour s'y soustraire, en recherchant sécurité et protection du côté des parents ou de leurs substituts, modifient significativement le déroulement des processus pubertaires.

La puberté se définit comme l'ensemble des changements essentiellement biologiques et anatomiques qui aboutissent à la capacité de reproduction. Par la puberté, l'adolescent s'inscrit dans la pérennité potentielle de l'espèce. La puberté est un phénomène panhumain : elle concerne tous les individus, sauf cas pathologiques, à peu près au même moment de leur vie.

Les variations concernant la moyenne d'âge d'apparition de l'événement existent mais elles sont relativement limitées. Les facteurs ethniques, géographiques, culturels, semblent les influencer. Ces facteurs en tous cas n'affectent pas le déroulement séquentiel des changements. Par commodité, on admet que la puberté coïncide chez la fille avec le début des premières règles, et chez le garçon avec la première éjaculation. On appellera prépuberté la période d'un ou deux ans qui précède le fait arbitrairement choisi de la première menstruation ou de la première éjaculation. Ce laps de temps est caractérisé par des changements biologiques et morphologiques importants et souvent accélérés. La prépuberté est un concept qui recouvre le plus souvent celui de puberté ainsi défini, alors qu'il recouvre dans les traités médicaux la longue période de silence des hormones sexuelles qui précède la puberté, depuis la petite enfance.

L'adolescence peut se définir comme un temps et comme un travail : temps psychique, psychologique et socio-culturel de la

2. ROUSSEAU J.-J., *op. cit.*

puberté, travail essentiellement psychique d'intégration des nouvelles données que la puberté inaugure, dans l'histoire du sujet. L'adolescence est un phénomène dont la variabilité est infinie même si un certain nombre de constantes le cadrent : les expériences antérieures de l'enfant, son éducation, son vécu infantile, qui donnent déjà une particulière spécificité au vécu prépubertaire vont formaliser le travail de l'adolescence, le faciliter ou y faire apparaître des obstacles. Enfin, les réactions parentales et familiales élargies, les réactions de l'environnement (écoles, institutions) à la maturation sexuelle de l'enfant vont induire des configurations multiples, qui excluent que l'on puisse donner de l'adolescence un schéma unique. La préadolescence est la réaction psychique, psychologique socioculturelle à l'amorce des changements qui précèdent la puberté.

Mais puberté et adolescence entretiennent entre elles des relations étroites. Ainsi, on sait combien des pubertés précoces, rares certes, mais non exceptionnelles, entraînent de difficultés psychologiques chez les enfants, capables de procréer, avant même d'avoir développé *a minima* les fonctions du moi (apprentissages, intelligence, autonomie). Inversement, les pubertés tardives amènent les jeunes à se sentir en déphasage avec leur classe d'âge, et à tenter, par des systèmes de compensation souvent provocants ou mal adaptés, une intégration dans le monde de leurs congénères pubères. Les changements psychiques de la préadolescence et de l'adolescence sont des plaquages fragiles s'ils ne sont accompagnés par les changements biologiques.

Ces définitions sont cependant plus commodes qu'opératoires. Elles appartiennent au langage courant mais ne sont pas scientifiques ; on pourrait dire qu'elles objectivent l'ignorance (relative, mais quand même) dans laquelle nous sommes quant à la « nature » du changement pubertaire.

Il se pourrait que ces deux facettes, endocrinienne d'une part (puberté), psychologique et sociale d'autre part (adolescence) soient les effets d'un déterminisme unique, historique. Ce qui s'exprimerait du changement à la puberté serait programmé dans l'histoire du premier développement et de la maturation des systèmes neurorégulateurs ; des éléments cliniques pourraient aller dans ce sens, reléguant ainsi les facteurs contemporains, sociaux, culturels, familiaux au rang d'éléments accessoires. « Trouver l'objet, dit

Freud, n'est en fait que le retrouver[3]. » « L'adolescence, dit Jones, est la répétition de la première enfance[4]. » Préoccupation de spécialistes, certes, mais qui a de quoi bouleverser les effets de la recherche en d'autres secteurs, pédagogique ou sociologique, si elle venait à se confirmer par les découvertes des neuro-sciences par exemple.

Pour l'heure, restons au plus près de l'« objet pubère ». Comment s'opèrent les transformations du corps du jeune aux portes de l'adolescence ? Comment ces changements se manifestent-ils dans leur environnement ?

Les facteurs endocriniens de la puberté

Ils déterminent essentiellement deux sortes de changements :

– la maturation des caractères sexuels primaires qui permet la fonctionnalité des appareils sexuels anatomiques ;

– l'apparition des caractères sexuels secondaires associés à des modifications morphologiques.

Ils contribuent à l'avènement d'un corps sexué, et ainsi au changement psychique qui caractérise l'adolescence.

Les recherches actuelles en endocrinologie ne permettent pas d'exposer avec simplicité le détail des événements qui déclenchent les changements biologiques prépubertaires et pubertaires, ni même de cerner avec précision les facteurs en cause. Mais, il importe moins de recenser l'état actuel des travaux sur une question aussi complexe, que de tenter de montrer l'énorme machinerie biologique qui concourt à ces changements. Le fait que tout se passe bien dans la plupart des cas ne doit pas pour autant nous faire minimiser l'exploit naturel que constitue toute maturation sexuelle.

La machinerie hormonale sexuelle est pratiquement silencieuse jusqu'à la puberté. Certes, elle a joué un rôle décisif dans les premiers temps de la différenciation sexuelle chez l'embryon et le fœtus, mais en sourdine. À la puberté les transformations si spectaculaires sont le fait de réactions en chaîne dont la chronologie est simple

---

3. FREUD S. (1905), *Trois essais sur la théorie de la sexualité*, tr. fr. Paris, Gallimard, 1962, p. 132.

4. JONES E., *Théorie et pratique de la psychanalyse*, Paris, Gallimard, 1969, p. 371.

alors que les mécanismes intimes restent d'une grande complexité. La machinerie hormonale sexuelle implique l'activité de trois opérateurs essentiels : l'hypothalamus, l'hypophyse et les gonades (testicules et ovaires). La secrétion hypothalamique entraîne une secrétion hypophysaire (gonadotrophines) laquelle entraîne une secrétion gonadique (œstrogènes et androgènes). Il est cependant admis actuellement que les relations hypothalamo-hypophyso-gonadiques sont contrôlées par le système nerveux central et des centres extra-hypothalamiques qui ont un pouvoir modulateur sur la sécrétion rythmique et pulsatile de l'hypothalamus[5].

Ainsi, les centres supra-hypothalamiques sont-ils concernés, mais aussi l'épiphyse, ou encore la cortico-surrénale ; leur influence stimulatrice ou inhibitrice est complexe, quelquefois encore discutée. Des facteurs non endocriniens interviennent aussi comme le niveau de maturation de l'organisme, les facteurs familiaux, les facteurs ethniques, sociaux et nutritionnels.

C'est dire la complexité du système. Elle nous autorisera à tenter de ne schématiser que les données qui ne font pas problème. Depuis la naissance, les gonades ont gardé un aspect embryonnaire. Le testicule et l'ovaire comportent tous les éléments de leur fonctionnalité ultérieure, mais n'ont pas d'activité ; ils sont en latence, en sommeil. Ce que l'on sait, c'est que le signal du réveil vient de l'hypothalamus sous contrôle du système nerveux central, mais on ne sait pas comment ce signal est déclenché.

Cette activation de la machinerie neuro-hormonale n'est pas un fait nouveau en soi. À deux reprises déjà, pendant la gestation, puis pendant les trois premiers mois de la vie post-natale (première et deuxième phase d'activation), les gonades ont été stimulées et des hormones sexuelles libérées (les glandes surrénales contribuent aussi à cette sécrétion) dans les deux sexes ; entre deux et huit ans (ce sont des âges moyens qui sont définis selon des critères physiologiques et osseux, et non comme des âges réels) les taux des hormones sexuelles circulant dans le sang sont au plus bas de ce que l'on observera au cours de la vie, et équivalents dans les deux sexes. Cette période de silence est dite généralement prépubertaire ou

5. *Cf.* PETRUS M., *Le retard pubertaire du garçon*, coll. « Poche-Médecine », *Adolescence*, Paris, 1986, p. 14.

impubère. La mise en place des transformations de la puberté coïncide avec la *troisième phase d'activation* de la machinerie neuro-hormonale. Les gonadotrophines plasmatiques commencent à augmenter en quantité, très progressivement, de un à deux ans, avant l'activation des sécrétions gonadiques et avant que n'apparaissent les premiers signes cliniques de la puberté. Ainsi, le changement travaille le corps de l'intérieur avant que les transformations ne soient repérables par l'environnement, et par le sujet lui-même, de manière objective.

Le développement des gonades dépend donc de ces hormones produites par l'hypophyse antérieure sous contrôle elle-même de l'hypothalamus. Le niveau de développement des gonades ne semble pas avoir une quelconque influence sur la mise en route du processus. En revanche, un certain niveau de maturation de l'hypothalamus est nécessaire au démarrage de la puberté. L'hypothalamus envoie des signaux à l'hypophyse qui va produire des gonadotrophines utiles à la poussée et à la maturation des testicules et des ovaires. Ceux-ci, enfin fonctionnels, vont produire des hormones mâles et femelles conditionnant les changements sexuels du corps à l'adolescence ; la production de ces hormones sexuelles est contrôlée par un mécanisme de régulation réciproque entre les hormones des gonades et les hormones hypophysaires androgènes et œstrogènes qui déterminent l'hypothalamus à augmenter ou réduire la production des gonadotrophines hypophysaires.

La sécrétion des gonadotrophines (hormones hypophysaires) est, à tout âge, de type pulsatile, c'est-à-dire par décharges ; les raisons des modulations d'amplitude de fréquence ou de rythme ne sont pas connues. Cependant on sait que cette pulsatilité est plus active pendant le sommeil que pendant la journée[6].

Sans gonadotrophines la puberté n'a pas lieu.

Le déclenchement de l'activité hypothalamique à la prépuberté reste mystérieux mais l'hypothèse qu'il serait inhibé au cours de l'enfance par les petites quantités d'œstrogènes et d'androgènes sécrétées par les surrénales et les gonades de l'enfant, est généralement admise. Au cours du développement de l'enfant, la maturation de son hypothalamus irait de pair avec une baisse de sa sensibilité

6. BOYAR R.M., « Control on the Onset of Puberty », *Ann. Rev. Med.* 1978, 29, pp. 509-520.

aux hormones surrénaliennes et gonadiques, et lèverait leur capacité d'inhibition : la stimulation de l'hypophyse serait alors possible, et l'apparition d'une sécrétion de gonadotrophines enclencherait l'amorce des changements de la puberté.

Dans le détail, cela est bien plus complexe, mais cette esquisse, en pointant le rôle de l'hypothalamus, notre cerveau végétatif, montre combien les changements de la puberté sont intimement liés à toute notre économie émotionnelle et affective.

En ce sens, la maturation sexuelle, qui répond à un déterminisme inné, déploie des caractéristiques propres à chaque individu.

Les gonadotrophines impliquées dans la maturation sexuelle sont de deux sortes : la LH (hormone lutéinotrophique) et la FSH (hormone folliculostimulante). Elles interviennent dans les deux sexes et activent aussi bien le fonctionnement des gonades mâles que femelles, des testicules et des ovaires. La LH semble avoir un pouvoir de stimulation spécifique de la production des œstrogènes ovariens ; de même, elle déclenche aussi la production de testostérone, hormone masculine. Mais la FSH concourt aussi à l'activation des sécrétions.

Les androgènes, ou hormones mâles (étymologiquement qui provoquent l'apparition des caractères sexuels masculins), ont pour chef de file la testostérone et sont sécrétés pour partie par le testicule, pour partie par la corticosurrénale.

Les œstrogènes (étymologiquement qui provoquent l'œstrus chez la femme et les mammifères), essentiellement l'œstrone, l'œstriol, l'œstradiol sont sécrétés par l'ovaire. Celui-ci sécrète aussi la progestérone qui contribue à la mise en place des conditions utérines et musculaires de la grossesse.

Chez le garçon, c'est la testostérone qui est à l'origine des changements de la puberté. Sous l'impact également de la LH, la FSH activera le développement du testicule, et en synergie avec une hormone thyroïdienne, elle sera responsable du développement des tubes séminifères et de la production du sperme.

Chez la fille, il existe une sécrétion normale d'hormones mâles (androgènes) alors que chez le garçon, les hormones femelles (œstrogènes) sont en quantité insignifiante.

On doit aux œstrogènes, le développement chez la fille de la poitrine : le premier signe est l'apparition d'un nodule sensible, qui sera suivi de l'augmentation de taille de l'aréole. Le volume du sein va augmenter, car la glande mammaire se développe ainsi que le tissu qui l'entoure. On doit aussi aux œstrogènes le développement du vagin, de l'utérus, des trompes de Fallope, et des petites lèvres, les modifications des muqueuses, la distribution des graisses sur les fesses.

On doit aux androgènes (surrénaux et ovariens) la poussée des poils pubiens, d'abord sur le pubis, puis latéralement sur les grandes lèvres et jusqu'à la naissance des cuisses ainsi que la pilosité axillaire.

Chez le garçon, on doit aux androgènes, d'abord la croissance des testicules et celle du scrotum, puis l'augmentation de la taille du pénis, l'apparition des poils pubiens, les changements squelettiques : de même, c'est à la testostérone qu'on doit l'augmentation de volume de la prostate et de sa fonction sécrétoire. On peut penser que les œstrogènes sont responsables à cette même période de localisations graisseuses, voire du bourgeonnement mammaire qui donnent au garçon quelquefois un aspect efféminé souvent équivoque.

Mais, d'autres hormones contribuent à ces changements pubertaires, en synergie avec les précédentes. La poussée de croissance par exemple, est la conséquence des effets des hormones sexuelles mais aussi des hormones somatiques sur l'os.

Chez la fille, la poussée de croissance est d'environ 7,5 cm la première année, 5,5 cm la deuxième année ; chez le garçon, ces chiffres moyens sont de 8,5 cm et 6,5 cm (J.E. Toublanc). La poussée de croissance a tendance à être beaucoup plus importante qu'au siècle dernier (la moyenne de taille des Français est environ de 1,75 m pour les hommes et de 1,67 m pour les femmes, contre 1,65 m et 1,56 m au début du siècle) mais aussi à commencer plus tôt. L'hypothèse souvent avancée est celle d'une meilleure nutrition, plus protéinée ; ou bien encore celle d'un privilège socio-économique. Cependant il semblerait que cette augmentation moyenne de la taille touche toutes les populations et toutes les classes sociales, même les plus défavorisées et les plus marginales.

Dans les pays à population hétérogène, l'âge de la puberté dépend plus des conditions socio-économiques que de l'origine ethnique. Les variations tenant aux facteurs climatiques sont de faible amplitude (Petrus, 1986). La puberté des filles est plus précoce que celle des garçons – en moyenne de deux ans – et l'on ne sait pas pourquoi ; cela va dans le sens d'un phénomène largement constaté d'un développement moyen de la fille plus rapide que celui des garçons de la naissance à l'âge adulte (les dents, l'âge osseux, aussi bien que les apprentissages). Le premier signe de la prépuberté est en général la poussée des seins. La croissance s'amorce généralement dix-huit mois à deux ans avant les premières règles. Celles-ci ne mettent pas un terme aux changements de la puberté. Les premiers cycles sont irréguliers, et jusqu'à ce qu'ils soient bien réglés, le processus de transformation morphologique se poursuit (poitrine, distribution des graisses, système pileux pubien et axillaire).

L'âge moyen de la puberté des filles en France est de 12 ans, 8 mois. Il a sensiblement diminué depuis vingt ans.

Il semble que cette plus grande précocité de la puberté, assez généralement constatée, soit la conséquence de meilleures conditions d'hygiène et d'alimentation.

La plus grande précocité d'apparition des premières menstruations, et donc des capacités de reproduction n'est pas sans poser problème.

Dans une étude longitudinale faite en Norvège, la moyenne d'âge est passée de 17 ans en 1850 à 13 ans 6 mois en 1950...

Les conséquences de ces variations sont plus importantes qu'il n'y paraît. Elles traduisent une maturation plus rapide du petit d'homme. Sa néoténie est un fait remarquable dans l'histoire des mammifères supérieurs ; l'accession à la vie sexuelle et à la reproduction étant plus précoce, on peut penser qu'elle s'accompagne normalement d'une capacité de développement psychique qui devrait autoriser aussi des autonomisations plus rapides. Or, ce n'est pas en ce sens que s'orientent les systèmes sociaux industrialisés, si bien qu'on assiste à une évolution discordante, d'une part de l'évolution du corps, plus précocement autonome et apte à la reproduction, d'autre part de l'évolution des systèmes de liens sociaux (obligation scolaire, donc impossible autonomisation dans le système économique, durée moyenne des études et de la formation), dont on retrouvera les effets sur le vécu des adolescents.

La plus grande précocité d'apparition des règles entraînant une baisse discrète mais constante de l'âge auquel la procréation est possible, du point de vue du développement psychique, peut gêner l'évolution normale de l'enfant, en court-circuitant ce que les psychanalystes appellent la phase de latence, phase de silence relatif des pulsions, mais de silence nécessaire et de maturation avant le réveil pubertaire.

Inversement, les écarts à cette norme de plus en plus précoce risquent d'être vécus de manière problématique et difficile, en particulier chez les jeunes se développant intellectuellement normalement et appelés à partager la vie sociale de leurs pairs sans se sentir en communauté d'identité et d'éprouvés avec eux.

La puberté des garçons est un peu plus tardive que celle des filles : 13 ans et demi-14 ans ; on a déjà décrit la séquence habituelle des transformations jusqu'à la première éjaculation, celle-ci, pas plus que la première menstruation chez la fille, ne met un terme aux changements amorcés. Si la première éjaculation traduit la maturation de la prostate, elle ne produit pas forcément un sperme abondant et fertile. De plus, les premières éjaculations peuvent avoir lieu bien avant que le garçon ait terminé sa croissance et acquis un physique d'homme. On conçoit que cette disjonction d'une fonction procréative, qui ne serait pas associée à une image de soi comme homme, puisse, autant que certaines pubertés précoces chez la fille, être fortement préjudiciables à l'équilibre psychique du jeune.

On comprend aussi la difficulté des préadolescents dans leurs relations aux filles de leur âge déjà pubères, déjà émancipées et qui généralement ne manquent pas d'user de cette supériorité pour tenter de liquider un contentieux de rivalité que la différence anatomique des sexes formalise.

Il faut savoir que les différences notables d'âge auquel se manifeste le début des changements morphologiques, mais aussi la variabilité de la durée nécessaire pour que ces changements s'achèvent, ont une énorme importance chez les jeunes. L'ordre séquentiel des changements est généralement constant ; par exemple, il est rare que les premières menstruations apparaissent avant le bourgeonnement des seins ; il est rare aussi que la première éjaculation précède la poussée testiculaire, mais en dehors de ces repères essentiels, les autres changements sont dans leur ordre d'apparition imprévisibles : les garçons peuvent commencer à avoir des poils pubiens entre 9 et 16 ans, les filles entre 8 et 15 ans. La poussée de croissance des garçons peut commencer dès 11 ans ou après 15 ans ; celle des filles entre 9 et 14 ans. Les règles apparaissent normalement entre 9 et 17 ans. Le pénis peut atteindre sa taille définitive dès 13 ans ou à 17 ans. Pour la majorité des garçons, la première éjaculation se produit entre 13 ans et 16 ans.

La durée de la puberté est variable, les changements peuvent s'accomplir en moins de deux ans ou durer pendant six ou sept ans.

Le rappel de ces données biologiques n'a pas la prétention d'être « professionnel », mais cette rapide évocation vise à mettre en évidence deux aspects du processus pubertaire que l'on retrouve d'une autre façon au plan psychique.

a) L'ampleur et la complexité du changement

C'est en effet tout l'organisme qui est concerné par ce bouleversement : organes nobles, centres nerveux, système endocrinien, mais aussi squelette, peau, phanères et ce, pour un but unique, qui est la pérennisation de l'espèce à travers la capacité de procréation.

Mais il est à noter que ce bouleversement, dans son déterminisme et dans ses effets, n'est pas indépendant des facteurs socioculturels et environnementaux, même si ceux-ci semblent avoir une importance mineure. Il est à souligner aussi que ce changement s'inscrit tout autant dans le temps que dans l'espace d'une culture et que ce temps de l'événement est un facteur favorable en ce sens qu'il permet la familiarisation, l'apprivoisement, bref, l'institution d'un commerce avec l'objet-corps pubère, mais qu'il peut aussi intervenir comme un élément de complication ; la durée d'un processus de changement n'est un atout que lorsque l'on sait tirer partie du temps pour gérer incertitude et insécurité.

b) L'émergence d'un état d'équilibre précaire, entre le corps de l'enfant et le corps de l'adulte qu'il n'est pas encore

Équilibre si précaire qu'il peut aboutir à la rupture, à la perte d'identité, le sujet ne se reconnaissant plus dans un corps qui lui est étranger et ne pouvant plus se référer au corps d'enfant qu'il n'a plus. Le temps de la puberté avec les transformations qu'elle inaugure est un temps de dysharmonie.

Un certain nombre de changements va dans le sens de ce que souhaite le sujet, d'autres non. Leur rythme n'est pas maîtrisable. Aucune intervention externe ne semble pouvoir les influencer. Cette dysharmonie s'impose de l'intérieur, et avec elle, un cortège d'incertitudes, d'inquiétudes, d'angoisses bien spécifiques, qui ne se solutionnent que dans l'unité retrouvée – si elle est possible – du corps et du sentiment d'identité.

La métamorphose et son éprouvé

Les changements de la puberté vont donc bouleverser les repères les plus tangibles de l'enfant. Si sa nouvelle morphologie le rend méconnaissable à des personnes proches dont il est séparé pendant quelque temps, il n'est pas rare qu'elle le rende méconnaissable à lui-même ; il (elle) devient gauche, maladroit(e), ingrat(e), ne sachant plus très bien qui il (elle) est, qui il (elle) est en train de devenir. Le miroir est un complice qu'il (elle) appelle souvent à la rescousse, ou qu'il (elle) fuit, par crainte d'y voir se dessiner une image qui ferait s'effondrer tous les rêves caressés jusque-là. Que la taille risque de n'être pas standard, que les traits du visage s'épaississent, que la poitrine soit trop volumineuse ou trop menue, les fesses trop larges, les pieds trop grands, le nez trop long, chez la fille ; que les épaules soient trop étroites chez le garçon, la morphologie un peu enrobée, la pilosité absente... et s'installent chez l'un comme chez l'autre, l'inquiétude, la peur.

Ceci n'a sans doute jamais été mieux décrit que dans la métaphore kafkaïenne de la métamorphose.

Grégoire est un grand adolescent qui vit dans une famille ordinaire, avec des parents ordinaires, une sœur ordinaire, c'est-à-dire très proche de lui, attentive à ses attentes, ses besoins, sa souffrance ; il se réveille un matin « au sortir d'un rêve agité, transformé dans son lit en une véritable vermine[7] ». Cependant, il ne s'agit pas d'un rêve, car les repères de sa vie ordinaire, sa chambre, le paysage que découpe la fenêtre de celle-ci, bien tangibles et concrets ne défigurent pas le quotidien, bien au contraire.

Grégoire est un voyageur de commerce : il éprouve avec contrariété l'instabilité de son vécu « les changements de train, les correspondances qu'on rate[8] », mais au matin de ce réveil pas comme les autres, tout cela passe au second plan, car il prend conscience d'une mutation profonde de lui-même qui le confronte à la monstruosité : il se mêlait à sa voix un piaulement douloureux... il était gêné par une carrure formidable, il ne possédait plus que de petites pattes en vibrations continuelles, sur lesquelles il n'avait pas d'action.

---

7. KAFKA F., *La métamorphose*, Bibliothèque de la Pléiade, Paris, Gallimard, 1980, p. 193.
8. *Ibid.*, p. 200.

Grégoire est ainsi confronté à la condition animale : « il n'est plus maître de sa direction[9] ». Ses pattes minces et velues sécrètent une substance visqueuse ; ses problèmes de locomotion concernent surtout son arrière-train, et, sans pouvoir l'expliquer, il découvre qu'il peut se servir de son corps d'une manière imprévisible : il grimpe aux murs.

Kafka décrit bien sûr ici la rencontre du jeune et de son monde pulsionnel, mais surtout l'éprouvé particulièrement douloureux du jeune dans cette rencontre régressive où se pose de manière aiguë et critique le problème de la communication, c'est-à-dire de la symbolisation : comment accéder à ce code nouveau qui doit permettre la satisfaction des besoins élémentaires et le plaisir ?

Comment se faire comprendre puisqu'il n'est plus lui-même, et que s'est modifiée, à son insu, son image ?

Grégoire garde une conscience lucide de sa nouvelle condition, une capacité intégrale de représentation de ce qu'il est devenu, bien qu'il n'en comprenne pas la raison. Subsiste une certaine logique de son fonctionnement, sorte d'héritage des habitudes antérieures, mais qui lui semble ne plus être adéquate à la logique du fonctionnement de son environnement.

La logique de Grégoire implique d'abord une demande de satisfaction des besoins primitifs : manger, exonérer, traduire les éprouvés sensoriels, picotements, fourmillements ; mais la logique de l'environnement, celle du plus grand nombre, est celle des conventions, du code social, des habitudes, et Grégoire est hors norme. Il va alors vivre dans l'attente de la satisfaction de ses besoins, sans qu'il ait à formuler une demande, en espérant que sa sœur la devine, vienne au-devant de lui : il est comme un nourrisson qui attend d'être satisfait avant même d'éprouver un manque, une frustration. Il semble que Grégoire soit dans l'impossibilité d'imaginer la solution qui viendrait mettre fin à son malaise ; qu'il soit incapable de penser la nature et la qualité de l'objet susceptible de le soulager. On pourrait dire qu'il attend d'être satisfait sans avoir à halluciner l'objet de satisfaction ; qu'il s'installe dans une situation de complète passivité, victime de sa métamorphose. En fait, ce qui manque à Grégoire, ce sont les signifiants qui

9. *Ibid.*, p. 207.

donneraient sens aux objets nouveaux qui le sollicitent : les objets essentiellement sexuels, car il est évident que cette métamorphose est celle de la puberté : en témoignent le corps velu et sa monstruosité, la substance visqueuse, les éprouvés sensoriels nouveaux étrangers, ou le grimper aux murs, dont la symbolique renvoie clairement au corps pubère, au sperme, aux excitations sexuelles, à l'érection.

Si tant est que « le mot est le meurtre de la chose », ou en tout cas l'acte de pensée qui en implique la maîtrise, l'absence de mot nommant la chose, confère à celle-ci une étrangeté monstrueuse. Grégoire, tout au long de cette modification, ne recevra aucune explication et ne demandera rien ; prisonnier jusque dans sa pensée de l'étrangeté de la métamorphose de son corps. Il vivra dans l'attente que sa sœur lui donne la clé de l'aventure dans laquelle il est embarqué. À la fin du récit, on apprend que celle-ci est devenue une adolescente pour laquelle il faudra trouver un mari, épilogue heureux d'une histoire qui fait une victime : Grégoire mourra de n'avoir pas compris ce qui lui arrivait, et de n'avoir pas pu se faire comprendre.

Tout se passe comme si l'histoire de Grégoire dramatisait la liaison des transformations somatique et psychique en exaltant l'impossible aboutissement, sinon dans la mort, d'un processus physique qui ne s'accompagnerait pas d'une évolution psychique parallèle. Grégoire est débordé par des éprouvés qu'il ne comprend pas et s'épuise de ne pouvoir investir les mots qui donneraient sens à sa nouvelle identité.

Il s'agit bien sûr d'une histoire de garçons, mais on peut la considérer comme métaphorique de la puberté pour les deux sexes.

Si des différences existent du point de vue comportemental entre les garçons et les filles à la puberté, les ressemblances aussi : l'un des points communs le plus facilement repérable, et peut-être le plus difficile à vivre pour les parents, est, à l'instar de Grégoire, la difficulté de communication qu'ils génèrent. Quels que soient les efforts faits par les parents, le jeune se replie sur lui-même, ne partage plus avec euphorie ou simplement bienveillance les fêtes familiales, ne raconte plus ses peines, ses contrariétés ou ses joies. Il semble cultiver un jardin secret dont les adultes sont exclus. Il utilise souvent avec ses congénères un langage codé. Il signifie à ses parents qu'il ne peut rien leur demander et qu'il n'a besoin de rien ; surtout pas de questions.

Les acquisitions de la latence disparaissent progressivement, chez les garçons comme chez les filles. Les intégrations sociales : politesse, courtoisie, les manières à table, l'ordre acquis, la propreté laissent place à la négligence, à la grossièreté, à la saleté. La fille devient agressive, surtout envers sa mère, irritable, opposante ; pleine de contradictions, elle est imprévisible. Elle est quelquefois capable de réserver le meilleur d'elle-même aux adultes extérieurs, à la famille ou aux garçons de son âge qu'elle fréquente, ou encore à son amie de cœur. Garçons et filles mettent à distance les contacts physiques avec leur mère, et s'ils étaient précédemment des petits enfants affectueux, ils apparaissent progressivement comme des monstres d'égoïsme. À y regarder de plus près, il s'agit plutôt d'une monstruosité ambivalente. Ils sont partagés entre des désirs contradictoires et ne peuvent y faire face harmonieusement.

On pourrait développer davantage ce bouleversement des habitudes acquises, par exemple de la propreté, puisque le texte de Kafka nous y invite, (aussi bien d'ailleurs que l'*Émile* de Rousseau).

L'adolescent éprouve une relation particulière à l'ordre et au savon : jusqu'à ce moment le rangement de sa chambre, de ses affaires, était régi par un conditionnement parental, surtout maternel : l'ordre est un processus individuel et aucun « ordre » ne peut se substituer à un « autre », même dans la perspective d'une finalité « ordonnée ». Certains adultes rangent leur bibliothèque par auteur, d'autres par genre, d'autres par thème, d'autres par collection, par date d'acquisition. Aucun système n'a le privilège sur l'autre d'être plus fonctionnel, sinon dans la mesure où le rangeur sait où il va trouver l'objet dont il a besoin. L'adolescent, lui, qui se débarrasse des injonctions parentales, n'a pas de système de rangement, pas d'ordre... Sa chambre est un véritable capharnaüm, ses vêtements, des chiffons, des loques, que la saleté n'arrange pas. Il est difficile, voire impossible, de lui faire admettre la nécessité de faire passer ses sous-vêtements sales à la machine, ou de changer ses vêtements usés. Ceux-ci semblent constituer une enveloppe, une véritable seconde peau, et on a l'impression qu'à vouloir brusquer les choses, imposer, contraindre à des actions qui ne sont ni souhaitées ni perçues comme nécessaires, on court au-devant des catastrophes.

Il en est de même pour le commerce du savon : c'est un objet qu'il semble préférable d'écarter de l'adolescent, celui-ci peut avoir des coquetteries, soigner son « look », passer chaque matin une heure dans la salle de bains pour gominer sa coiffure, se maquiller, toutes opérations qui visent à maîtriser le sentiment d'étrangeté et à tenter de se reconnaître, sans éprouver la nécessité d'une douche quotidienne.

Ces situations ne sont pas plus difficiles pour les parents que pour l'adolescent lui-même. Elles sont l'occasion de disputes souvent violentes au sein de la famille mais il faut garder à l'esprit que, d'une part, l'adolescent ne peut pas, du jour au lendemain habiter ce corps étranger dont la puberté l'a affublé : toute séance de baignoire le confronte à un objet dont il a peur, et avec lequel il lui faut le temps de se familiariser, d'autre part, il n'y a pas de « saleté de l'adolescence » qui ne trouve sereinement un terme, en même temps que se résout la relation de l'adolescent à son corps sexué. L'intolérance parentale à cette phase transitoire difficile est la meilleure façon d'en empêcher la résolution harmonieuse.

Le même désordre affecte d'ailleurs leurs habitudes alimentaires : voracité ou crises de « régime » alternent, sans que l'on sache pourquoi. Les horaires des repas sont négligés, les goûts changent, deviennent capricieux. Les excès aussi fréquents que les privations ; la consommation inter-prandiale devient systématique et il leur est de bon ton de laisser sur la table, l'évier ou dans la chambre des traces de ces agapes improvisées : le pot de yaourt vide à côté de la télé, la peau de banane flétrie sous le lit sont des insignes bien banals de cette révolution des habitudes de nourrissage.

Ces comportements témoignent essentiellement de deux choses :

– la désorganisation profonde du monde externe des adolescents en raison des réaménagements nécessaires de leur monde interne ;

– la régression des investissements vers des positions et objets infantiles, non oubliés, mais peu ou prou abandonnés dans les années de latence, et ce, pour retrouver une sécurité, une identité dont la puberté les dessaisit.

Désorganisation et régression sont des symptômes normaux de l'adolescence. C'est leur absence qui doit faire problème plus que leur apparition, au même titre que les phobies de la névrose infantile, que la peur du noir, la crainte du loup, ou la phobie des animaux dans la prime enfance ; désorganisation et régression sont des manifestations caractéristiques de l'adolescence, normales, et en ce sens organisatrices de l'adolescence. Elles se résument dans le concept de dysharmonie qui renvoie bien à la rupture des équilibres antérieurs, au caractère problématique de l'évolution ultérieure.

Ce concept est au cœur du processus de la puberté.

Il rend compte, non seulement à cause des images auxquelles il renvoie (c'est le contraire de l'harmonie, de ses règles ; la dissonnance en musique, au plan plastique ou pictural une œuvre qui « ne fonctionne pas »), mais en raison de ce qu'il recouvre du côté de la nosologie ou de la psychologie, de la non-homogénéité du développement du jeune à cette période de sa croissance. La dysharmonie, c'est la mise en relation, mais surtout la mise en tension du corps et du psychisme, dans un scénario à quatre personnages. L'enfant qu'on est encore et l'enfant oublié, qu'on n'est plus, l'adulte qu'on n'est pas encore, et celui qu'on commence à être.

La dysharmonie c'est un périple, une traversée, une opération à risques dont l'échéance n'est pas garantie en prime d'une appartenance quelle qu'elle soit, à une lignée, un milieu socio-culturel, une nationalité, une race.

La dysharmonie de l'adolescence est universelle. Toute adolescence est essentiellement dysharmonie : désorganisation et régression d'une part, comme conséquences immédiates du remaniement de l'image du corps et de l'émergence de la sexualité, fixation d'autre part à des ancrages de sécurité, et évolution de certains secteurs du moi, autant de mouvements contradictoires, dyschroniques qui rendent compte de cet état.

Dans le quotidien, la dysharmonie, c'est l'alternance de phases de morosité, d'enthousiasme, d'excitation, de dépression ; c'est l'irritabilité, l'hyperémotivité ou au contraire, la froideur, l'agressivité ; c'est la fatigabilité ou l'endurance extrême ; ces discordances d'humeur ne sont probablement pas plus purement psychologiques qu'elles ne sont la conséquence d'une fonction endocrinienne non encore stabilisée.

L'instabilité thymique est un des signes de la dysharmonie pubertaire, au même titre que les bouleversements comportementaux auxquels nous avons précédemment fait allusion.

La dysharmonie rend compte de l'apprentissage de la maturité (si tant est qu'elle existe !) ; en tout cas, rend compte, non seulement du décalage entre la puberté somatique et endocrinienne, et l'intégration de celle-ci par le sujet, mais de la difficulté de troquer des certitudes pour des « possibles » excitants peut-être, mais aléatoires. L'adolescent semble se dire, face à cette obligation de repenser son économie de plaisirs, ses choix, ses investissements, que ce n'est peut-être pas si enviable que cela d'être un adulte.

Le processus de la puberté engage en effet l'adolescent dans un triple remaniement.

1) De la relation avec son propre corps : le bouleversement somatique lui impose un corps « étranger » et nécessite un travail de reconstruction de la représentation du corps ; la représentation du corps perdu de l'enfance n'est plus cohérente avec l'événement advenu.

2) De la relation avec sa sexualité : l'accession à la génitalité impose l'exigence de se distancer des objets œdipiens et des images infantiles intériorisées. L'objet incestueux n'a jamais été aussi menaçant, puisque l'inceste est désormais possible et pourtant, il ne peut pas être désinvesti sans mettre en danger la cohérence du moi.

3) De la relation avec son environnement : la distance par rapport aux objets parentaux induit un nouveau type de commerce avec le monde. L'image que le jeune a de lui-même ne se suffit plus d'être renvoyé par le regard maternel. Les modèles familiaux sont insuffisants à nourrir l'édification de l'idéal du moi amorcée dans l'enfance. La conclusion des processus identificatoires ne saurait se faire sans confrontation aux objets non œdipiens.

Ce triple remaniement est essentiellement psychique et concerne le monde interne de l'adolescent : sa topique, c'est-à-dire l'organisation de ses instances, la dynamique des relations moi-ça-surmoi, caractérisée par la poussée du ça et la mise en place d'un idéal du moi, condensation de son histoire passée et de la manière dont il la projette dans l'avenir ; mais aussi ses éprouvés, ses représentations.

Il est induit par le corps, et s'organise à partir du corps et de la représentation de celui-ci.

Il induit l'accession de l'enfant au « je ». Il ne semble pas que l'on puisse parler de sujet avant que ne soit acquis le fonctionnement instrumental génital et remaniée cette triple relation.

L'accession au « je » est une construction à partir de la pluralité constitutive du moi infantile et de l'élément nouveau qu'est le corps sexuellement mature. Cette construction qui s'accompagne de deuils, de renoncements, réactive une angoisse jamais éteinte de perte, mais fait surgir aussi des éprouvés d'exaltation, car elle ouvre fantasmatiquement à tous les possibles. Dans cette efflorescence d'éprouvés archaïques surgissent souvent des sentiments de dépersonnalisation, de détresse car la puberté est bien l'instant où doit se perdre l'enfant pour laisser place à un hypothétique sujet.

De la dépendance à l'autonomie, ainsi pourrait-on résumer la fonction du travail de l'adolescence que la puberté vient initier. Se dessine alors l'espace de ce travail, singulier, interne. La scène est la même pour tous en son cadre, l'interprétation est unique, et cela n'est pas incompatible avec les généralités que nous avons rappelées qui ne sauraient constituer que la toile de fond sur laquelle s'esquisse l'objet.

CHAPITRE II

ADOLESCENCE ET CORPS DE LA RÉALITÉ SOCIALE À LA RÉALITÉ PSYCHIQUE

Non seulement je sais pas ce que j'ai, mais je sais pas ce que je suis.

Aux toilettes, je me suis levée du siège et je me suis collée debout le nez contre la glace et j'ai décidé que je me regarderais jusqu'à ce que je sache ce que je suis.

Je me suis posé des questions. Je me suis fait une liste.

Est-ce que je suis une femme ? Non.
Est-ce que je suis une fille ? Non.
Est-ce que je suis un garçon ? Non.
Est-ce que je suis un enfant ? Non.

Stéphanie, *Des cornichons au chocolat**.

L'adolescence est une réalité qui ne paraît pas pouvoir être contestée si on la définit comme le temps et le travail intégratifs des transformations de la puberté. Pourtant, certains historiens ou anthropologues ont pu penser qu'elle était un fait de société et rien d'autre.

* Éd. Jean-Claude Lattès 1983.

La réalité sociale

Les figures de l'adolescence

Pour Philippe Ariès l'adolescence est une création de la fin du XVIIIe siècle. Elle n'existe pas sous l'Ancien Régime, et *a fortiori*, avant. Elle est une conséquence d'un fait instituant : la conscription et le service militaire.

Adolescent et étudiant sont jusqu'au XIXe siècle, synonymes, de même que *puer* et *adolescens* dans le latin des collèges. Si P. Ariès[1] réfère la longue durée de l'enfance à l'indifférence où l'on tenait alors les phénomènes biologiques, il met aussi l'accent sur le double mouvement qui, au XVIIIe siècle, aboutirait à la naissance de l'adolescence. L'un, illustré par Chérubin, qui est porteur de toute la problématique pubertaire, dont l'expression est ici l'ambiguïté sexuelle, la bisexualité psychique ; l'autre, figuré par le conscrit jeune, fort, viril et brave, qui, en se destinant au combat, se range précocement, du côté des hommes faits. Selon l'encyclopédie du Moyen Âge, « le grand propriétaire de toutes choses », les âges de la vie « étaient l'une des manières communes de concevoir la biologie humaine » : ainsi, après l'enfance et *pueritia*, « le tiers âge, qui durait selon les auteurs jusqu'à vingt et un, vingt-huit, voire trente à trente-cinq ans, était appelé adolescence pour ce que la personne était (est) grande pour engendrer ». Ainsi, était soulignée l'intrication intime de la procréation et de l'adolescence[2].

Jusqu'au XVIIIe siècle, après l'enfance et pendant la jeunesse (que nous appellerions aujourd'hui l'âge mûr) – précédant le troisième âge –, selon P. Ariès, il n'y a donc pas de place en France pour l'adolescence comme statut. Le vêtement avec un certain systématisme marque la différence entre l'enfant et le jeune pubère : les culottes courtes s'accomodent mal des pilosités trop viriles. De même, on voit chez les demoiselles les fantaisies de la coiffure et la

1. ARIÈS P., *L'enfant et la vie familiale sous l'Ancien Régime*, l'Univers historique, Paris, Seuil, 1973.

2. Mais Jean Corbichon, traducteur en 1556 de *l'Encyclopédie*, note la difficulté de maintenir en français ce tiers âge admis par les Latins, « il y a plus grande difficulté en français qu'en latin car en latin il y a sept âges nommés par divers noms desquels il n'y en a que trois en français. C'est à savoir enfance, jeunesse et vieillesse », cité par P. Ariès.

longueur des jupes signaler l'apparition de la puberté. Mais l'adolescent n'a pas de place dans la société.

De la même manière, Margaret Mead[3] défend l'idée que l'adolescence est un fait de société et que certaines structures sociales en font l'économie : il n'y aurait pas par exemple, selon elle, d'adolescence aux îles Samoa.

Il est vrai que dans ce type d'organisation sociale qu'elle a pu observer au début de sa carrière, il n'y a pas de crise d'opposition, voire de violence, marquant, soulignant la différence des générations et le passage de la dépendance de l'enfant à l'autonomie de l'adulte : les vingt-cinq jeunes filles qui ont fait l'objet de sa recherche, vivent ce temps de passage dans une totale sérénité. Elles n'ont aucune inquiétude à se faire sur leur devenir, fixé, programmé par la tradition et les rites : le statut dans la communauté, leurs relations sexuelles leur échappent en ce sens qu'elles sont organisées par un ordre interne au clan. La puberté, la nubilité inscrivent la jeune fille dans cet ordre qui lui permet l'économie des choix et des conflits identificatoires.

Si l'adolescence n'existe pas aux îles Samoa, c'est bien parce que, comme P. Ariès, Margaret Mead réduit celle-ci à un statut.

L'évidence tient lieu ici de vérité. Mais peut-on extrapoler à partir du constat d'absence de rôles de transition entre l'enfance et l'âge mûr, qu'il n'existe pas de mouvement, de changement interne, de remaniement psychique contemporains de cette mutation ?

Le constat d'une absence de statut adolescent résulte en effet de la manière dont les adultes gèrent, dans la tradition, l'accession à la génitalité : la résolution la plus fréquente des derniers conflits identificatoires est une ritualisation, une mise en scène extérieure du processus maturatif du sujet, de la génitalisation des pulsions et de l'intégration d'une sexualité procréative sur lesquels il est délibérément fait silence : ritualisation et mise en scène qui permettent à l'enfant d'accéder aussi à la complémentarité des sexes[4].

La notion de différence sexuelle acquiert en effet alors sa valeur qualitative, sa spécificité, une, individuelle et structurante, condition fondamentale, essentielle de l'acceptation de son incomplétude : tout cela dans le non-dit mais dans la symbolique du rituel.

---

3. MEAD M., *Le fossé des générations*, trad. franç., Paris, Denoël-Gonthier, 1971.

4. GUTTON P., BIRRAUX A., « Ils virent qu'ils étaient nu ; différence et complémentarité des sexes à l'adolescence », in *Psychanalyse à l'université*, 1982, 7, 28, pp. 671-679.

Pour P. Ariès et M. Mead, l'adolescence se repérerait donc dans l'existence ou l'absence de certains comportements. Comme période de transition, elle serait soumise aux aléas de l'économie et de la culture. Est-il besoin de rappeler l'étroite dépendance de l'adolescence aux mouvements sociaux ? Elle semblerait ne plus exister lorsque les besoins démographiques le commandent ; lors de la Grande Guerre, certains jeunes de Verdun n'avaient pas seize ans ; en 1945, en Allemagne, des soldats en tête de ligne avaient tout juste treize ans ; et plus récemment au Salvador, les médias ne nous ont-ils pas offert le spectacle d'enfants de douze ans qui apprenaient le maniements des armes. Rappelons-nous les « boys » combattants en Indochine et évoquons les adolescents au Nicaragua, en Afghanistan ou en Iran aujourd'hui, aussi bien dans les armées régulières que du côté des résistants[5].

À l'inverse, l'adolescence existerait, se prolongerait, lorsque la société ne saurait plus, par exemple, absorber sa main d'œuvre et mettrait en place des structures qui maintiennent la dépendance aux images parentales ou à des substituts en limitant l'accession à l'autonomie.

Ainsi, l'adolescence comme fait de société semble ne pas pouvoir être contestée. La place qui lui est faite est intimement liée à l'économie globale des relations humaines et plus spécialement à celle des relations d'adultes. Elle est appelée à suppléer aux défaillances de ceux-ci lorsque l'équilibre national la convoque ; elle est maintenue en coulisses, prolongée, étouffée et quasiment interdite de jouissance lorsqu'elle risque de menacer ce même équilibre, au niveau du travail par exemple, et d'une politique de responsabilités qui préserve, tant que faire se peut, les privilèges de l'âge mûr.

Mais réduite à un fait social, l'adolescence semble dénaturée. Classe d'âge, statut, toutes caractéristiques réductrices qui ne rendent plus compte de l'aspect processuel dans lequel engage la

5. Un rapport, soumis à une commission spécialisée des droits de l'homme à Genève en août 1988, fait état du fait qu'environ 200 000 enfants de moins de quinze ans portent les armes dans le monde. Le rapport évoque l'abaissement de l'âge de la conscription à treize ans en Iran, dans la guerre contre l'Irak, et l'abaissement de cet âge pour un combattant s'il a le consentement de sa famille : il évoque aussi les rafles et les rapts d'enfants en Afghanistan, au Salvador, au Nicaragua, pour soutenir les forces vives de l'armée. Ces enfants généralement sont peu payés, ce qui souligne combien il est aisé de les assimiler à des adultes, et tout aussi facile de les assujettir comme des esclaves.

puberté. L'adolescence devient statique, même dans la mouvance ! C'est un espace, un temps, une époque de transition, un âge intermédiaire, qui est ou n'est pas, uniquement en fonction du champ social. Est-ce pensable ?

Cette image de l'adolescence semble un leurre, car si l'adolescence existe :

– c'est bien parce qu'elle engage dans un processus, un travail interne, que la puberté a rendu nécessaire afin de maintenir la cohésion de l'être et la cohérence de sa pensée ;

– c'est bien parce que les transformations psychiques et l'émergence de la sexualité génitale engendrent des bouleversements tels que rien ne peut plus être comme avant, à l'intérieur du sujet, et ce, que la société le reconnaisse ou non.

Le moment que choisit P. Ariès pour faire advenir l'adolescent dans la société est aussi celui où Jean-Jacques Rousseau (1762) consacre près de deux cents pages de son traité de l'éducation à Émile adolescent (quinze-vingt ans). Or, rien ne laisse ici penser qu'il s'agisse d'une espèce nouvelle. Cet âge est celui de la raison et des passions, et l'on voit que toute l'intelligence déployée à éduquer Émile, vise à travers la morale et la religion, à l'aider à gérer le trouble naissant de la sexualité. Il ne s'agit pas de faire taire ce trouble : « je trouverais celui qui voudrait empêcher les passions de naître presque aussi fou que celui qui voudrait les anéantir », mais de donner au sujet et à ses éducateurs, les instruments nécessaires pour maîtriser le danger dont il est porteur : l'égarement, la perte des repères.

> Si, près des repères qui commencent à devenir dangereux pour lui, son pouls s'élève et son œil s'enflamme, si la main d'une femme se posant sur la sienne le fait frissonner, s'il se trouble ou s'intimide devant elle, Ulysse, ô sage Ulysse, prends garde à toi ; les outres que tu fermais avec tant de soin sont ouvertes ; les vents sont déchaînés ; ne quitte plus un moment le gouvernail ou tout est perdu[6].

L'adolescence s'impose ici plus comme un état que comme un statut social. L'adolescence est bien une phase de développement de l'être humain, universelle, mais les sociétés ne lui reconnaissent

---

6. ROUSSEAU J.-J., *Émile, ou traité sur l'éducation, op. cit.*

pas forcément ses caractéristiques propres, différentes de celles de l'enfance. C'est ce que montre bien Michèle Perrot[7] affirmant qu'en aucun cas elle n'a été inventée par la société industrielle, mais que celle-ci l'a fait émerger de l'enfance, à laquelle elle continue de réserver le préjugé de l'innocence. L'adolescence est alors cette phase de transition entre la dépendance et l'autonomie, cette période d'apprentissage du métier pour la plupart, entre la première communion et le service militaire, marquée du soupçon de « perversité », de « possibilité de perversion ». L'adolescence est « ce sexe indocile qu'il faut endiguer ». L'auteur cible bien un rapport particulier du sujet à la sexualité qui semble peu modifiable par les structures de la société.

C'est aussi la position de J.-C. Schmitt[8]. Pour celui-ci, l'adolescence est peut-être d'abord et initialement, comme pour les historiens et sociologues, une classe d'âge, il n'empêche que cette classe d'âge se caractérise par un certain nombre de traits communs ; dès le Moyen Âge, dans les textes qui en rendent compte, on constate qu'elle renvoie à la peur, au danger, à la solitude, à la tentation et au péché ; toutes notions qui, dans les journaux intimes et les autobiographies qu'il a consultés, tournent autour de l'avènement de la sexualité et des relations avec les images parentales.

Ainsi, J.-C. Schmitt fait-il de l'adolescence une période d'inversion des valeurs sociales (Aucassin et Nicolette) ou de révolte contre le père (saint François d'Assise) : fait social certes, mais d'un déterminisme qui échappe aux structures des sociétés.

À la lumière de ces travaux, l'adolescence apparaît donc moins comme un statut social que comme une problématique individuelle que les sociétés se donnent ou non les moyens de résoudre, par exemple en affectant à cette classe d'âge des rôles, ou en créant des institutions qui la cadrent.

En fait, tout se passe comme si on pouvait contourner l'adolescence dans les sociétés où le corps du jeune est pris en charge collectivement : rôles ou rituels. Spectaculairement, l'adolescence semble en effet n'exister comme fait social seulement que depuis que les

---

7. On se reportera aux interventions de Michèle Perrot lors de la discussion « Adolescences. Un pluriel à l'étude des historiens », (M. Perrot, J.-C. Schmitt, A. Farge) avec A. Braconnier, P. Gutton, A. Tassel, in *Adolescence*, 1985, 3, 1, pp. 43-47.

8. Schmitt J.-C., *op. cit.*, p. 45 et ss.

rituels initiatiques ou leurs équivalents disparaissent (première communion, conscription, mariage parmi les derniers). Lorsque ces rituels s'évanouissent, l'adolescence a tendance à se révéler de manière turbulente.

Cela m'engage à rappeler la fonction du rituel, la manière dont il introduit le sujet dans un processus de symbolisation qui ouvre à d'autres représentations. Le rite image, métaphorise la problématique interne du sujet. L'adolescence y retrouvera du sens.

La fonction des rituels

Les rituels de passage qui existent dans bon nombre de groupes sociaux à l'adolescence, reconnaissent de manière symbolique l'événement pubertaire et ses conséquences, l'accession du corps à la sexualité, à la capacité de reproduction et au plaisir – secondairement ils confèrent au sujet un droit à l'autonomie – dans les limites de la tradition et des enjeux sociaux.

Le dernier en date est la première communion, celle-ci a une histoire[9] mais rappelons qu'elle devient un rite de l'adolescence au XVIe siècle. En 1522 en effet, Érasme, dans sa paraphrase de l'évangile de saint Matthieu, suggère qu'à l'âge de la puberté, les jeunes renouvellent solennellement les vœux de leur baptême, après avoir reçu une instruction religieuse appropriée. Dès le XVIe siècle, protestants et catholiques instaurent l'enseignement du catéchisme, fixent l'âge moyen de la première communion à douze-treize ans : progressivement, ce qui est initialement conçu comme renouvellement des vœux du baptême et entrée dans l'Église en son nom propre va se solenniser et, consciemment ou non, prendre l'allure d'un véritable rite de passage. Si elle reste une fête de l'enfance, qui survalorise les vertus qui lui sont attribuées : innocence et pureté, elle est dans sa mise en scène une préfiguration de l'entrée dans le monde des adultes. Elle reconnaît à l'enfant la capacité de s'engager, de prononcer soi-même ses vœux ; elle lui accorde dans la parure – le costume et le brassard pour les garçons, la robe blanche, l'aumonière et le diadème pour les filles – les attributs de

9. DELUMEAU J. et coll., « La première communion, quatre siècles d'histoire », Paris, Desclée de Brouwer, 1987, in cf. *Notre histoire*, n° 34, mai 1987.

la différenciation sexuelle. Elle instaure – par la demande de pardon aux parents pour les fautes passées – une réconciliation qui est une autre forme d'entrée dans la communauté adulte : elle initie à la fête. Le repas de première communion était l'occasion d'une réunion de la famille élargie : parrain, marraine, oncles, tantes, cousins, grands-parents ; l'occasion d'agapes et de ripailles qui ne se renouvelaient qu'au jour du mariage. Plus encore, la première communion marquait le moment précis où le sujet était en mesure d'entrer dans le monde du travail, (à l'exception de ceux qui continuaient leurs études) en renonçant aux privilèges de l'enfance.

Par cette cérémonie, inconsciemment, sans en avoir consciemment pensé les effets, la société faisait une place à ses enfants au milieu des grands, les autorisait à se vivre, de l'intérieur, responsables et capables d'assumer des comportements adultes. Toute la symbolique de la fête, du costume à la liturgie, met en évidence le fait que *la reconnaissance sociale de la puberté et de la sexualité naissante* était implicite à cette cérémonie.

Or, il faut bien constater que l'émergence de la notion de « crise » de l'adolescence est contemporaine de l'extinction de ce dernier rituel. La « crise » est un signe d'appel qui manifeste la peur, l'insécurité du jeune dans un corps qui change. La « crise » exprime de manière éminemment signifiante le désarroi du jeune et sa quête de solutions que les aînés désormais refusent de lui proposer.

Que la crise fasse surgir des manifestations de violence, d'indépendance ou d'originalité, elle témoigne de manière univoque d'un profond malaise interne. L'adolescent ne sait plus qui il est, et voudrait le savoir.

En ce sens on peut dire que la crise est un équivalent du rite, avec ceci de particulier, c'est que sa gestion se soustrait à l'organisation sociale externe, qu'elle est plus individuelle, plus libre, plus solitaire, donc plus difficile et plus difficilement symbolisable.

Une société qui désinvestit ses rituels de passage renvoie le jeune à lui-même, lui signifie qu'elle se désintéresse de ses difficultés, voire qu'elle les nie, ou qu'elle refuse l'évidence de son changement. Comme il est facile de constater que le culte du corps chez les adultes, le mythe d'une jeunesse qui durerait jusqu'au quatrième âge n'ont jamais été aussi insistants que depuis l'extinction des rituels de l'adolescence, on peut légitimement se demander si les deux phénomènes ne sont pas liés. Il n'est pas aberrant de penser que le jeune fait peur, qu'en accédant à la sexualité il renvoie l'adulte à la prise de conscience de son propre vieillissement et suscite chez lui une crainte et une hostilité inconscientes, mais qui trouvent tout de même à s'exprimer. Marquer symboliquement l'accession du jeune à la génitalité, lui faire une place dans la communauté adulte impliqueraient, de la part des aînés, bien des renoncements ; or, il semble que ceux-ci soient d'autant plus difficiles que l'espérance de vie augmente. L'adulte ne soutient plus le jeune dans sa gestion de la puberté : ce faisant, il se protège contre les rivalités menaçantes et maintient l'illusion de la non-altération de sa puissance.

Une société qui renonce à ses rites de passage adolescents signifie implicitement au jeune qu'il dérange, qu'il est indésirable, mais elle peut parallèlement tenir des discours manifestes qui tendront à prouver le contraire et à nier ses positions inconscientes.

Il existe dans nos sociétés une position paradoxale qui consiste, d'une part à prôner la nécessité d'une autonomie pleine et entière précoce (dont le droit de vote par exemple est la reconnaissance avec la notion de majorité) et, d'autre part, à maintenir le jeune dans un système de non-accession à cette autonomie en prolongeant les systèmes de dépendance (dont l'obligation scolaire et la prolongation de la formation professionnelle). Cela peut se rationnaliser d'une adaptation aux exigences d'une société technocratique, il n'en résulte pas moins une situation incohérente où l'on reconnaît au jeune une maturité civile avant de lui donner les moyens de gérer de façon responsable sa propre vie.

Cette non-cohérence des positions adultes face aux jeunes renvoie à l'inconfort qu'ils suscitent.

Michèle Perrot [10] a bien montré combien le corps de l'adolescent était menaçant et comment les pouvoirs établis, spécialement au XIXe siècle, s'étaient donné les moyens d'endiguer dans l'espace et dans le temps, les effets du bouleversement pubertaire. Je renvoie les lecteurs à ses travaux.

Les rites ou les crises sont des nécessités puisqu'ils permettent l'expression de la rivalité en des formes symboliques, ou agies, lorsque les premiers sont désinvestis. Ils rendent compte du fait

---

10. PERROT M., *op. cit.*, pp. 43-47.

qu'il n'existe pas de « statut » adolescent qui ne soit une conquête. Celle-ci implique aussi ses pères qui peuvent la faciliter ou s'employer, consciemment ou inconsciemment, à lutter contre. Le cheminement initiatique du jeune doit composer avec le désir de maîtrise par les adultes de la menace que véhicule son corps devenu mature : c'est un bélier, métaphore pulsionnelle, qu'Abraham immole à la place d'Isaac. C'est au prix de ce sacrifice[11], qu'il retrouve la paix avec le Seigneur et avec lui-même. Il n'y a pas de problématique adolescente qui ne puisse donner lieu, dans ce qu'elle génère, à une lecture sociologique. Cependant, il nous importe que les faits saisis par un discours sociologique ou politique soient d'abord pensés comme des expressions de changements internes : le corps est travaillé de l'intérieur pour accéder à un autre langage, dans une autre communauté.

Corps et psyché à l'adolescence

Les sciences biologiques expliquent le corps, mais ne permettent pas de comprendre comment il est « animé », vécu, éprouvé, habité. Les sciences biologiques peuvent tendre vers une approche unitaire et globale du corps, et s'intéresser plus à l'organisme et à ses fonctions qu'aux organes, elles trouvent leur limite dans les questions de l'émergence de la pensée, de la communication verbale et de la logique psychosomatique du vivant humain[12] ; ces mêmes énigmes, en amont cette fois, sont les bornes des sciences dites humaines ; au point qu'en postulant l'unité du sujet on prend le parti de croire que le pas sera un jour franchi entre l'organique et le psychique. Ce n'est pas un pari déraisonnable car le mouvement de l'organique au psychique apparaît comme une genèse, un processus, dont les conditions d'avènement se précisent chaque jour : conditions génétiques, psychologiques, sociales.

11. C'est l'implicite de l'acte qui est ici intéressant, plus que l'acte lui-même. Il signifie qu'Abraham renonce à ce qui figure sa propre puissance pour laisser advenir celle de son fils, et lui permettre ainsi de vivre.

12. Par logique psychosomatique du vivant – j'entends (ce que je ne développerai pas ici) le processus individuel en sa forme et universel en en ses lois, qui rend compte de l'alliance du corps et de la psyché – ou de leur affrontement.

Mais cette genèse ne réduira pas pour autant le psychique à l'organique, pas plus qu'elle ne l'expliquera sans lui. Le corps est la condition nécessaire et suffisante pour que la pensée advienne, mais le sujet est un : imaginer le destin du corps dissociable de celui du psychisme, le corps sans affect, ou la pensée désincarnée, est une pure fiction, qui s'oppose à la logique de l'humain, mais c'est une fiction qui « marche », qui alimente les créations humaines, littéraires, cinématographiques, parce qu'elle véhicule les fantasmes de chacun sur ses origines, ange ou bête, matière ou esprit.

L'unité psychosomatique

La constitution du sujet psychique, du sujet capable de penser, d'acquérir le langage et de communiquer, commence à nous laisser entrevoir la trame de cette genèse de l'organique au psychique : un certain potentiel génétique, c'est-à-dire un matériau organique (le fœtus) que l'activité psychique maternelle et ses investissements affectifs formaliseront jusqu'à le rendre capable d'une communication élargie (les enfants sauvages, les autismes, les psychoses, certaines aberrations chromosomiques ou maladies neurologiques précoces nous montrent aussi les achoppements possibles de cette constitution, la non-accession au langage de tous) ; c'est dire que nous sommes en face d'un schéma qui figure la continuité entre organique et psychique et d'une impossibilité à expliquer le passage de l'un à l'autre. Pour l'instant s'impose l'obligation d'un constat de différence d'essence entre le corps et la psyché : la matérialité, la palpabilité de l'un, l'immatérialité, l'inconsistance de l'autre (ou sa virtualité) nous renvoient à un originaire de l'humain qualitativement dualiste. Dans la continuité du sujet, il existe une rupture épistémologique, un saut qui dissocie, désarticule le corps de la psyché, l'instinct du désir. Et même si ce paradoxe est le fruit d'une infirmité de notre raison et des limites de notre savoir, il n'en est pas moins la base sur laquelle peut se constituer, aujourd'hui, un essai de théorisation du sujet qui ne soit ni aventureux, ni spéculatif, ni déraisonnable.

Le corps n'est pas réductible à l'ordre du biologique, mais il n'est pas non plus une création de la psyché et de ses fantasmes.

Le corps est à la croisée de deux ordres, le biologique et le psychique qui résistent à un amalgame de synthèse. Il se révèle comme le produit d'une dialectique individuelle, tant le sujet, l'être qui vit, pense, désire est en nécessité permanente de travail pour réduire cet hiatus fondamental, articuler dans une unité qui n'est jamais qu'asymptotiquement atteinte la logique des deux ordres. Quelle que soit son histoire, le sujet est en risque permanent de division, de cassure, de rupture [13].

Il est aussi en nécessité d'effort constant pour réduire cet écart, pour transcender le déterminisme des besoins, et ce par un travail de pensée. La vie est donc création de tous les instants, en ce sens, que dans un double mouvement, l'être assujettit son corps à la logique de son désir (en dérivant les buts de l'instinct) et module ses désirs des résistances de la réalité que son corps incarne.

Si l'on conçoit le corps humain aussi comme exigence de pensée, cette désarticulation prendra son sens des effets de la mort, de son immanence, de la certitude de sa menace.

C'est dire que la mort n'est pas une crainte déraisonnable ; que tout changement, tout déséquilibre en évoque le risque.

Le sujet est un, mais il ne peut pas être seul. L'émergence de la pensée implique l'autre (la mère en particulier). Cette création engage l'environnement, les autres, le tissu social. D'autre part, à chaque stade du développement de l'homme correspond un type de travail qui tire sa spécificité des « données » organique et psychique qui sont alors à gérer.

Ainsi, le travail de l'enfance peut se définir comme une appropriation du corps, des perceptions, des sensations de leurs limites, dans une mise en mots que l'entourage induit, autorise ou interdit (c'est le commerce des mots et de leur implicite qui trace les

---

13. Rupture, cassure qui font signe sous la forme d'effondrement psychique ou psychosomatique. Un écrivain comme Victor Segalen reprend cette métaphore pour décrire une période de sa vie particulièrement difficile au plan existentiel : « J'ai eu, dit-il, cette grande cassure dans ma vie, cette sorte de faille que l'on trouve dans les terrains bouleversés et qui fait que des sols homogènes, des filons de même nature ne se relieront plus jamais parce qu'ils sont à des niveaux différents » (cité par M. Taylor in *Vent des royaumes, ou les voyages de Victor Segalen*, Paris, Seghers, 1983).

Victor Segalen est né à Brest en 1878, mort en 1919 dans la forêt de Huelgoat. Médecin de marine qui n'aimait pas la médecine et avait le mal de mer, explorateur qui n'aimait pas les voyages, poète, il a laissé une œuvre importante dont *René Leys* (1921), qui retrace sa relation à un adolescent lors de son séjour en Chine.

premiers schémas relationnels), les premières interactions, en même temps que comme une mise en place d'une logique du plaisir ; au-delà de la satisfaction instinctuelle, c'est l'émergence de la capacité de « désirer ».

Le travail de la puberté, lui, se conçoit comme une appropriation d'un corps capable de procréer, en même temps que comme une réorganisation des logiques du plaisir sous le primat de la génitalité acquise. Le travail de l'adolescence se conçoit comme la réappropriation de l'histoire infantile dans un projet désormais sexué. C'est une nouvelle alliance, instable, souvent menacée [14].

> Avant le commencement de la puberté apparaissent des transformations qui amèneront la vie sexuelle infantile à sa forme définitive et normale. La pulsion sexuelle était jusqu'ici essentiellement auto-érotique, elle va maintenant découvrir l'objet sexuel. Elle provenait de pulsions partielles et de zones érogènes qui, indépendamment les unes des autres, recherchaient comme unique but de la sexualité un certain plaisir. Maintenant un but sexuel nouveau est donné, à la réalisation duquel toutes les pulsions partielles coopèrent, tandis que les zones érogènes se subordonnent au primat du génital [15].

Le travail de la puberté, on le voit, vient doubler le risque de rupture, car à la nécessité inhérente à l'être humain de liaison du psychique et du somatique, s'ajoute celle, ponctuelle certes, mais combien éprouvante, de continuité entre la sexualité infantile et la sexualité génitale.

Corps pubère et psyché infantile font en effet un sujet divisé. La nostalgie des moments bénis des premières relations de satisfaction dont participent les parents est un frein puissant à la conquête de l'autonomie. À la puberté, le sujet se sent devenir propriétaire de son corps, sans être prêt pour autant à renoncer aux bénéfices d'une « copropriété ». Le corps a une histoire présexuelle une mémoire du plaisir qu'il va devoir intégrer désormais dans une histoire qui n'est plus l'affaire des autres, mais son affaire.

---

14. Les épisodes psychiatriques, somatiques, en sont des manifestations exemplaires, mais toute une symptomatologie « banale » : dépression, inhibition, peut être considérée comme signe d'appel de ce risque.

15. FREUD S. (1905), *Trois essais sur la théorie de la sexualité*, *op. cit.*, p. 111.

Le travail de la puberté consiste donc à trouver des solutions pour assurer – malgré le changement brutal interne et externe qui s'abat sur le sujet – la continuité du sentiment d'identité, pour faire en sorte que la division, la désarticulation potentielle n'induisent pas la rupture.

Ce travail de la puberté n'est pas abstrait. Il consiste en une gestion du changement dans deux registres différents et pourtant intriqués : celui de l'extériorité des modifications sexuelles, celui de l'intériorité des représentations qui y sont associées : cependant, l'interne et l'externe sont, pour ce qui concerne une théorie du sujet des notions bien difficiles à circonscrire, et ce que j'avance ici est nécessairement schématique : le corps, dans ses changements, a une dynamique interne qui n'est pas nécessairement psychique. La psyché extériorise certains de ses produits (représentations et pensées) : le corps n'est pas réductible à un objet externe, et c'est sans doute ce qui le fait résister à toute tentative de définition, car ni le corps des anatomophysiologistes, ni la notion de schéma corporel [16], ni celle d'« image inconsciente du corps [17] » ne contiennent à la fois l'essence et la substance de l'objet, ni *a fortiori* du sujet.

En philosophie, est corps ce qui se constitue par notre perception, dans une étendue à trois dimensions. Le corps se caractérise par une masse. Mais, pour ce qui concerne notre objet, cette définition renvoie à une conception préscientifique de l'humain dans le sens où la psyché risque par cette définition de retrouver le statut métaphysique de l'âme.

À la différence de ce corps physique, donné, le corps humain est un corps qui s'édifie et se construit en relation dialectique avec la psyché. La réalité des besoins physiologiques ne définit pas le corps qui est aussi, en raison des premières relations qu'il noue avec l'environnement, engagé précocement dans une autre logique de satisfactions, celle du désir. D'autre part, ce corps a une réalité pour l'autre, « une masse perceptible », donc une image, et il est pris comme tel dans un système d'échanges et de significations. Aussi peut-on tenter de concevoir ce corps comme un complexe

---

16. La notion de schéma corporel a été avancée par Paul Schilder dans son ouvrage *L'image du corps*, tr. fr. F. Gantheret et P. Truffert, Paris, « Tel », Gallimard, 1980.
17. DOLTO F., *L'image inconsciente du corps*, Paris, Seuil, 1984.

trifonctionnel. Mais aucune de ces fonctions ne saurait se penser indépendamment des autres.

– Le corps des besoins : c'est le corps matériel, avec ses exigences élémentaires automatiques et ses besoins primaires : respirer, manger, boire, uriner, déféquer, etc.

– Le corps du désir : corps érogène ou corps libidinal pour d'autres, engagé, à cause de l'interrelation avec la mère, dans une autre logique de satisfaction que celle des besoins primaires : c'est le corps qui organise les fantasmes, les parle ou les agit.

– Le corps du symbole : représentant du sujet, identifiable, qui participe des échanges avec le monde extérieur, acteur sur la scène sociale, engagé dans un langage. Il condense les exigences du corps des besoins et du corps des désirs, les soumet à la censure, à la raison. Il est l'expression du sujet en sa différence, et de l'espèce en ses universels.

Ces trois fonctions existent déjà dans l'enfant, mais elles sont désorientées à l'adolescence, conflictualisées avant de trouver leur nouveau sens. Le corps doit faire face à de nouveaux besoins, renoncer à des désirs infantiles qui deviennent caduques sans pour autant renoncer au désir, et participer d'un nouveau système d'échanges symboliques. Le changement est essentiellement sous le signe de l'apparition des caractères sexuels et de ce qu'ils induisent.

L'énergie libidinale, qui est investie dans ce travail, est drainée par des représentations conscientes ou inconscientes qui organisent, à l'insu du sujet, une manière d'être à soi-même et au monde. Ces représentations sont propres à chaque sujet. Chacun construit son scénario en fonction de son histoire infantile ; la mise en scène est unique, individuelle, alors que les thèmes sont communs à l'espèce : scène primitive ou coït des parents, séduction, castration ; ces thèmes dramatisés par chacun d'entre nous à sa manière sont les fantasmes originaires.

La complémentarité des sexes

Cependant l'adolescence, avec l'émergence de la pulsion sexuelle, confronte le sujet à une nécessaire remise en question de ses représentations antérieures. Les fantasmes qui organisaient « l'être au monde » du jeune, déguisaient ses désirs, sont mis à l'épreuve d'une réalité contraignante : l'enfance a un terme, et c'est dans son corps qu'il se signale… « l'homme quittera son père et sa mère… ». Mais l'histoire infantile ne peut se clore qu'en trouvant un sens dans de nouveaux possibles. Le risque de rupture est ici majeur : les repères psychiques acquis n'identifient plus le nouveau corps, ses besoins, sa fonction procréative. L'unité psyché-soma est menacée.

À l'adolescence, en effet, la métaphorisation du corps dans l'espace psychique, sa mise en image, c'est-à-dire sa traduction dans un code génitalisé, va complètement bouleverser l'équilibre acquis dans l'enfance. Tous les souvenirs vont prendre une coloration particulière et être réinterprétés dans ce langage que désormais il possède, celui de la sexualité génitale. Cette sexualisation des représentations investit régressivement les matériaux infantiles et peut conférer à des événements anodins de l'enfance un caractère traumatique. Emma l'illustre bien [18]. Emma qui, pubère désormais, ne peut plus entrer dans un magasin parce qu'elle pense que les vendeurs se moquent de la manière dont elle est vêtue, Emma dont on apprendra qu'elle a été caressée autrefois, dans un magasin, par des vendeurs sensibles au charme des petites filles.

Emma n'avait pas gardé de cette première scène un souvenir traumatique, elle l'avait oublié, dit Freud. Cependant les traces de la scène étaient là qui, après la puberté et à l'occasion d'un événement qui a en commun avec le précédent le fait « que les vendeurs rient », vont se trouver réinvesties par la potentialité traumatogène de la puberté. Emma comprend la scène dont elle a été l'innocent sujet-objet, et lui confère alors dans l'après-coup un sens : Emma est un sujet sexué.

Emma exemplarise l'impact de l'événement pubertaire. Le corps d'Emma enfant n'est pas troublé par les attouchements des vendeurs, décryptés dans le langage de la tendresse. Emma ne se sent pas menacée dans son identité par leur attitude : elle retourne même une autre fois dans le magasin, désireuse peut-être de retrouver les mêmes émois. La puberté advenue, Emma ne peut plus faire face au risque qu'une telle situation se reproduise. La sexualisation de l'événement lui donne un caractère traumatique, parce qu'elle est

---

18. FREUD S., « Le proton pseudos. Projet pour une psychologie scientifique », in *Naissance de la psychanalyse*, Paris, PUF, 1973, pp. 363-369.

identifiée mais non encore symbolisable. Elle est signe d'un changement advenu mais non intégré dans l'économie libidinale du jeune.

Dès 1888, dans un article sur *l'hystérie,* qu'il écrit dans une encyclopédie, Freud signale combien la puberté est « une période favorable à l'apparition des névroses » chez « les garçons et les filles à intense prédisposition hystérique ». Cette idée s'enrichira par la suite du constat que la puberté a une valeur organisatrice dans bien des pathologies [19], constat qu'il formulera ainsi dans *Le proton pseudos* déjà cité : « Les changements provoqués par la puberté ont rendu possible une compréhension des faits remémorés. » Cette possibilité de compréhension des faits remémorés est la conséquence du fait que l'adolescent peut désormais donner un sens à ses sensations sexuelles : « Tant que "je" sujet n'éprouve aucune sensation sexuelle, c'est-à-dire en général jusqu'au début de la puberté, aucune expérience sexuelle n'aura d'effet [20]. »

Dans les *Études sur l'hystérie* enfin, et sous la plume de Breuer, nous est donnée la possibilité de comprendre que ce changement de sens, cette traduction nouvelle des faits remémorés s'inscrit dans un processus développemental et s'organise autour « de la perception et de la représentation du sexe opposé [21] ». C'est dans *Les considérations théoriques* que l'on peut lire :

> Au cours du développement, il doit s'établir un lien entre l'excitation endogène, due au fonctionnement des glandes sexuelles, et la perception ou la représentation du sexe opposé, et l'on voit aussi se produire le phénomène merveilleux de l'amour voué à une seule personne. C'est à cette dernière alors que revient tout l'émoi libéré par l'instinct sexuel. Elle devient une « représentation affective », c'est-à-dire que, du fait de son actualisation dans la conscience, elle déclenche une excitation qui, en réalité, émane d'une autre source : les glandes sexuelles.

Là où Breuer parle de sexe opposé, je propose de parler de sexe complémentaire. La perception de la complémentarité des sexes est une alternative à l'évidence du deuil des objets œdipiens.

---

19. Freud S. Dans une lettre à Fliess qui date de 1896, il écrit : « La puberté devra être interpolée entre l'expérience et sa répétition en mémoire. » Freud croit encore en l'impact traumatique de la séduction réelle, il n'empêche qu'il accorde déjà à la puberté une fonction critique.

20. FREUD S., *Projet pour une psychologie scientifique, op. cit.*, chap. 18.

21. FREUD S. et Breuer J., *Études sur l'hystérie*, Paris, PUF, 1973.

La pulsion sexuelle qui s'impose, reléguant à une place plus discrète la satisfaction des besoins primitifs, ne peut se contenter des relations d'amour infantiles. La pulsion sexuelle cherche son objet. Le caractère incestueux de celui-ci devient d'autant plus insistant que l'inceste est désormais réellement possible. Les fantasmes incestueux de l'enfant sont relativement peu dangereux en regard de ce que vit le jeune pubère, car l'interdit de l'inceste est en fait dans l'enfance un impossible de l'inceste : le désir de posséder le parent œdipien est un désir pour plus tard : « Quand tu seras grand... » À l'adolescence la chose est possible, mais l'interdit contraint à renoncer à l'objet incestueux.

L'adolescent ne peut plus, ni dans l'objectivable de son corps, ni dans la réalité de ses représentations, échapper à la logique du vivant humain qui se subsume dans la notion de « complémentarité des sexes[22] » sauf à mettre son énergie à la combattre jusqu'à en mourir. Le changement physique va modifier la scène psychique et entraîner des transformations : l'image de soi, l'identité de genres, le narcissisme, les idéaux vont se traduire en de nouvelles représentations et prendre des significations qui jusque-là n'étaient appréhendables que dans le langage des pulsions partielles. La « complémentarité des sexes » est l'organisateur de ces changements.

Nous avons en 1982, avec P. Gutton, défini celle-ci comme représentation « au service de la fonction de reproduction » à laquelle se met la pulsion sexuelle, soumission s'exprimant par un attachement à l'acte final du processus sexuel, c'est-à-dire par une rencontre sans doute idéalisée, dans le temps et dans l'espace, de l'orgasme et de la survie de l'espèce. Nous apporterions aujourd'hui à cette définition quelques précisions et nuances.

La « complémentarité des sexes » est la représentation, qui à l'adolescence, symbolise les fonctions nouvelles du corps. Elle est étayée sur la perception de la différence des sexes, non comme preuve de la castration, mais comme alternative à celle-ci. En ce sens, elle restaure le moi idéal de l'enfant parce qu'elle véhicule l'illusion de complétude. L'adolescent peut renoncer au parent œdipien parce qu'il découvre le sexe complémentaire et qu'il est aspiré par lui comme solution à sa détresse et à son impuissance. Tout le

22. GUTTON P. et BIRRAUX A., *op. cit.*

travail de la castration génitale, de l'acceptation de l'impossible de la jouissance consistera à se dessaisir de cette représentation pour laisser advenir celle du manque.

Pour autant que cette représentation s'étaye sur l'émergence d'un besoin nouveau, celui de la pulsion sexuelle, on peut dire qu'elle est satisfaction hallucinatoire du désir. Le modèle de la complémentarité bouche/sein pourrait être la préforme de cette complémentarité des sexes, dans le registre de l'originaire. Mais celle-ci est différente en ce sens qu'il s'agit d'une représentation qui s'impose *de facto,* comme un constat d'évidence, étayé sur la perception du sexe complémentaire et de sa fonction. C'est une représentation cognitive autour de laquelle vont s'organiser les fantasmes drainant les pulsions partielles et génitales, et la recherche de leur satisfaction, mais ce n'est pas un fantasme, à l'instar de la scène originaire par exemple.

Les différences avec celle-ci sont de deux ordres :

1) La complémentarité des sexes est la représentation de l'évidence que l'autre sexe est l'objet complémentaire qui restaure la toute-puissance. La scène originaire, elle, est la représentation non évidente du coït des parents, associé à un éprouvé maniaque, dépressif, ou de maîtrise ou autre, elle ne participe pas de l'éprouvé de complétude du sujet, bien au contraire.

2) La complémentarité des sexes est une représentation symbolisante de la fonction sexuelle. Elle articule la réalité du corps et sa fonctionnalité universelle. La scène originaire est une production imaginaire, la complémentarité des sexes, une figuration du réel. Cette représentation peut être suffisamment traumatique pour entraîner le sujet dans des stratégies défensives complexes, du refoulement au déni, et maintenir ainsi l'illusion que rien n'est advenu avec la puberté. Il n'empêche qu'elle insiste, donnant une part de sens à l'énigme de l'existence. Elle conjugue l'éprouvé du fonctionnement de la zone érogène, qui est nouveau, à l'exigence de l'inscription dans la pérennité de l'espèce par la procréation.

L'idée que cette représentation, secondairement organisatrice de fantasmes, s'étaie sur la perception de la différence des sexes rencontre l'objection que cette différence a précédé de plusieurs années l'événement pubertaire. Nous y répondons que la différence des sexes, avant la puberté, se représente dans une logique phallique : avoir ou n'avoir pas le pénis, et est strictement quantitative. À la puberté, la différence des sexes se soustrait à la logique précédente et devient autre. Elle n'abrase pas pour autant les éprouvés antérieurs de revendication phallique, d'envie du pénis ou du vagin, mais se conçoit désormais dans la complémentarité de leur fonction.

L'émergence de cette représentation implique un certain nombre de corrélats et de conséquences :

a) La fin de l'auto-érotisme de l'enfance

La pulsion sexuelle ne peut plus se satisfaire d'un auto-érotisme. Son but est de se mettre désormais au service de la reproduction, elle va découvrir l'objet sexuel.

La découverte de l'objet sexuel est une exigence interne du corps du jeune pubère soumis aux excitations d'un appareil sexuel mature. La poussée de l'instinct sexuel à la puberté oriente à la fois vers l'idée de la suprématie du plaisir génital sur les satisfactions partielles de l'enfance, en même temps vers la révélation du sexe complémentaire. Si l'enfant a perçu avant la puberté la différence des sexes, il n'a pas pour autant une représentation de leur complémentarité dans le coït, l'orgasme et la procréation.

b) La mise en échec des théories sexuelles infantiles

Jusqu'à la puberté, l'enfant peut entretenir sur l'origine des bébés, sur sa propre origine, des théories fantaisistes. Même averti, il lui arrive de construire des scénarios de la reproduction dont on peut dire qu'ils ont pour but d'associer à une situation auto-érotique la conception d'un enfant.

À la puberté, la conception de l'enfant, c'est-à-dire le mystère de ses propres origines, se réduit à une mise en scène unique entre un homme et une femme. L'opération du Saint-Esprit, en ce genre d'affaires, devient hautement suspecte. La perception et la représentation de la complémentarité des sexes est le fait qui déclenche le désinvestissement des théories sexuelles infantiles et permet à l'adolescent de se situer dans une lignée, une généalogie, de se concevoir dans une théorie des origines qui fonde désormais sa parole et engagera sa descendance. La représentation de la complémentarité des sexes est un préalable à la construction de son histoire, à l'intégration de la puberté et de ses remaniements dans la trame esquissée par les événements de l'enfance. Le cogito adolescent, comme le rappelle É. Kestemberg[23] après Eissler, est la conscience de l'orgasme coïtal en même temps que celle de la capacité à faire un enfant. Mais ce cogito orgasmique implique pour le sujet la reconnaissance de deux géniteurs de sexe anatomique différent. La logique phallique s'est estompée. Le sexe complémentaire restaure la complétude perdue.

c) Cette représentation, loin d'être inquiétante, colmate au contraire les éventuelles hémorragies narcissiques qui accompagnent le deuil du corps infantile

L'enfant grandit avec l'idée qu'il est « tout » : la perception de la différence des sexes ne le convainc pas de la nécessité de renoncer à la bisexualité psychique, c'est-à-dire à la conviction que, dans son identité anatomique, il inclut l'autre. Il entretient avec son parent œdipien un rapport de séduction de type phallique : « Si je n'étais pas là, il (elle) ne serait pas là. » Il lui arrive d'entretenir aussi le fantasme qu'il est ce qui fait lien entre ses deux parents : « Si je n'étais pas là, ils ne seraient pas ensemble. » (Ce sentiment d'omnipotence a d'ailleurs ses traces chez bien des adultes qui ne peuvent imaginer les jeux de l'amour chez leurs parents, hors la rencontre qui les conçut, et celles accidentelles qui engendrèrent leurs frères et sœurs.) La relation au parent œdipien est une relation de maîtrise phallique qui ne questionne pas le désir du parent.

L'adolescent a la révélation que pour être un, il a fallu qu'ils soient deux. La toute-puissance s'émousse à l'épreuve du manque, mais la conviction que le sexe complémentaire est susceptible de le combler lui permet de restaurer un temps, imaginairement, l'éprouvé de sa toute-puissance. Il lui faudra se déprendre de cette représentation pour accéder à la castration génitale.

d) L'accession à la complémentarité des sexes

On pourrait en faire, si n'était la traduction psychique de l'événement en une représentation, une manifestation de l'instinct.

---

23. KESTEMBERG É., « Identité, identification à l'adolescence », in *Psychiatrie de l'enfant*, Paris, PUF, 1962.

c'est-à-dire « une faculté d'accomplir sans apprentissage préalable certains actes spécifiques sous certaines conditions du milieu extérieur et intérieur[24] ». Elle ouvre de manière urgente à la question de l'identité sexuée.

Le « cogito orgasmique » implique l'acceptation de son sexe anatomique. C'est sur cette réalité que les transformations du corps du jeune pubère viennent insister. C'est cette question, issue à la fois de l'extérieur (le changement corporel) et de l'intérieur (la représentation d'un autre ordre de plaisir), qui va modifier la nature, l'intensité, la gestion du ou des conflits internes ; la capacité à maîtriser l'étrangeté du corps, et à établir un lien avec l'identité déjà constituée dans la première partie du développement, sera le gage d'une adolescence réussie.

e) La représentation de la complémentarité des sexes est donc une parade à la mise à mal de l'intégrité narcissique

Jusqu'à la puberté l'enfant, attiré par le parent de sexe opposé, entretient l'idée que le parent de même sexe est, sinon un accessoire dans la vie affective de son parent préféré, en tout cas un gêneur. La révélation de la complémentarité des sexes lui inflige la prise de conscience d'une évidence : il y a entre ses parents des choses dont il sera toujours exclu, quelle que soit la réalité de la chambre des parents, et ces choses connotent au plaisir. Cette prise de conscience met à l'épreuve le sentiment de sécurité que l'enfant avait mûri entre ses deux parents. Si les parents sont susceptibles d'avoir du plaisir ensemble, l'enfant a un statut « accessoire ». Il ne peut compter sur eux, et retrouve en face d'eux des éprouvés de détresse primitive, d'impuissance, qu'il croyait avoir enterrés. Plus, il va chercher à se donner les preuves qu'il est essentiel pour le parent œdipien et fantasmatiquement s'entretenir dans la conviction qu'il est l'objet du désir contre-œdipien parental, désir que le parent homosexuel vient contrecarrer.

On conçoit que dans cette situation l'investissement narcissique et l'image de soi soient menacés. Cependant la représentation de la complémentarité des sexes lui permet de penser que la complétude existe, que l'objet complémentaire est susceptible de combler le sujet.

24. GUTTON P. et BIRRAUX A., *op. cit.*

L'amour que l'enfant se porte à lui-même, la valeur qu'il s'accorde sont dans l'enfance largement tributaires de l'image qui est renvoyée par les parents, de l'intérêt qu'ils portent aux réalisations et succès de l'enfant, des projets qu'ils soutiennent, de l'espérance qu'ils placent en lui. L'enfant est un être exigeant, totalitaire même, tant il lui est difficile de se penser non omnipotent, et sa propension à s'aimer sans se mettre en question, sans douter de ce qu'il a et sans envier ce qu'il n'a pas, est un mécanisme qui fonctionne en circuit fermé, entre ses deux parents. La perception de la complémentarité des sexes le confronte à l'éprouvé de la solitude et le conduit à une auto-évaluation douloureuse. L'angoisse d'abandon serait à son comble si n'était, en raison de cette représentation et de la manière dont il se l'approprie, la conviction que la toute-puissance primitive se restaure du sexe complémentaire. La fonction narcissique de l'objet, mise à mal dans la perte des investissements œdipiens, est ainsi compensée par cette conviction et permet à l'adolescent de maintenir une homéostasie interne relative, alors que ses repères se dérobent.

Corps et souffrance

Deux ordres de phénomènes dialectisent l'avènement de l'adolescence : d'une part, la perte des repères infantiles et le surgissement conséquent d'une situation génératrice d'angoisse, parce qu'elle est nouvelle, inconnue, non maîtrisable ; d'autre part, l'émergence d'une représentation du corps complémentarisable, qui, comme une évidence, si énigmatique soit-elle, impose un but à la pulsion et une préfiguration de son objet.

Cette dialectique, motrice du changement est aussi vectrice de souffrance. Il ne s'agit pas d'un troc banal, qui consisterait à laisser son enfance au vestiaire pour revêtir les oripeaux fin prêts de la maturité. Il s'agit d'un véritable négoce dont l'issue est toujours hypothétique.

L'espace psychique de l'adolescent, ce dans quoi s'éprouvent et se traduisent ses besoins et ses désirs, se métaphorise son corps, est un espace qui n'a plus de structures, plus de limites. L'adolescent se demande si les sensations qu'il éprouve dans son corps pubère lui appartiennent en propre, ou viennent de l'extérieur, si ce qu'il ressent est normal ou pas.

Il se sent désireux de se comporter comme un enfant, mais craint de devoir renoncer à ses anciens privilèges et se sent en risque d'abandon, en même temps qu'il est contraint d'abandonner ses liens infantiles aux objets : les parents ne sont plus crédibles, mais il ne sait pas encore à quoi il croit, et il ne peut se passer d'étai. Il tente alors de se comporter comme un adulte, de prendre appui sur ses proches, de les imiter, de s'accrocher à ce qui est à portée de sa main et qui peut constituer réellement ou illusoirement un repère stable. L'heureuse expression de Philippe Jeammet « d'espace psychique élargi[25] » rend bien compte de cet état. L'adolescent, comme le nourrisson, a du mal à distinguer l'intérieur de l'extérieur, ce qu'il éprouve de ce que les autres éprouvent. Son agressivité, sa haine, sont souvent attribuées à l'interlocuteur, signant son incapacité à contenir ses affects et à les identifier.

C'est l'étrangeté de son corps, conjuguée au caractère surprenant de ses représentations, qui provoque cet état : le corps, comme objet de référence spatial, est inadéquat à rendre compte de la dimension de l'environnement, aussi bien qu'à donner lieu à une représentation sécurisante de celui-ci. Il faudra une longue période de familiarisation pour se reconstituer une image, se reconnaître, pour qu'émerge et se consolide un sentiment d'identité, en continuité avec l'histoire infantile, et pourtant en rupture avec elle. Il faudra une période aussi longue pour que l'estime de soi, le narcissisme, l'amour que l'adolescent se porte « de l'intérieur », mais aussi son sentiment de sécurité et sa certitude d'exister se reconstituent. La perte du corps infantile, les renoncements qu'elle induit menacent constamment l'assomption de l'adolescence.

Je crois qu'on peut comprendre ainsi les sentiments d'élation, de confusion avec les autres, avec le monde, les embrasements pour les causes grandioses ou ésotériques, pour les sectes, aussi bien que

---

25. JEAMMET P., « Réalité interne et réalité externe », in *Revue française de psychanalyse*, Paris, PUF, 3-4, XLIV, 1980.

Encore que l'on pourrait reprocher à cette expression d'abraser la dialectique objet interne-objet externe ; la notion d'espace psychique élargi peut en effet laisser penser que l'internalité du sujet se confond avec l'externalité, ce qui problématiserait les processus d'introjection, ou les mécanismes de projection.

les éprouvés de persécution, d'insécurité, de danger. L'adolescent, étranger à son propre corps, est absent à sa propre pensée. Sa pensée le déborde et se confond avec celle des autres ; venue de l'extérieur, elle l'immerge et devient sienne. Pensée et corps sont embarqués dans la même tragédie, celle d'un deuil, d'une perte temporaire ou définitive des repères.

Problématique conceptuelle de la corporéité

L'adolescent est engagé envers son corps dans une triple relation : réelle (spatiale et physique), libidinale et symbolique. Ces relations sont difficiles à isoler les unes des autres, et leurs manifestations sont souvent intriquées : par exemple, la maladresse physique, la gaucherie sont autant le fait d'une perturbation des repères spatiaux que d'une fragilisation de l'identité qui, dans sa constitution, implique aussi les deux autres fonctions. De même, à l'hyperinvestissement du corps comme objet on reconnaît à la fois une dimension libidinale, un aspect symbolique, mais aussi un mouvement de défense contre l'éprouvé de sa fragilité en ses formes les plus archaïques.

C'est dire que la réalité du corps est une réalité plus interne qu'externe, une réalité qui conjugue des plans d'appréhension de sa fonctionnalité pulsionnelle, diversifiés, constitués au cours du développement, accumulés comme des strates dont l'organisation est singulièrement ordonnancée par la logique intime et essentiellement inconsciente du plaisir.

Cette réalité du corps est condensée dans la notion de « représentations du corps ». Elle rend compte du caractère composite de cette réalité. La notion de schéma corporel[26] est restrictive dans ses connotations spatiale et physique, celle d'image du corps fût-elle inconsciente, renvoie au figuratif, à la spécularité, au visuel, et donc au concret : une image en effet induit l'idée d'un objet de référence

26. La représentation du corps se construit en effet à partir de données complexes, sensorielles, motrices, affectives au sens large du terme ; les expériences de satisfaction, de plaisir ou au contraire de frustration et de souffrance y sont déterminantes, le rôle de la vision y est relativement mineur si les autres sens sont sollicités.

qui serait identifié, ce qui n'est pas nécessairement le cas pour les représentations du corps. Certes, les « images » du rêve ont la particularité de condenser les objets et donc de renvoyer, à partir d'une scène unique, à des objets multiples : mais la notion d'image [27] renvoie, soit « à la reproduction concrète ou mentale de ce qui a été perçu par la vue », soit « à la répétition mentale généralement affaiblie d'une sensation ou plus généralement d'une perception précédemment éprouvée », soit encore « à une représentation concrète construite par l'activité de l'esprit » toutes définitions qui questionnent l'image du corps dans la mesure où elle ne se constitue pas seulement d'expériences sensorielles. Le concept de représentation n'est pas équivoque à cet égard, car s'il couvre un domaine de définition perceptuel, il renvoie à une qualité de mise en correspondance, d'ordonnancement plus adéquats à rendre compte du processus de construction du corps dans les registres conscient et inconscient, et de son intégration dans le psychisme [28].

Les représentations du corps lorsque le jeune aborde l'adolescence sont l'aboutissement de procédures inconscientes [29]. Le psychisme conscient n'est en fait qu'une pellicule, une interface entre le monde intérieur de la réalité psychique et le monde extérieur, perceptible et sensible mais néanmoins rempli d'énigmes et d'inconnues (au sens mathématique du terme). Le travail de la puberté va consister dans la mise de ces représentations prépubertaires à l'épreuve de la « complémentarité des sexes », dont j'ai fait le moment princeps du processus adolescent.

Les représentations du corps infantile que j'ai, dans un esprit de simplification, tri-partisées, ne se soumettent pas *de facto* au primat de cette évidence. On conçoit les renoncements, les conflits qui peuvent surgir. Le travail de la puberté va consister en une intégration des représentations infantiles dans la cohérence d'une représentation qui donne sens au corps pubère et à sa fonctionnalité.

---

27. LALANDE A., *Vocabulaire technique et critique de la philosophie*, Paris, PUF 13e édition, 1980, cf. article « Représentation », pp. 919-920.

28. La notion d'intégration est développée dans le chapitre « Le corps fétichisé ».

29. « L'inconscient est le psychisme lui-même et son essentielle réalité. Sa nature nous est aussi méconnue que la réalité du monde extérieur, et la conscience nous renseigne sur lui d'une manière aussi incomplète que nos organes des sens sur la réalité extérieure » FREUD S., *L'interprétation des rêves*, Paris, PUF, 1967, p. 520.

Les représentations du corps physique, de ses besoins, de son schéma

L'enfant construit ces représentations à partir de ses sensations, de ses perceptions, de sa motricité. Il édifie progressivement un schéma de ses capacités sensori-motrices qui n'ont progressivement plus besoin d'être pensées pour être opératoires. Il a ainsi une connaissance des besoins et de l'activité élémentaire de son corps qui n'ont pas à être réfléchis, pensés. L'adulte non handicapé sait ainsi, sans avoir à le mentaliser qu'il doit éventuellement se pencher pour ne pas se heurter au cadre surbaissé d'une entrée, ou inversement, sait qu'il doit se hisser sur la pointe des pieds ou se servir d'un escabeau pour accéder à une étagère : il a intégré sa taille. Il sait sans y penser se mouvoir dans un espace encombré en évitant les obstacles. Il a une appréciation de sa silhouette qui lui permet de se reconnaître dans un miroir ou sur une photo floue. Il a de ses besoins élémentaires une perception immédiate qui lui évite d'avoir à questionner ses éprouvés pour trouver des solutions de satisfaction. Bien que ces représentations ne puissent se constituer sans référence à l'intersubjectivité des premières relations avec l'environnement, je considère que nous pouvons en faire une catégorie particulière de représentations sur lesquelles s'édifieront le sentiment de sécurité (la familiarité avec soi-même) et le narcissisme, quitte à voir les achoppements de ceux-ci surgir dans les développements des relations ultérieures avec les objets externes.

Cette représentation est précaire chez les adolescents. Ils gardent dans leur psychisme le souvenir des repères de leur corps d'enfant ; ils ne sont pas encore familiarisés avec les modifications physiques que la puberté induit. Elle est aussi perturbée chez les enfants handicapés physiques, initiaux ou secondaires qui n'ont pas pu intégrer leurs limites, et qui ne peuvent se saisir de leur corps comme d'un intermédiaire entre leur désir et le monde.

Les représentations du corps libidinal ou érogène

Cette représentation se construit à partir des expériences de satisfaction, ou d'insatisfaction du désir ; elle est organisée essentiellement autour des traces précoces de plaisir et de déplaisir.

C'est donc initialement une représentation auto-érotique, puisque le nourrisson ne se perçoit pas différent de la mère qui satisfait ses besoins, et ce parasitisme primitif[30] le fait jouir ou souffrir de ce qui fait jouir ou souffrir sa mère.

Cette réalité s'édifie dans la séduction primaire du bébé[31] par sa mère, qui lui reconnaît ou non le droit au plaisir, qui le reconnaît comme un être de désir, le signifie dans ses pensées et ses représentations propres, comme un être sexué comme elle, ou différent d'elle.

Cette réalité est complexe, intime, et caractérise de manière particulière chaque individu. Si la représentation de la réalité spatiale, physique, est à peu près la même pour chacun, la représentation des logiques du plaisir est strictement individuelle.

Elle est difficile d'accès, car elle échappe pour une très large part à la conscience du sujet. Mais on la voit à l'œuvre dans son langage ou dans ses relations avec son environnement.

Par exemple, tout un chacun sait qu'il n'y a pas un standard formel des organes sexuels et qu'il y a autant de différences entres les organes génitaux des garçons et ceux des filles qu'il y en a entre leurs visages.

Pourtant, des parents manifestent fréquemment, lors de consultations pour de jeunes enfants, des inquiétudes, des préoccupations à ce sujet : la non-conformité du sexe (pénis trop petit, trop gros, clitoris anormal) est le plus souvent purement fantasmatique ; elle est non fondée sur les arguments invoqués, mais elle vient révéler un trouble (quelquefois repris à son compte par l'enfant ou l'adolescent), un doute sur la capacité pour l'enfant d'accéder à la génitalité. L'exploration attentive de ces problématiques révèle généralement une relation difficile des parents à leur propre sexualité ; le souci qu'ils expriment à l'égard de leur enfant est souvent

30. « Le mot symbiose est tout à fait inadéquat à rendre compte de la première relation de l'enfant à sa mère ; il signifie, en biologie, une équivalence des échanges – ce qui est loin d'être le cas : certes, la mère trouve dans le nourrissage de l'enfant des gratifications narcissiques et affectives, mais elle est celle aux dépens de qui l'enfant advient » LAPLANCHE J., *Nouveaux fondements de la psychanalyse*, Paris, PUF, 1987, p. 78.

31. Les soins corporels donnés par la mère au nourrisson seraient la forme première d'une séduction sexuelle véritable, séduction primaire qu'évoque en ces termes S. Freud : « Les rapports de l'enfant avec les personnes qui le soignent sont pour lui une source continue d'excitations sexuelles... d'autant que... la mère témoigne à l'enfant des sentiments dérivants de sa propre vie sexuelle, le considère sans doute, comme substitut d'un objet sexuel complet. » FREUD S., *Trois essais sur la théorie de la sexualité*, Paris, Gallimard, 1962. *Cf.* LAPLANCHE J. et PONTALIS J.-B., *Vocabulaire de la psychanalyse*, Paris, PUF, 1984, 8e édition, article « Séduction », pp. 436-439.

l'expression d'une représentation inconsciente conflictuelle[32] de leur propre corps qu'ils projettent sur lui.

Dans les premières relations de la maman à son bébé, c'est cette représentation des logiques de plaisir de la mère qui fonde la forme agie ou implicite de la séduction, la manière de le tenir, de lui faire sa toilette, de le nourrir, etc.

À l'adolescence, cette représentation est bousculée par la révélation de la complémentarité des sexes. L'auto-érotisme n'est plus adéquat à satisfaire la pulsion. L'objet cherche sa redéfinition, dans une traduction nouvelle, un langage nouveau, où s'exprime la primauté du génital. Cette traduction cependant implique une chose déjà existante ; elle n'est pas création *ex nihilo* ; elle n'est pas néologisme ; elle est référence à un ensemble de signes différents, organisés, selon un code nouveau.

On comprend que cette représentation des logiques du plaisir à l'adolescence se constitue nécessairement sur la représentation édifiée pendant l'enfance, et à laquelle ont contribué toutes les traces des expériences précoces de satisfaction ou d'insatisfaction des besoins, des désirs dans le registre sensori-moteur aussi bien que dans celui des pulsions partielles, orales, anales ou phalliques.

Les représentations du corps symbolique

C'est cet aspect qui pourrait mériter le nom d'image du corps, si n'y participaient non seulement les contenus inconscients, mais aussi l'irreprésentable (l'inaccessible des sensations et des perceptions originaires qui ont précocement programmé l'interaction du

32. Le conflit est organisateur de la vie. L'aconflictualité est une utopie : c'est de la discussion que jaillit la lumière, c'est de l'opposition de forces ou de tendances contraires que surgit la création. C'est dans le conflit avec les images parentales que l'enfant, l'adolescent construit son identité.

Ce n'est pas pour autant faire une apologie de la haine ou de l'agression, mais c'est dire que la dynamique de la vie implique la gestion des contraires. La vie psychique, la pensée sont organisées par les conflits internes, leur résolution consciente ou leur traitement inconscient. Ces conflits internes sont d'ambivalence (amour-haine), d'opposition entre les logiques du plaisir et de la censure, entre le désir de régression infantile et les exigences de la réalité actuelle, entre l'auto-érotisme et le partage. Ils sont universels et, s'ils n'ont pas toujours de solution, ils inspirent à chacun le choix, l'usage de mécanismes de défense, pour que leurs contenus soient plus supportables.

Le conflit psychique a été mis en évidence par Freud, dans ses recherches sur l'étiologie des névroses. Il se trouve que ces recherches ont concerné un grand nombre d'adolescents.

sujet avec le monde extérieur). Cependant, la fonction relationnelle du corps, médiatique, la manière dont il est perçu de l'extérieur, éprouvé, la valeur qu'on lui accorde, ont un caractère éminemment perceptif : cette réalité synthétise l'estime de soi, le narcissisme infantile sédimenté : elle condense dans des mises en scène diverses (gestuelle, productions spontanées dans le réseau de communication) les fonctions d'échange et de communication, c'est-à-dire implicitement le désir (ou inversement, la peur) d'appartenir à la communauté de l'espèce. Cette réalité est assujettie à un code social, à ses modes, mais en même temps elle tend à se déprendre du code pour trouver son identité et ce, souvent à son insu, à son corps défendant, « tout excès portant la marque de son contraire » (S. Freud). La réalité symbolique n'est pas indemne d'une potentialité diabolique.

En dépit de cette primordialité de la fonction de représentation, le corps n'est pas un produit du psychisme, ni la matérialisation concrète de celui-ci. Il est biologiquement, et pulsionnellement, donné. Il advient à l'humain par la force et la forme du désir et des représentations qui le travaillent. Il est mis en mots, et en sens, par le langage et les actes.

Ce que l'on peut dire, c'est qu'il n'est pas seulement où il se voit, où il se sent, où il se palpe, où il souffre, où il jouit : là, mais en même temps sur une autre scène, sujet-objet de représentations et de désirs.

À certains égards, la réalité du corps est de l'ordre du mystère[33] ; en témoignent les idéologies, les croyances, les philosophies, les religions qui lui assignent une place, un statut, une définition, là où le scientifique repère ses propres limites.

Ce qui est certain, c'est que l'inquiétante étrangeté de la puberté, qu'aucune autre expérience antérieure ne peut rendre familière, vient renforcer cet aspect diabolique du corps, au point de bouleverser les capacités de fonctionnement cohérent du psychisme, qui peut ne plus être en mesure de maintenir l'unité de sa subjectivité.

La corporéité, comme dimension fondamentale de l'existence, reste un « truisme » malgré sa place dans la philosophie occidentale. L'intérêt de celle-ci est d'avoir introduit une réflexion sur le corps qui transforme son statut d'objet réel en « objet pensé ».

33. Et donc de l'existence de forces obscures, dangereuses

Le jeune pubère vit donc systématiquement l'émergence de la sexualité sur un mode catastrophique, quelles que soient les réactions qu'il donne à voir. Cet événement sera d'autant plus dangereux qu'il réactivera des épreuves infantiles douloureuses et incomplètement cicatrisées.

Deux points me paraissent particulièrement pathogènes en cette période :

1) L'adolescent est confronté à un corps double :

– Le corps de la petite enfance, angélique, familier, omnipotent, et dans lequel se sont sédimentées les traces des expériences successives de plaisir et de déplaisir, et, d'une certaine manière, les programmes de satisfaction de la pulsion (et d'évitement des tensions) qui sont en fait toute son histoire.

– Le corps pubère, nouveau, sexuel, non familier, non représentable parce qu'il est le lieu d'éprouvés inconnus, chaque jour différents, qu'aucun mot ne peut mettre en sens : de plus, ces éprouvés dont l'adolescent perçoit, à cause des transformations de son psychisme, qu'ils ont à voir avec le plaisir, sont tus, cachés, comme s'ils étaient coupables. Ils ne sont pas communicables, pas partageables.

L'issue favorable de l'adolescence dépend de la capacité à unifier ces deux corps, sous le primat du plaisir génital et de la complémentarité des sexes. Elle dépend donc de la possibilité de ne pas rompre la trame de son histoire : accepter son nouveau corps, et la logique du plaisir dont il est porteur, renoncer aux satisfactions infantiles, aux privilèges associés au corps de l'enfant, mais ce, au prix d'une identité qui se maintienne.

Le changement ne « me » fait pas autre, mais un pan de « mon » histoire appartient désormais au passé ; l'adolescence est continuité et séparation.

2) Le sentiment d'étrangeté qui est associé à la puberté, la perte de repères et des limites qui en découle, amènent l'adolescent à traiter son corps comme un objet externe à sa vie psychique. Tout se passe comme si les changements pubertaires attiraient le corps hors de la psyché, sur une autre scène. Cela permet, pendant un certain temps, de trouver des solutions aux conflictualités internes, dont il peut attribuer la responsabilité à l'autre étranger qu'est le corps et non son corps.

Le corps est alors accusé[34] de changements, permettant de maintenir en place fantasmes et recherches de gratifications qui entretiennent l'illusion de la continuité de l'enfance.

Traité comme un objet qui ne fait pas partie de soi-même, il peut être, économiquement, le dépositaire de la haine, de l'agressivité, de l'envie, c'est-à-dire de tous les affects menaçants pour son propre psychisme, aussi bien que du mauvais, du sale, du laid, ce qui protège l'innocence de son monde interne.

Ce statut d'objet partiellement externe est généralement transitoire. La réappropriation du corps sexué dépendra du commerce que le sujet pourra nouer avec ce nouvel objet, de la manière dont il vivra et métabolisera les attaques agressives, haineuses qui lui feront retour, de la capacité de vivre des affects ambivalents. Elle dépendra de la possibilité de traduction des représentations infantiles dans le langage des pulsions génitalisées, en même temps que de l'effacement des souvenirs auto-érotiques de l'enfance au profit d'une mise en scène d'une sexualité satisfaisant à la fois les besoins de tendresse et de sensualité.

Le corps est le lieu du conflit interne, c'est le corps qui est le représentant, le témoin du conflit. C'est contre lui que vont se mettre en œuvre toutes les défenses dont dispose le jeune, dans une tentative de maîtrise du changement qui exprime la peur de grandir et le désir inconscient de rester enfant.

L'adolescence aboutie

Schématiquement donc, d'une part un contexte social qui attribue à l'adolescent une place et un statut reconnaissant explicitement la mutation qui s'opère en lui – ou bien un environnement déniant l'accès à la sexualité et qui se prive des rituels qui la symbolisent, d'autre part un sujet doublement travaillé par le changement ; physiquement dans la réalité de son corps, psychiquement dans la réalité de son monde interne, de ses représentations : on conçoit, dans ces conditions, la multiplicité des modes de

34. L'adolescent perdant la maîtrise du bouleversement pubertaire le vit comme s'imposant de l'extérieur, en dehors de lui, malgré lui ; son corps est ressenti comme un persécuteur, et il induit de ce fait un fonctionnement projectif : c'est toujours l'autre qui a tort.

résolution de la crise pubertaire, les mille et une figures possibles de sa gestion et de son aboutissement, si tant est qu'on puisse parler d'aboutissement. La notion de crise pubertaire renvoie à un au-delà de la « crise » que concrétiserait un modèle à atteindre, un adulte idéal, dont on sait qu'il n'existe pas dans l'absolu.

C'est bien la notion de « norme » qui nous convoque ici avec ses connotations éthiques, ses pièges. La norme, statistiquement, c'est la loi du plus grand nombre, mais quand ce grand nombre fonctionne par exemple de manière totalitaire, la norme n'est-elle pas du côté de ceux qui sont repérés comme déviants ?

Laissons donc cette notion et évoquons plutôt quelques critères, « signés » d'un processus pubertaire favorablement abouti.

L'accession à l'autonomie ; physique, bien sûr, autant que faire se peut, car des handicaps existent qui ne permettront jamais aux jeunes de se passer complètement d'un étai, d'une assistance, sans que cela compromette la gestion de leur puberté ; mais essentiellement psychique : capacité de penser en son nom propre, de vivre en paix avec les images parentales et leurs discours, d'acquérir une liberté intérieure suffisante.

L'autonomie économique, financière qui, il y a quelques années encore, paraissait une condition indispensable pour que celle-là advienne, se problématise aujourd'hui d'un fait de société nouveau, celui du chômage des jeunes. La non-dépendance financière reste un atout pour la conquête de son autonomie psychique, mais il s'agit aujourd'hui de penser les conditions dans lesquelles l'assistance financière peut aider cette conquête plutôt que de dénoncer les effets négatifs d'une dépendance.

Cette autonomie conquise résume la capacité d'être seul, la capacité de choisir, de décider, de s'assumer.

L'accession au plaisir : plaisir sexuel, mais aussi plaisir lié à des investissements sublimés.

La libéralisation des mœurs sexuelles, la fragilité des unions, la résistance au mariage, pour « sociales » qu'elles soient, ne doivent pas nous faire méconnaître que, comme tendances, elles s'inversent de façon durable dès qu'un équilibre, une harmonie est trouvée dans le couple. L'instabilité reste, quelles que soient les modes, le fait d'une insatisfaction profonde, d'un sentiment que « les paradis sont ailleurs », c'est-à-dire d'un non-accomplissement de sa capacité d'aimer, de créer des liens et de les maintenir. Il n'est pas de moyen simple de vivre sa sexualité, et il faut relativiser dans les pratiques sexuelles ce que nous nommons perversions, tant la norme est là aussi une vue de l'esprit.

Mais on peut dire qu'accéder au plaisir sexuel, c'est être capable de partager, de reconnaître l'autre dans sa différence, de ne pas l'aliéner, et de ne pas pour autant en souffrir.

L'autre versant du plaisir est celui qui concerne les investissements non sexuels : le travail, la pensée ; c'est le rapport à la culture conçu comme relation à l'ensemble des objets qui nous entourent et sur lesquels on a prise parce qu'on les connaît. La possibilité de jouir de ses loisirs est une preuve de santé tout aussi essentielle que la motivation au travail. Les effondrements de la retraite mettent en évidence le risque que comporte une vie qui ne fait de place qu'au travail salarié.

La soumission au principe de la réalité. Réalité complexe, puisqu'elle est à la fois celle du corps, de la psyché et du socius.

On ne peut pas dire qu'il est interdit aux adultes de rêver, mais on peut constater que bien des conduites adultes témoignent de l'insistance chez eux de rêves adolescents, comme s'il était impossible pour eux d'accepter la réalité « une » de leur corps sexué[35], la perte des parents œdipiens et des parents refuge, et enfin le rapport direct à la loi.

La soumission au principe de réalité est, dans le jargon psychanalytique, condensée dans l'*acceptation* de la *castration*, du manque, de l'incomplétude : les frustrations, les échecs, les deuils sont en effet dans l'ordre du vivant humain et, pour douloureux qu'ils soient, ils ne sont pas évitables. Mais se soumettre à la réalité c'est aussi *admettre son ambivalence* l'existence en soi, autant qu'en l'autre, de « bon » et de « mauvais », « d'amour et de haine », *faire la part de l'idéal* dans ses aspirations et ses exigences, c'est-à-dire essentiellement reconnaître sa réalité interne, et l'existence de désirs inconscients souvent contradictoires, comme organisateurs des discours et des conduites.

35. Par renoncement à la bisexualité de l'enfance.

C'est dire sans doute qu'il n'y a jamais d'adolescence résolue, sauf à en faire, dans l'utopie, un passeport pour la sagesse : ce qui n'est jamais le cas.

C'est signifier plutôt que, dans cet espace de définition relative, ce sont les « pathologies » pubertaires qui retiendront notre intérêt, celles qui portent en elles une potentialité catastrophique, qui laissent dans le psychisme du sujet, pour reprendre l'expression de Piera Aulagnier, de véritables « zones sinistrées[36] ».

Le lecteur saura faire la part des choses et, dans les tableaux proposés, distinguer l'anecdotique de l'essentiel, le transitoire du durable .

Ce qui fait problème chez un adolescent, c'est moins le symptôme que le syndrome, c'est-à-dire l'ensemble des signes qui témoignent d'une difficile rencontre avec son corps et sa sexualité. d'une réactivation des angoisses infantiles d'abandon, de perte et de séparation, et d'une mise en place d'une organisation pathologique pour tenter de maîtriser la souffrance. L'intérêt pous nous, parents, éducateurs ou cliniciens, est de saisir cette émergence *in nucleo* pour apporter au moment opportun, l'aide nécessaire.

Mais ce chapitre ne saurait se terminer sur ces notes pessimistes. C'est à Musil, par la voix de l'élève Törless, que nous laisserons le soin de le ponctuer[37].

Interne dans un collège pour enfants de l'aristocratie autrichienne, l'élève Törless éprouve le désarroi habituel de l'enfant qui quitte son milieu familial.

Adolescent, il est en proie à d'autres désarrois, « intellectuels moraux aussi bien que charnels » pour « habituels qu'ils soient dans la mesure où ils accompagnent l'éveil de la sensualité avec les amitiés particulières, ils n'en sont pas moins exceptionnels » – « par la cruauté qui les suscite[38] » mais surtout par la finesse de l'analyse qu'en fait Musil.

En vérité ce petit roman est surtout l'analyse rigoureuse d'une blessure féconde, d'une ouverture pénible mais nécessaire. Törless se trouve parce qu'il découvre ce qui échappe à la parole, à la raison, au calcul ; il devine

36. AULAGNIER P., « *Telle une "zone sinistrée"* », *Adolescence*, 1984, 2, 1, pp. 9-21.
37. MUSIL R., *Les désarrois de l'élève Törless*, Paris, « Points », Seuil, 1980.
38. JACOTTET P., préfacier et traducteur de l'ouvrage de R. Musil.

que notre vraie vie est peut-être faite de ces fragments d'une autre vie insaisissable et il s'effraie à l'idée que nous puissions les laisser échapper [39].

Voici pour conclure quelques extraits de ce récit :

Et ce qui avait précédé la passion, ce que la passion n'avait fait que recouvrir de son foisonnement, le vrai problème, était toujours présent. C'était ce changement de perspective mentale, selon les distances, dont il avait fait l'expérience. Cette relation insaisissable qui donne aux événements et aux choses, selon l'endroit d'où nous les considérons, des valeurs inédites absolument incomparables entre elles, étrangères l'une à l'autre...

Cela et tout le reste, il le voyait avec une netteté merveilleuse, parfaitement limpide... et minuscule. Comme on le voit dans la pureté du petit jour, quand les premiers rayons du soleil ont séché sueurs d'angoisse, quand la table, l'armoire, les ennemis et le destin reculent en rampant pour retrouver leurs dimensions naturelles.

De telles nuits n'en laissent pas moins à l'esprit une discrète et distraite fatigue : et Törless n'y échappa point. Il savait distinguer maintenant entre le jour et la nuit ; en fait, il l'avait toujours su : il avait fallu qu'un rêve oppressant déferlât sur ces démarcations pour les absorber, et cette confusion lui faisait honte. Toutefois, l'idée qu'elle était possible, que certaines murailles autour de l'homme étaient aisément renversées, que les rêves fiévreux qui rôdaient près de l'âme pouvaient s'y employer et y ouvrir d'étranges brèches, cette idée s'était, elle aussi, ancrée profondément en lui, et les ombres pâles qu'elle répandait ne s'effaçaient point.

Il n'aurait guère pu l'expliquer. Mais cette impossibilité de trouver des mots avait une saveur, comme la certitude de la femme enceinte qui devine déjà dans son sang le discret tiraillement de l'avenir. Confiance et lassitude se mêlaient en lui...

C'est ainsi qu'il attendit le départ dans une songeuse tranquillité.

Sa mère, qui s'attendait à le trouver surexcité, bouleversé, fut frappée par son calme et sa froideur.

La voiture qui les conduisait à la gare laissa à sa droite le petit bois où s'élevait la maison de Bozena. Ce n'était plus qu'un fouillis poussiéreux de saules et d'aunes aussi inoffensif qu'insignifiant.

À cette vue, Törless se souvint combien il lui avait paru difficile, alors, de se représenter l'existence de ses parents. Il regarda sa mère, à la dérobée.

« Qu'y a-t-il, mon petit ?

– Rien, maman. Une idée. Et il aspira le léger parfum qui s'exhalait du corsage de sa mère. »

---

39. *Idem.*

CHAPITRE III

LE CORPS DÉSAFFECTÉ
LA FOLIE DU CORPS
DE L'ANOREXIE À LA PSYCHOSE

La chair fait un peu honte, on aimerait en avoir le moins possible.

Zoé Oldenbourg, *Le procès du rêve* *.

Qu'est-ce qu'un affect ? Pour Laplanche et Pontalis[1] « c'est un terme emprunté à la terminologie psychologique allemande et connotant tout état affectif, pénible ou agréable, vague ou qualifié, qu'il se présente sous la forme d'une décharge massive ou comme tonalité générale » ; toujours selon ces auteurs « c'est une des formes d'expression de la pulsion », c'est-à-dire de la source énergétique vitale ; la pulsion est une notion dynamique qui se différencie de l'instinct : le but de celui-ci est fixe, ce qui n'est pas le cas pour la pulsion.

L'affect n'est pas la représentation, à laquelle il est éventuellement associé. L'affect peut surgir, sous-tendu par des images précises, dicibles, adéquates à l'éprouvé ou discordantes d'avec lui ; il peut aussi vous envahir sans faire lien avec une imagerie qui lui donnerait sens ; l'excitation qu'il génère est alors rapidement une source d'angoisse.

---

* Paris, Gallimard, 1982.

1. Laplanche J. et Pontalis J.-B., *Vocabulaire de la psychanalyse*, *op. cit.*

L'affect ne se commande pas, agréable ou déplaisant, d'amour ou de haine, il fait irruption dans l'espace psychique du sujet, associé ou non à une représentation, indépendamment de la volonté du sujet : de tonalité agréable, il se supporte, voire se cultive – désagréable, il crée un état de tension qui va chercher ses voies de résolution. « S'il s'agissait d'une excitation externe, la fuite serait évidemment le moyen approprié[2] » « mais dans le cas de la pulsion, la fuite ne peut servir à rien car le moi ne peut s'échapper à lui-même ».

L'adolescence est un moment critique dans la gestion des affects car l'appropriation du moi, qui est contemporain du désengagement des images parentales et de leur fonction narcissique d'étayage, confronte le jeune à un nouveau système de causalité : toutes les frustrations de l'enfance, mais aussi les plaisirs, sont le fait de l'attitude de l'autre à son égard, et essentiellement des parents. S'approprier son moi consiste ainsi à se définir comme auteur de ses propres affects et comme gestionnaire de ceux-ci.

À cet effet, il dispose d'un certain nombre de mécanismes qui le protègent contre les motions pulsionnelles, mécanismes de défense qui permettent au moi de maintenir à l'intérieur de l'espace psychique une tension supportable. Ces mécanismes ne sont pas nouveaux, encore qu'à l'adolescence le jugement et la condamnation prennent une place plus importante que précédemment dans la gestion de l'afflux pulsionnel ; mais alors qu'ils étaient sollicités par les pulsions partielles, ils vont se mettre au service du moi pour métaboliser la poussée du ça et l'émergence de la génitalité. Cependant, les mécanismes de défense pour autant qu'ils aient pour fonction de maintenir un équilibre interne supportable, et tout de même dynamique, ne sont pas toujours adaptés, et leur insuffisance, leur excès ou leur inadéquation sont les sources des multiples avatars de la relation de l'adolescent à son corps désormais sexué.

J'évoquerai ici les mécanismes de défense les plus repérables au moment de la puberté.

Le refoulement : Laplanche et Pontalis le définissent comme « l'opération par laquelle le sujet cherche à repousser, ou à maintenir dans l'inconscient, des représentations liées à une pulsion ». Chez l'adolescent, le refoulement est sollicité surtout lorsque des représentations incestueuses prennent forme dans la conscience, ou

2. Freud S., « Le refoulement », in *Métapsychologie*, Paris, Gallimard, 1968, p. 45.

lorsque des représentations viennent activer le désir de masturbation. Le refoulement se produit parce que la satisfaction de la pulsion entraînerait un éprouvé de plaisir qui serait en contradiciton avec d'autres exigences internes, morales essentiellement.

Par cette opération, le sujet débarrasse sa conscience de ses contenus encombrants. Cependant, pas plus que la fuite n'entraîne la disparition de l'objet dangereux, le refoulement n'est opérant sur l'objet menaçant. Celui-ci est momentanément écarté de la conscience, mis à distance ; il n'en continue pas moins d'exister – dans l'inconscient – et peut demeurer éminemment actif : il peut faire retour dans les rêves, les lapsus, les actes manqués, les oublis, tout ce que Freud nomme « la psychopathologie de la vie quotidienne », mais aussi dans des symptômes psychiques ou somatiques. Il peut aussi constituer un noyau attractif, toujours inconscient, susceptible de tirer à lui d'autres représentations insupportables, à la manière d'un aimant dont l'activité, régie par des lois propres, échappe complètement à la volonté du sujet. Le refoulé constitue ainsi une sorte de psychisme dans le psychisme, soumis aux lois particulières des processus originaire et primaire.

Il découle de ce rappel que si le refoulement est un mécanisme de défense normal, il peut contribuer à la constitution d'une force antagoniste du moi telle qu'elle en compromette la suprématie. Ce n'est pas le fait de refouler qui est pathologique, mais celui de refouler tout ce qui vient insister du côté du rêve ou du symptôme, pour signifier la conflictualité interne et questionner ce que le sujet continue à sélectionner pour rendre compte de l'histoire et de la vérité qu'il se construit illusoirement.

Le sujet semble traiter avec les contenus de sa conscience, mais est en fait agi par les représentations inconscientes de la pulsion. Le caractère figuré de son imagerie intérieure est la défiguration inconsciente de ses représentations insupportables, dérangeantes, inconciliables entre elles.

Outre le refoulement, fonctionnent spécialement à l'adolescence le déni et le clivage[3] mais, plus spécifiquement, un mécanisme qu'Anna Freud a décrit dans son approche des conduites ascétiques

3. FREUD S., *L'organisation génitale infantile* (1923) ; *La perte de la réalité dans la névrose et la psychose* (1924) ; *L'abrégé de psychanalyse* (1938), pour ce qui concerne le déni ; cf. *Le fétichisme* (1927), *Le clivage du moi dans les processus de défense* (1938) et *L'abrégé de psychanalyse* (1938), pour la notion de clivage.

et qui ne participe ni du refoulement ni du déni : il s'agira pour le jeune de mobiliser toute l'énergie dont il dispose pour abraser l'émergence de représentations qui le confrontent à l'évidence de sa puberté et à la résolution des processus identificatoires. Certes, ce mécanisme participe du refoulement, puisqu'il vise les représentations insupportables, mais il participe aussi du déni puisqu'il affecte les modifications corporelles dans leur réalité. Cependant, ce qui est essentiel ici, c'est que l'interdit qui frappe initialement les représentations incestueuses, ou celles incitant aux pratiques masturbatoires, va contaminer progressivement tout le registre pulsionnel et, dans une opération qui se veut de survie, aboutir à une progressive et dramatique négation de soi.

Ce mécanisme décrit comme « rejet des pulsions » aboutit à un abrasement par contamination de toutes les opérations psychiques du sujet, condamné moins à souffrir qu'à ne pas jouir.

Chez l'adolescent, le déni affecte essentiellement les modifications corporelles et se traduit par des conceptualisations ou des conduites qui visent à annuler les effets du changement. Le déni, dans la mesure où il affecte contradictoirement la réalité, ou la nie, parce qu'on en reconnaît le caractère menaçant et générateur d'angoisse, amène le clivage du sujet en deux parties distinctes qui le plus souvent s'ignorent ; l'affrontement ou l'opposition signifierait l'échec du processus. Le clivage est une option qui élimine l'idée d'un pacte. Le sujet en perd souvent son unité. Cependant, le clivage n'est pas à proprement parler une défense du moi, mais une conséquence de la cœxistence de deux types de défense ; l'une qui vise la réalité concrète et matérielle : le déni ; l'autre qui vise la pulsion et ses représentants.

Pour tenter de dire les différences de ces mécanismes de défense en images : alors que le refoulement met en tension deux strates horizontales du sujet (conscient ou inconscient), le clivage coupe le sujet en deux, verticalement, le divise. Ce dernier est donc un mécanisme qui met en péril la santé psychique de l'individu, si tant est que la santé puisse s'appréhender, entre autres, à travers la cohérence de l'être, de ses pensées et de ses conduites.

L'adolescent lutte contre ses désirs incestueux, refuse peu ou prou le changement pubertaire, et doit faire avec l'évidence de la complémentarité des sexes :

– les désirs incestueux sont irreprésentables, c'est le fatum, ou le destin d'Œdipe ;

– le changement pubertaire lui échappe, et il n'a ni sur les modifications de son corps, ni sur l'émergence de la pulsion sexuelle aucune prise : il est agi par eux.

La complémentarité des sexes, dont la fonction organisatrice de la psyché a été rappelée, peut être associée à un éprouvé insoutenable tant elle vient problématiser l'histoire infantile.

Cette situation est génératrice d'angoisse pour deux raisons : d'une part, aucune représentation n'est adéquate à lier la poussée pulsionnelle, d'autre part, l'appareil psychique lui-même se précarise du changement dont il est aussi le lieu : le moi perd sa prothèse parentale, l'idéal du moi n'est pas encore fonctionnel et la poussée du ça est bien excitante.

Dans ces conditions, l'adolescent va s'employer, pour préserver un sentiment d'identité, à tenter de démontrer que les changements ne sont pas advenus.

> … son besoin d'être aimée – dit Janet[4] – lui inspirait le désir de rester enfant, d'être toujours une petite fille que l'on câline et qui peut tout exiger ; en un mot, il lui inspirait une terreur à la pensée de grandir… L'arrivée précoce de la puberté aggrava singulièrement les choses… « puisque les hommes aiment les femmes grosses, je veux toujours rester extrêmement maigre… » La terreur des poils du pubis, du développement de la poitrine s'ajouta aux craintes précédentes. Dès l'âge de onze ans, comme elle portait des jupes courtes, il lui semblait que tout le monde la regardait. On lui a mis des jupes longues et elle a eu honte de ses pieds, de ses hanches, etc. L'apparition des règles la rendit à moitié folle ; quand les poils du pubis ont commencé à pousser, elle a été convaincue qu'elle était seule avec cette monstruosité et jusqu'à l'âge de vingt ans, elle travaillait à s'épiler pour faire disparaître cet ornement sauvage.

L'exemple est magistral mais non généralisable. Cependant, peu d'adolescents échappent à la rencontre angoissante de leur sexualité, sauf à mettre tout en œuvre pour se soustraire à son émergence.

La désaffection du corps est, dans ce contexte, l'aboutissement d'une démarche qui vise à la fois la réalité interne et la réalité

4. JANET P., *Les obsessions et la psychasthénie*, Paris, Alcan, 1903, cité par J. Sylveric in *Adolescence et sexualité*, Paris, éd. Calliops, 1961, p. 14.

externe ; toutefois, si elle a en commun avec le déni de refuser l'évidence, elle emprunte plus au mécanisme d'abrasion de la pulsion qu'au refoulement, en ce sens que ce ne sont pas seulement les représentations qui sont menaçantes, mais l'affect aussi dans la mesure où il est susceptible de faire surgir une représentation dangereuse.

La désaffection est une défense qui tend à vider le psychisme des affects et des représentations dangereuses ; essentiellement celles qui touchent à la génitalité et à la complémentarité des sexes. Le sujet maintient ainsi l'illusion d'un corps infantile inchangé, et grâce à l'activité imaginaire qu'il entretient (la seule qui soit tolérée ne concerne pas les objets sexués) et aux conduites qu'il adopte, il vit dans la conviction qu'il maîtrise le changement et évitera les transformations corporelles qui introduisent à l'état adulte.

Le refus du corps qui se transforme et des représentations sexuées qu'il fait surgir est ainsi au centre des conduites anorexiques : les privations alimentaires ont essentiellement pour but de faire disparaître les formes différenciées du corps, en ce qu'elles sont l'évidence d'une identité sexuée qui est inconsciemment refusée.

Le corps désaffecté implique un sujet clivé, divisé, qui d'une part nie la réalité de l'évidence : différence et complémentarité des sexes, d'autre part tentent de s'adapter en surface aux exigences de la réalité externe. La lutte intérieure pour maintenir l'image d'un corps infantile et l'illusion de ses privilèges est extrêmement épuisante, et parasite progressivement les secteurs non sexualisés de l'activité de pensée, en particulier tout ce qui touche à la créativité et à la création.

À l'extrême, la désaffection du corps est une désaffectation. Le corps est vide du sujet, le corps est psychotique.

Avant d'aller plus loin dans cette figure du corps, je voudrais faire une parenthèse sur le statut social du corps.

Le statut social du corps

Au moment où le jeune entre dans la communauté adulte, un certain nombre de choix s'offrent à lui : image de soi, relations aux pairs, carrière professionnelle ; ce dernier condensant dans le meilleur des cas les deux premiers. Ils admettent un triple déterminisme :

1) L'histoire personnelle : celle des désirs intimes, des besoins spécifiques de satisfaction, de la capacité de se soumettre au principe de réalité, du désir de stabilité ou du besoin d'aventure, des goûts, des dons et des qualités propres, des manques et des insuffisances. L'histoire personnelle infantile donne le ton de la recherche de satisfaction, mais celle-ci est une démarche qui implique un certain nombre de compromis.

2) L'histoire familiale : le modèle investi peut être fidèle à la tradition, ou en rupture avec elle : bien des études sociologiques ont cerné cette question, montrant les diversités des procédures de la reproduction de certains corps professionnels à l'évolution quasi programmée de ceux-ci sur plusieurs générations (ouvrier, employé, profession libérale). Tout porte à croire cependant que, pour être congruente avec la consolidation de l'identité qui s'opère alors, l'histoire familiale doive être intégrée comme un patrimoine, et non rejetée comme quelque chose qui ne vous appartiendrait pas.

3) L'histoire sociale : chaque société propose ses modèles diversifiés, connotés d'une valence positive ou négative selon les époques. Par exemple, les métiers manuels sont actuellement dévalorisés, la profession d'enseignant aussi, qui n'a plus l'aura que lui conférait le début du siècle.

L'idéal du moi de l'adolescent[5], le support du projet qu'il va formaliser pour son devenir, va s'édifier à la croisée de ces trois déterminismes. On a de bonnes raisons de penser que l'histoire infantile est le chef d'orchestre de cette création ; il n'empêche que l'histoire familiale et les faits sociaux peuvent surdéterminer celle-ci, ou au contraire la rendre difficile, ou la compromettre. Ce n'est pas à démontrer en ce qui concerne par exemple le marché du travail qui peut faire obstacle à un projet cohérent ; c'est moins manifeste dans d'autres secteurs, mais l'implicite n'y constitue pas moins une réalité avec laquelle il faut activement composer. Le corps et son statut cristallisent la complexité de ces interactions.

---

5. La notion d'idéal du moi est métapsychologique et ne saurait se réduire à cette image.

À la fin du XIXe siècle, et jusqu'à la période de l'entre-deux-guerres, le corps a un statut exclusivement centré sur la reproduction : reproduction de l'espèce (de la race même), mais aussi des équilibres socio-économiques.

Toute l'organisation sociale contribue à cette fonction : le mariage en est l'instrument ; le corps célibataire n'a de statut que dans les ordres religieux, ailleurs il est une tare.

La tradition qui privilégie encore, au moins dans la France agricole le droit d'aînesse (la terre est indivisible), perpétue ainsi sur les enfants une « contrainte de corps », dans la mesure où le mariage est concocté secrètement par les familles pour pérenniser les équilibres acquis. Si les filles ne trouvent pas d'alliance, elles sont incitées à rentrer au couvent, voire à assumer auprès de leurs parents vieillissants une compagnie qui justifiera leur célibat. De même, le second fils n'a-t-il souvent le choix qu'entre le service des armes ou celui de Dieu. Les idéaux du moi individuels sont fortement marqués du sceau du devoir et des conventions. Si le sens du plaisir existe, il faut reconnaître qu'il est affaire fort suspecte, source de tous les égarements, de toutes les débauches et déstabilisations.

Les guerres bouleversent cette situation : les guerres, leur inutilité et l'évolution économique et industrielle qui a suivi. Le prix de la vie se réévalue aux enjeux d'une mort pour la patrie qui n'apparaissent plus évidents.

Parallèlement, les progrès de l'hygiène et de la médecine démocratisent l'idée que, si la mort est inéluctable, elle n'est pas toujours une fatalité : la santé s'apprend. Le climat économique avec le recul de la pauvreté, les progrès de l'éducation avec l'éveil des consciences politiques font reculer le pouvoir des dogmatismes, et celui de l'Église en particulier. L'idée que le plaisir n'est pas forcément coupable fait son chemin. Si Dieu n'est pas une certitude, l'âme non plus : il vaut mieux tenir que courir et jouir des plaisirs terrestres plutôt que de les hypothéquer pour une béatitude aléatoire dans un autre monde.

Le statut du corps va s'en trouver complètement modifié : le corps se libère, en même temps que l'individu, des pressions et contraintes qui pesaient sur lui. Le corps s'exprime, la sexualité se parle, le plaisir s'affiche.

En fait, si cette évolution a des allures de révolution, elle a aussi son caractère paradoxal : d'un côté, le vêtement, les comportements, la pratique de la sexualité se débarassent des conformismes, et mettent à l'épreuve les institutions centenaires ; le corps célibataire n'est plus au ban d'une société qui se laïcise ; la conjugalité n'est plus l'institution légitime de la sexualité adulte ; tout est pensable sinon possible, tout paraît dicible ; le corps « s'éclate », pour employer l'expression des adolescents qui renvoie à la notion de plaisirs tous azimuths. D'un autre côté, le corps s'aliène dans un système de contraintes tout aussi sociales, collectives, et à connotation normative et surmoïque.

Le corps est de plus en plus dépendant du standard esthétique véhiculé par les médias ; jogging, streching, gymnastiques, régimes sont désormais les rites d'une nouvelle religion qui fait de plus en plus d'adeptes. Si l'homme dans son histoire ne semble pas avoir pu, jamais, se passer d'une mystique (éthique ou esthétique), se pose aujourd'hui la question du sens de ces investissements éminemment narcissiques, dénonçables non dans leur principe mais dans leur excès. Surgit ici la notion de contrainte de corps, comme si l'objet, quelles que soient les modes, ne pouvait s'assumer que domestiqué, étouffé par les conventions ou maîtrisé au nom d'une idéologie.

Ainsi, le statut du corps est-il bien, quelles que soient les époques, à la confluence de l'histoire infantile (omnipotence), de l'histoire familiale (racines du surmoi et de sa fonction tutélaire ou sadique) et du fait social (modèles et idéalité) : et si l'état du corps résulte d'une affaire plus intime, que l'on pourrait résumer comme un commerce entre soi et soi, entre le besoin, le désir et les exigences de la réalité, catégories qui pour être universelles n'en sont pas moins d'abord particulières, peut-on faire l'impasse sur l'incidence des modèles sociaux, médiatiques, sur la relation de l'adolescent à son corps ? Certainement pas.

Le jeune a besoin de consolider son narcissisme dans une identité de groupe et les modèles qui y fonctionnent donneront rapidement une forme à une identité précaire et de transition. Les idéaux de groupe constitueront une prothèse substitutive des idéaux familiaux qu'ils désinvestissent : les images du corps véhiculées par les médias auront donc un impact invariable, mais jamais neutre, sur les idéaux du corps que le jeune édifie.

L'approche du corps anorexique suggère que l'on considère ces idéaux de groupe, ces standards qui privilégient aujourd'hui la maigreur, comme des facteurs surdéterminants mais non négligeables du problème. L'insécurité identificatoire du jeune le rend en effet vulnérable aux pressions extérieures. C'est pour cette raison qu'il m'a semblé nécessaire de pointer combien notre culture et notre société industrielle favorisaient nombre de traitements pathologiques du corps.

Le corps anorexique

Maintenant elle savait bien, Pomme, qu'elle était laide. Elle était laide et grosse. Et méprisable car tout cela n'était que l'extérieur de son indignité profonde, qu'elle avait bien comprise, Pomme, quand Aimery l'avait renvoyée de chez lui.

Le plus dur, c'était de sortir, d'être au milieu des autres gens, dans la rue, dans le train, au salon de coiffure. Elle voyait bien comment ils la regardaient, les gens. Elle les entendait parfaitement quand ils s'esclaffaient derrière elle. Elle ne leur donnait pas tort. Elle avait seulement honte.

D'ailleurs Marylène le lui avait dit, autrefois : « Là, là, tu as de la cellulite. » Elle lui avait pincé presque durement la poitrine, la taille, les hanches. Maintenant ça lui revenait, à Pomme, la réflexion de Marylène. Comme si Marylène avait été juste à côté d'elle, derrière elle, à le lui répéter qu'elle était grosse…

Pour la première fois elles auraient voulu se parler, la mère et la fille, avoir une vraie conversation. Toutes les deux, elles étouffaient de larmes qu'elles auraient aimé doucement confondre, mais les larmes ne venaient pas davantage que les paroles. Au lieu que Pomme osât chercher simplement le secours que sa mère avait tant besoin de lui donner, elle s'efforçait de garder devant elle une allure digne sous son opprobre. De la seule confidente que lui avait donnée le sort elle faisait un témoin, un juge dont elle craignait d'interpréter le silence : ce ne pouvait être qu'un reproche.

Pendant la fin de l'hiver, Pomme se mit à maigrir, d'abord insensiblement, puis de façon spectaculaire : elle avait la peau du visage extrêmement blanche, presque transparente à l'endroit des pommettes. La crémière avait essayé toutes les ruses pour faire manger sa fille, se fiant d'abord à son ancienne gourmandise, qui n'aurait pas dû tarder à revenir, puis résignée à ce haut-le-cœur qui saisissait Pomme dès la première bouchée du repas. Celle-ci ne se nourrissait plus que de verres de lait, de quelques fruits, et de morceaux de sucre. Ce n'était pas un régime ; elle ne pouvait plus faire autrement » (Pascal Lainé, *La Dentellière,* Paris, Gallimard, 1974).

L'anorexie est une pathologie du corps surtout décrite chez les adolescentes. Elle est en effet plus rare, plus atypique, chez les garçons et reste exemplaire des difficultés de relation de la fille à la sexualité féminine.

La littérature médicale sur le sujet est vaste, l'anorexie est évoquée dans les traités de nosologie dès le début du XVIIe siècle, et dès 1873 (Lasèque), elle y figure au rang des maladies mentales. Depuis, elle n'a cessé d'être l'objet d'investigations et de recherches sans qu'un consensus puisse réellement se dégager quant à sa clinique ou à son étiologie.

L'anorexie s'installe quelquefois après un événement douloureux, repérable historiquement (c'est le cas de Pomme, répudiée par son amant – c'est aussi souvent ce que font remarquer les patients ou leurs parents : deuil, séparation, déception sentimentale, échec scolaire). Cependant, on ne saurait en faire la simple conséquence d'un traumatisme ponctuel « l'anorexie mentale réalise une entité sinon indépendante, du moins dépassant largement les traumatismes affectifs, auxquels on a voulu la réduire[6] ».

L'anorexie débute autour de la puberté : rarement avant 12 ans, l'âge d'apparition du syndrome est compris entre 13 et 25 ans, le plus souvent 15-18 ans. Le plus souvent aussi, il s'agit de filles uniques ou de filles d'une fratrie avec une prédominance de filles[7].

Le milieu familial est généralement d'apparence peu pathologique : famille apparemment unie sans tares particulières, alcoolisme ou toxicomanie par exemple.

Les études sociologiques font état d'un niveau socioculturel et économique des familles plutôt bon, voire supérieur.

La maladie s'installe de manière assez stéréotypée. L'amaigrissement est spectaculaire en trois à six mois. La plupart du temps, l'adolescente a annoncé qu'elle devait faire un régime pour perdre des kilos superflus. Le problème est que la perte de poids est toujours jugée insuffisante, et que les restrictions alimentaires se poursuivent bien au-delà du but initialement fixé. Ces restrictions, organisées autour d'une véritable hantise de grossir, se complètent

6. BRUSSET B., *L'assiette et le miroir – L'anorexie mentale de l'enfant et de l'adolescent*, coll. « Sciences de l'homme », Toulouse, Privat, 1977, p. 98.

7. GIRARD C., *Hospitalisation et psychothérapie de l'anorexie mentale*, Psychiatr. Enfant, 1978, 21, 2, pp. 449-560.

souvent de conduites qui visent à vider le tube digestif : vomissements, prises de laxatifs, etc. À l'amagrissement (de l'ordre de 10 à 15 kilos) pouvant aller jusqu'à la cachexie, mais toujours nié, est associé un arrêt des règles (une aménorrhée) dont le traitement n'est pas simple : elle peut en effet persister longtemps après la reprise de poids.

Toujours au plan descriptif, il faut noter chez l'anorexique deux traits de caractère :

– Son hyperactivité, soit physique : le sport est hyperinvesti – l'adolescente s'y adonne d'une manière compétitive – cyclisme, danse, jogging, natation, marche, hippisme, moto..., soit intellectuelle : la réussite scolaire est une quasi-constante de leur histoire, mais, paradoxalement, les anorexiques sont des personnalités peu créatives, et qui prennent peu de plaisir dans le fonctionnement intellectuel. Elles peuvent apparaître comme de véritables bêtes à concours, dont le rapport au savoir est accumulatif, encyclopédique, mais encore une fois neutre, désaffecté.

– Son désintérêt pour la sexualité : l'anorexique est gênée par son corps pubère, elle nie ses transformations corporelles, veut masquer, voire faire disparaître ce qui en témoigne. Elle ne s'intéresse pas à la sexualité, et si elle a des relations sexuelles, c'est pour faire comme les autres, mais sans les investir affectivement.

Que viennent signifier les anorexiques par leurs conduites ? Certes, une incapacité à accepter et à intégrer les transformations de la puberté autant qu'à assumer leur féminité, et une tentative de maîtriser les transformations qui leur échappent :

> Se trouver malgré elles engagées dans une transformation de leur corps qui les assigne dans une identité sexuelle inéluctable est ressenti comme une blessure narcissique telle que le seul recours est dans la négation du corps ou du moins de ses aspects sexués[8].

Mais pourquoi cela se joue-t-il dans le champ des conduites alimentaires ? Indiquons d'abord que celles-ci constituent la forme la plus archaïque, la plus primitive du contrôle du corps, de l'emprise sur le corps. L'anorexique pense qu'en imposant à son corps la

8. BRUSSET B., *op. cit.*, p. 207.

logique de ses fantasmes, elle contrôle en même temps ses besoins et ses désirs et supprime ses conflits.

Être mince n'est qu'une manière de parvenir à la négation des formes, et des formes féminines en particulier. L'image idéale vers laquelle tend l'anorexique est une image qui met à distance les indices de la féminité : la grosseur évoque la grossesse, les règles, la possibilité de procréer – mais aussi ceux du plaisir sexuel.

L'anorexique tente de combattre tout ce qui évoque féminité et sexualité. Le danger n'est pas réel, il est lié a l'image du corps du sujet. Il est mis en scène dans les fantasmes que l'adolescente entretient sur la sexualité féminine. Les sensations génitales internes qui surgissent au décours de la puberté, spécialement à l'occasion des règles, « suscitent des craintes d'explosion, d'éviscération, de vide et de mort[9] ».

L'adolescente va dénier l'existence de ses organes génitaux internes pour se défendre contre cette attaque, et faire en sorte de tenter de donner le change. C'est-à-dire qu'elle hyperinvestira, par compensation, l'apparence extérieure, s'adaptant en surface aux exigences d'une représentation sociale de la féminité, mais cet investissement du corps ne sera qu'une habile manière d'en neutraliser l'identité sexuée.

L'anorexie est une affaire d'adolescence, mais cette pathologie du corps a trait au développement précoce infantile. Ne devient pas anorexique qui veut : n'est anorexique que l'enfant qui n'a pas, dans sa première enfance, été investie par sa mère comme une future femme.

L'accession d'une adolescente à la féminité, sa capacité à désinvestir les objets infantiles et à se tourner vers de nouveaux objets, dont son corps sexué, implique donc de la part de la mère un certain travail : véritable crise de personnalité, d'identité : crise, c'est-à-dire mise en question de l'équilibre de l'instant, qui porte en elle des potentialités de remaniements, d'évolution et de maturation, mais dont la solution reste aléatoire.

Or, ce travail qui conditionnera la mise en place et la stabilisation des identifications secondaires de l'adolescente porte essentiellement sur un matériel archaïque et primaire. L'accession de

9. *Ibid.*, p. 208.

l'adolescente à la féminité semble en effet entraîner la disjonction de la monade narcissique qu'elle avait pu constituer avec sa mère, révélant éventuellement à celle-ci la dimension du « maternel » jusque-là éprouvée dans la virtualité.

L'identité de l'adolescente, et le rapport qu'elle développera à son corps, se construisent en effet très précocement dans les premières relations à la mère.

Identité et narcissisme

Si la grossesse recrée momentanément un espace de plénitude, suspecte à bien des égards puisqu'on en parle en termes de « maladie normale » qui banalise aussi le mauvais objet, c'est qu'elle comble la mère, son utérus, mais aussi ses manques. Il n'est que d'évoquer la place potentiellement maléfique des « envies » de femmes enceintes pour repérer qu'il s'agit moins d'un éprouvé différent, qui pourrait être inféré au nouvel état physiologique, que d'une protection contre l'insatisfaction et la frustration.

Si de cet état va dépendre ultérieurement l'investissement de l'enfant, dépend aussi, pour la mère, un vécu d'une qualité éprouvée en temps révolu, celle de la toute-puissance.

La grossesse restaure l'illusion de la complétude et ébranle ainsi la féminité accomplie de la mère qui s'est édifiée sur des exigences de désillusion et d'insatisfaction. Mais, en raison même de cette capacité à être enceinte, l'expérience de l'insatisfaction, de la frustration, du manque ne sont probablement chez la femme jamais réellement opérés (sauf à la ménopause qui peut coïncider au moins fantasmatiquement avec l'adolescence de sa fille). Jusque-là, l'inflation narcissique chez elle est un risque permanent. L'enfant qu'elle porte, ou peut porter, est la preuve de son omnipotence. Peu importe le sexe de l'enfant à naître, il instaure la complétude[10]. Dans les jours qui suivent la naissance, cependant, l'investissement de l'enfant par la mère se fera généralement sur un mode différent selon son sexe. Une fille sera investie sur un mode narcissique,

10. On peut penser, à entendre les femmes qui ont accouché que, *in utero*, l'investissement du bébé ne dépend pas de son sexe, sauf à le savoir par avance. C'est un investissement auto-érotique et narcissique.

immédiatement double de la mère, autre elle-même, susceptible dans une douteuse complicité de lui éviter l'épreuve de réalité et le constat d'incomplétude qui fait suite à la parturition. Un enfant de sexe masculin sera au contraire l'objet d'un investissement érotique. Le pénis du garçon est celui du père – celui de l'autre. Il est dans sa reconnaissance la marque de la différence et de la distance du corps de l'enfant au corps maternel ; la marque aussi du manque maternel. Le vagin de la petite fille n'est identifiable que dans la similitude. En ce sens, on peut dire que le vagin de la petite fille est le vagin de la mère, et que la fille n'accédera à une véritable relation d'objet[11] qu'après avoir sacrifié sa mère sur l'autel de l'identité. Long processus de désengagement qui la révélera à l'altérité et à la complémentarité.

La connaissance du vagin en creux, en absence d'évidence, passe par l'initiative maternelle[12]. L'organe sera d'autant plus difficile à identifier qu'il est nié par la mère – cela se repère dans certaines lignées de fille unique (lignées réelles, ou fictives, là où un investissement particulier de la mère privilégie une fille, et une seule, au détriment des autres enfants) : petite fille ou adolescente, elle doit continuer de combler la mère comme elle a comblé son utérus, et n'a droit à aucun écart, sauf celui légitimé dans l'après-coup, de pérenniser la lignée. Ainsi, ces filles n'intègrent-elles pas leur vagin, dans l'édification de la représentation de leur corps qu'elles construisent comme un plaquage du corps maternel ; souvent apprêtées, elles apparaissent comme des colifichets de leurs mères : objets nécessaires et pourtant sans valeur ; dont la présence est garantie de l'utérus féminin (et non du sexe) dans sa capacité de reproduire, et dissuasion d'un questionnement sur le vagin et sur le plaisir. La connaissance du vagin est subordonnée à l'expérience de plaisir, du plaisir qu'en retire la mère : pleine de la présence d'un père amant, celle-ci peut signifier à sa fille que le manque n'est pas dans l'en-moins de la différence des sexes, et que le plaisir est dans

11. On a coutume de dire que les filles sont plus « précoces », plus vives que les garçons – cela va dans le sens de mon hypothèse : la fille est une copie de sa mère jusqu'à la puberté. En copiant, elle acquiert une pseudo-maturité tout à fait illusoire ; elle fait « comme si », encouragée inconsciemment par le désir de séduire le père.

12. La connaissance inconsciente infantile du vagin me semble liée à la parole initiatique de la mère, à la reconnaissance par celle-ci d'une potentialité de jouissance chez sa fille. *Cf.* BIRRAUX A., « Mère et fille », Cahiers de l'IPC, *La mère et le maternel*, 1987, 5, pp. 11-24.

l'acceptation de la différence. Dans le cas contraire, elle ne pourra proposer à sa fille qu'un modèle où le corps, sans sexuation, cherche à se combler en lui-même, ou en l'autre lui-même : aussi la fille, sans vagin identifié, souvent envieuse de l'organe masculin, peut reproduire le désenchantement maternel dans une sorte de scissiparité que la puberté à la fois consacre et problématise.

Ce qui se passe chez l'adolescente, dans la consolidation de son sentiment d'appartenir à un sexe, dans le refoulement de l'altérité sexuelle, dans la recherche de la jouissance et l'acceptation de la complémentarité des sexes, renvoie essentiellement à des enjeux maternels ; qu'en est-il, qu'en a-t-il été pour celle-ci de sa capacité à se sentir entière, indépendante de sa propre mère que son bébé fille restaure ou prolonge ? Bébé fille, dis-je, car le bébé garçon, en objectivant le pénis qu'elle n'a pas, marque la différence mais dans un processus gratifiant. Sa castration s'estompe derrière cette création. La naissance d'une fille ne confère pas cette satisfaction, elle renvoie la mère à soi-même et à l'évidence de sa castration. Investir l'enfant comme un prolongement narcissique lui évitera la souffrance de cette reconnaissance – induisant par là même à l'adolescence l'actualisation de part et d'autre d'une impossible altérité. Mère et fille ne font qu'un corps, et l'éprouvé de l'une risque à tout moment de n'être que celui de l'autre.

Cette insistance sur les relations précoces mère-fille met l'accent sur le fait que l'anorexie ne fait que révéler un état des lieux antérieur. La fillette qui deviendra anorexique ne s'est jamais sentie investie comme une femme potentielle. Peut-être ne l'a-t-elle jamais réellement été ; peut-être s'est-elle arrangée pour ne jamais se détacher du corps maternel auquel elle délègue la capacité de jouir de son corps.

Ce faisant, elle « désaffecte » son propre corps et progressivement son fonctionnement mental.

L'anorexique se dessèche au cours du temps dans sa vie affective comme dans sa pensée, pour fuir les conflits liés à son identité sexuelle ; ses relations s'appauvrissent, sa vie a tendance à se réduire à une suite d'activités utilitaires, sa pensée à des circuits opératoires, et cette manière d'être au monde lui confère une sensation de toute-puissance dans la mesure où elle fait la preuve qu'elle maîtrise ses besoins les plus vitaux.

Le corps anorexique, désaffecté, est cependant, quelles que soient les rationalisations qui le concernent, un corps de souffrance.

L'anorexique fuit la représentabilité de ses conflits, mais les transcrit dans son corps.

Le corps anorexique est un corps malade (l'anorexie continue d'ailleurs pour beaucoup d'être considérée comme organogénétique). Mais, à ce prix, l'adolescente protège un certain fonctionnement psychique, abrasé certes, mais relativement cohérent. À ce prix, elle évite de s'effondrer : elle s'objectalise sans affects vrais, sans désirs, idéalement aconflictuelle.

Le fait est qu'elle réussit à faire de son corps le lieu de son délire et qu'on pourrait penser qu'elle est victime plus qu'actrice de sa psychose si n'apparaissait dans sa logique du plaisir son incessant combat contre les parents sexués et son incapacité à se séparer de sa mère, à être autre chose qu'une bouche à nourrir, une bouche à jouir, passivement, indéfiniment.

Cette mise en scène spectaculaire est sujette à des retournements ou à des déplacements : le corps anorexique peut devenir un corps boulimique ; la problématique identificatoire précoce qui fait à l'adolescence le lit de l'anorexie peut aussi trouver à s'exprimer dans l'addiction à l'alcool par exemple.

L'alcoolisme de l'adolescent s'articule à la question de l'anorexie dans ce qu'il met en scène de la subversion des conduites alimentaires normales (l'alcool est un toxique licite et, au contraire d'autres toxicomanies, l'addiction alcoolique ne met pas en évidence systématiquement un désir de transgression de l'interdit), et dans ce qu'il vient révéler d'une problématique identitaire questionnant les fondements mêmes du narcissisme. L'alcoolique, comme l'anorexique, fuit l'internalité de ses conflits qui sont une source d'épreuves insupportables. Le recours à l'alcool est une manière de soulager la tension interne, de ne plus penser.

Si on sait que l'alcoolisme du samedi soir a des vertus de rite initiatique – il s'agit de se donner les attributs de la virilité, de faire ce qu'il faut pour afficher son appartenance à la communauté des adultes – on sait aussi que l'addiction précoce vient témoigner, lorsqu'il s'agit d'une conduite non transitoire, de difficultés psychiques sévères[13].

---

13. Choquet M., Ledoux S., Menke H., *La santé des adolescents*, Inserm, unité 169, 1988.

Il est regrettable que le problème de l'alcoolisme soit plus souvent abordé du coté du produit, plus rarement du coté de l'alcoolique dont on fait la malheureuse victime d'un système de consommation laxiste, voire proxénète. Le mauvais objet étant là, il s'agirait de l'empêcher de séduire et de nuire. On entend encore évoquer comme cause de l'alcoolisme les sensibilisations précoces au biberon d'eau de vie normande ou bretonne, les habitudes païennes des milieux socioculturels défavorisés cherchant dans l'alcool les consolations qu'une spiritualité de bon aloi est censée dispenser par ailleurs. C'est mal connaître la sociologie de l'alcoolisme[14] dont on peut dire que, si n'était le produit, il trouverait à s'exprimer dans une « autre folie du corps » : dépression profonde ou somatisation par exemple.

L'alcoolique est un corps en souffrance d'identité, et l'alcool est une suppléance des défenses inopératoires à gérer une angoisse massive et souvent paralysante, d'autant plus que ce sujet vit une fragilité narcissique extrême. À la différence de l'anorexique, qui déploie tout son savoir et sa raison pour entretenir une identité factice, qui exprime dans sa relation à son corps son désir de maîtrise de l'objet introjecté et le sadisme qu'elle lui destine, l'alcoolique, lui, recherche la déraison. On retrouve chez lui des fantasmes d'omnipotence, un désir de maîtrise, mais devant lesquels il ne peut adopter qu'une position passive, de dérision.

L'alcoolisme a donné lieu à des théorisations qui n'ont pas épuisé le sujet : relation de l'adolescent à une mère exigeante et phallique, fuite de désirs homosexuels inconscients, insuffisance pour le jeune garçon des repères identificatoires masculins pouvant le protéger de la figure maternelle archaïque. Si l'on ajoute à cela le fait que l'alcoolisme est souvent un auto-traitement antidépresseur, voilà balayé le champ des hypothèses le plus souvent évoquées.

Mais ces références me semblent insuffisantes à rendre compte de la prédisposition ou de l'addiction alcooliques. Une hypothèse, non encore suffisamment étayée pour être développée ici, m'apparaît

---

14. Des études ont montré par exemple (*cf.* colloque de février 1989 sur l'alcoolisme) que si la consommation d'un produit augmente après une forte publicité c'est au détriment d'autres marques puisque la consommation d'alcool est globalement en régression dans notre pays. Elles ont montré aussi que les publicités de caractère dissuasif entraînaient souvent le sevrage complet de petits consommateurs mais n'avaient pas d'impact significatif sur les populations visées.

plus féconde que celles qui ont été jusqu'ici explorées : c'est celle qui fait de l'alcoolique un sujet féminin ; la propension à l'alcoolisme met en effet en évidence, chez de nombreux sujets, une dépendance à l'objet maternel partiel, c'est-à-dire au sein nourricier ; complémentairement, les mères d'adolescents alcooliques apparaissent souvent comme des femmes pour lesquelles l'enfant n'a jamais été qu'une bouche, c'est-à-dire une zone érogène prégénitale passive. L'enfant de ces mères n'est, pas plus que l'anorexique, investi précocement dans sa différence ou sa similitude et, s'il arrive qu'il le soit, c'est dans la représentation des rôles actifs ou passifs auxquels on le destine. Il est possible que cette hypothèse ne tienne pas à l'épreuve d'une recherche clinique difficile à conduire dans la mesure où les adolescents alcooliques, pas plus que les anorexiques, ne nous sollicitent. Lorsqu'ils sont vus en consultation, c'est à l'occasion d'un épisode somatique (cachexie ou coma éthylique), qui a rarement une suite psychothérapique. Elle mérite cependant d'être explorée.

Le corps désaffecté, vidé ou ébrieux, refuse l'éprouvé et les représentations qui le font surgir. Cependant, si ces représentations sont la cause d'un désarroi profond et d'une réelle souffrance, c'est peut-être moins parce qu'elles véhiculent un véritable danger que parce que le moi n'est pas en mesure de les négocier : la capacité de représentation, de fantasmatisation de ces sujets semble en effet défaillante. Il s'agirait alors, aussi bien dans l'anorexie que dans l'alcoolisme, de stratégies dont la représentation en soi vient apporter la preuve de la non-incapacité du moi, alors qu'il signe sa défaillance à affronter la castration à laquelle le confronte la puberté.

Pour résumer cette désaffection, on pourrait dire qu'elle consiste à désinvestir les objets libidinaux pour tenter de colmater une défaillance narcissique. Tout se passe pour ces sujets comme si l'objet primaire s'était dérobé et n'avait pas permis une intégration de sa fonction narcissique.

La folie du corps anorexique, ou alcoolique, consisterait alors, en face du réel traumatique de la complémentarité des sexes, à chercher illusoirement une complémentarité indifférenciée (sur le modèle de la totalité bouche-sein) dans la maîtrise ou dans la passivité, toutes deux également aliénantes.

Le corps psychotique

S'il était possible d'isoler le discours du corps pour le soumettre au discours du plus grand nombre (ce peut être une définition de la norme), s'il était possible de parler de la cohérence du fonctionnement du corps, comme on parle de la cohérence interne d'un langage, alors la folie des hôpitaux psychiatriques, des asiles, des fous semblerait douce et tolérable au regard de ce qui se joue de violence et d'anarchie internes dans la maladie somatique.

Le fait est que l'on « pardonne » au malade psychique, victime plus qu'acteur de sa maladie, alors que l'on exclut encore le malade mental, soupçonné d'être un fauteur de troubles potentiel, menaçant la tranquillité du quidam : le premier est supposé souffrir à son corps défendant, le second à son corps consentant.

Or, il n'y a pas de différence causale entre la maladie psychique et la maladie somatique. Il s'agit de réponses différentes d'un sujet aux agressions réelles ou fantasmées du monde extérieur ou intérieur.

Ainsi, il est habituel de faire de la psychose une forme d'expression de la pathologie psychique ; héritage d'une nosologie dualiste dont la catégorie « psychosomatique » à tant de mal à s'extraire ; pourtant l'on vient de voir combien l'anorexie, l'alcoolisme, qui sont de véritables maladies et nécessitent souvent des soins médicaux, avaient à voir avec la pathologie psychique dans une mise en scène somatique.

Parler du corps psychotique pourrait paraître téméraire si je n'avais insisté (chap. II) sur la constitution du sujet comme tentative de réduction du clivage organopsychique comme intégration d'une réalité somatique dans une logique de plaisir et de satisfaction pulsionnelle.

L'anorexique, à l'adolescence, se complaît dans ce clivage, condition imaginaire de sa survie, au péril réel de sa vie.

Mais le corps psychotique peut avoir d'autres langages. Les stratégies de déni de la complémentarité des sexes ne peuvent en effet annuler l'évidence de la réalité anatomique : elles présentent tout au plus une capacité de mise à distance des représentations anxiogènes, mais elles nécessitent une énergie considérable pour que persiste l'illusion du corps infantile, objet de soins parentaux et tout-puissant. Ces stratégies peuvent, dans certains cas, devenir des procédures de plus en plus complexes qui ne compenseront pas la faillite des clivages. Les mécanismes de refoulement et de déni ne seront plus suffisants pour maintenir une apparente cohérence du fonctionnement psychique : le discours devient fou ; le corps adhère à cette folie, car vidé de ses affects, désaffecté, il est traité comme un produit de pensée, hors temps, hors espace, hors réalité.

Le corps psychotique, à l'insu du sujet, n'existe pas comme corps de désir. Il est dépendant, aliéné au désir d'un autre. Certes, le risque vital n'est pas toujours au devant de la scène. Le corps psychotique vit, survit, mais dans la méconnaissance de sa réalité. Le tableau n'est pas toujours bruyant, spectaculaire, tel cet adolescent qui, s'identifiant à un oiseau, se jette dans le vide avec la conviction délirante de son apesanteur ; telle cette adolescente, qui pense que sa peau est comme la fourrure d'un chat ; certes, les autres ne peuvent pas le voir, mais elle le sent, et peut le prouver puisqu'elle dit déclencher des allergies chez toutes les personnes sensibles au poil de chat qui l'approchent ; tels ceux qui se vivent comme la réincarnation d'un personnage de l'histoire passée, encore qu'ici puisse persister une acceptation partielle de la réalité actuelle. Souvent, c'est à bas bruit que se développe ce type de problématique. Ce qui nous est donné à voir procède de la dysharmonie, de la discordance, dans les attitudes, les investissements, la sensibilité, la motricité, alors que le discours peut rester relativement cohérent.

Mais d'évidence, le corps n'est pas habité dans le plaisir ; il est comme un objet qui n'appartiendrait pas à la personne, ou bien il apparaît constitué de morceaux disparates, comme un puzzle qui n'aurait pas trouvé sa cohérence.

Il n'y a pas de théorisation psychanalytique de la psychose qui soit exhaustive ; aussi me garderai-je de tenter un exposé contradictoire qui montrerait la pertinence de certaines approches, leurs limites, les dérives des autres, d'autant plus que la psychose de l'adolescent est un champ plus obscur que celui de la psychose de l'enfant.

Mon sentiment est qu'à la puberté, tout adolescent, quelle que soit son histoire infantile, est menacé de psychotisation : que l'adolescence porte en elle, en raison de la déstabilisation interne qu'elle induit, un risque majeur de rupture de la continuité historique, du sentiment d'existence, ou de la cohésion organo-psychique qui s'était plus ou moins instaurée dans l'enfance.

L'usage de la métaphore, le recours aux romanciers me dispenseront d'un abord strictement théorique, difficile. Le psychotique n'est pas un malade au sens habituel du terme. Les fonctions vitales, biophysiologiques sont le plus souvent normales [15] ; tout au plus peut-on dire qu'il est un malade mental... Ce que je voudrais montrer, c'est qu'il n'y a pas de « folie de pensée » qui n'affecte peu ou prou le corps. La psychose, dans le statut qu'elle confère au corps, démontre par défaut l'unité psychosomatique du sujet. La psychose du corps a été particulièrement bien décrite par Nabokov dans *La défense Loujine* [16]. Aussi vrai que le récit d'un cas clinique, ce roman nous montre comment le déni de réalité, la confusion entre l'espace du dedans et celui du dehors, entre le corps et la pensée, conduit le triste héros à se perdre dans son échiquier et, pour en sortir, à se sacrifier en lieu et place d'une de ses pièces.

Mais venons-en au récit lui-même :

D'entrée s'y pose la question, problématisée par l'attitude des parents, du renoncement à l'enfance. Le héros doit en effet, pour marquer symboliquement son statut d'adolescent, être désormais appelé selon la coutume russe par son nom de famille. Loujine le jeune ne supporte pas cette idée, « et le dernier jour de vacances, au moment de quitter la campagne, il comprend toute l'horreur du changement annoncé par son père » : entendons par là l'ampleur et la difficulté de ce changement qui suscitent un éprouvé de catastrophe.

Loujine s'enferme alors dans un monde quasi autistique, fuit ses camarades, désinvestit l'école, cependant que Loujine l'aîné, le père, s'interroge à travers les romans qu'il écrit, sur le devenir de son fils, nourrissant en secret l'espoir d'un talent, d'un don qui se révélerait un jour.

Les mois passent : Loujine le jeune, que le collège décidément n'intéresse pas, découvre le jeu d'échecs et quelques revues spécialisées, dont il tire rapidement non seulement les règles du jeu, mais l'essence même du jeu : l'art d'une stratégie qui consiste à mettre mat un adversaire. Seulement Loujine n'a pas de partenaire. Nabokov met remarquablement l'accent sur l'isolement familial de l'enfant,

15. On a dit sur ce sujet que les psychotiques, au contraire de la population générale, étaient plus résistants aux affections psychosomatiques, mais cela n'est pas prouvé.

16. NABOKOV V., *La défense Loujine*, « Folio », n° 601, Gallimard.

sur l'absence d'efforts d'un père, que les échecs ennuient et qui préfère jouer au nain jaune, sur le conflit du couple parental, et sur la perte que représente pour l'enfant l'éloignement d'une tante aimée. On voit ainsi ce jeune adolescent privé d'étayage extérieur sur lequel s'appuyer pour affronter le changement : il n'a pas de modèle, pas d'interlocuteur, pas d'amis, et l'on perçoit bien comment la fuite dans les échecs est une manière de lutter contre le désarroi, et de maîtriser dans la réalité extérieure, une souffrance identificatoire qu'il ne peut solutionner de manière interne, mais on peut voir aussi combien cet investissement lui permet de conserver intacte l'illusion de sa toute-puissance infantile, et de son pouvoir de maîtrise sur les choses.

Cependant, dans un mouvement de balance, d'interpénétration entre la réalité du monde et la réalité interne, Loujine le jeune va se construire un échiquier dans la tête. « Il ne lui restait plus qu'à jouer avec lui-même, mais cela se terminait d'une façon désespérante par l'échange de toute les pièces et une fade partie nulle. »

Loujine devient un joueur international, parcourt le monde ; son père meurt. Loujine est indifférent à cette disparition, notre héros est vide d'affect : ni joie, ni peine en face des objets de son environnement et si, rencontrant une jeune fille au cours de ses tournées qui lui porte une réelle affection, Loujine la considère comme sa fiancée, mais il n'a à son égard aucune expression amoureuse, aucun désir charnel.

D'ailleurs son manager défend l'idée que

> le développement de son don est lié à l'instinct sexuel et redoute que le jeune homme ne dépense sa précieuse force en satisfaisant de façon naturelle cet élan salutaire de son âme, il lui interdit d'approcher les femmes et se réjouit de sa morose virginité.

Loujine, en fait, éprouve ses besoins de manière animale : manger, boire, dormir, sont des impératifs, mais des fonctions qu'il satisfait sans plaisir, juste par nécessité. Il n'est pas sensible au froid, pas plus qu'au chaud, ne se lave pas et n'a aucun investissement de son image. Seule le préoccupe son éventuelle capacité à être le premier sur la scène des échecs.

Arrive le jour où Loujine doit affronter le champion du monde Turati. Le challenge l'angoisse.

Loujine s'était déjà mesuré une fois avec lui et avait été battu. Cette défaite lui avait été particulièrement sensible parce que Turati était par son tempérament, sa manière de jouer, sa prédilection pour les dislocations fantasques, un joueur d'un style apparenté au sien, mais qui l'avait dépassé.

Loujine, dont l'histoire a débuté par une série de triomphes, est habité par un sentiment obsédant d'impuissance. Les parties nulles sont de plus en plus fréquentes ; l'audace de ses coups imaginaires contraste avec le jeu prudent et timoré qu'il pratique. Son monde est un jeu d'échecs qu'il projette dans tous les espaces qu'il occupe, la chambre, le jardin : l'échiquier qui meuble son espace psychique a tendance à envahir le paysage qui l'entoure, des carrés noirs et blancs se dessinent, malgré lui, sur les planchers, les plafonds, les allées du jardin qu'il lui arrive de parcourir. Loujine élabore une défense contre les attaques possibles de Turati et l'on perçoit que dans cette recherche s'efface la limite entre la réalité interne et la réalité externe.

Lorsque la pensée s'absorbe dans un objet extérieur, lorsqu'il lui arrive par exemple avec émotion de se remémorer ses moments avec la jeune femme qui l'aime, de rêver à leur prochaine rencontre, progressivement l'envahit l'obsession de son prochain tournoi, et se confondent les personnages de la réalité et ceux de son échiquier. La jeune femme est bien sa reine, mais une reine d'ébène ou d'ivoire ; une pièce qui le défend, le protège : sur l'échiquier il est bien sûr le roi.

La veille de son départ, Loujine, en longue chemise de nuit, regardait, du balcon de sa chambre, la lune frémissante se dégager du feuillage noir, et, tout en songeant à la tournure imprévue que prenait sa défense contre Turati, écoutait, à travers ses méditations sur les échecs, la voix qui continuait de retentir à ses oreilles et qui semblait le transpercer, l'investir tout entier. C'était l'écho de la conversation qu'il venait d'avoir avec elle : une fois de plus, elle était assise sur ses genoux, et elle lui avait promis, oui, promis de venir à Berlin dans deux ou trois jours, de s'y rendre toute seule si sa mère refusait de quitter la ville d'eaux. Et la tenir sur ses genoux n'était rien à côté de la certitude qu'elle allait le suivre, qu'elle ne disparaissait pas comme certains songes qui crèvent subitement et s'éparpillent, lorsque, au travers d'eux, émerge le petit dôme brillant du réveille-matin. Son épaule appuyée contre la poitrine de Loujine, elle essayait, d'un doigt prudent, de soulever sa paupière, et, sous la légère pression exercée sur le globe, surgissait une étrange lueur noire, et celle-ci sautait, comme sauterait son cavalier noir qui pourrait tout simplement prendre le pion si Turati l'avançait au septième coup, comme il l'avait fait lors de leur dernière rencontre. Le cavalier était perdu, c'était certain mais cette perte était compensée par une attaque ingénieuse des noirs et la chance était alors du côté de ceux-ci. Il y avait, il est vrai, une certaine faiblesse sur le front de la reine, – non pas une faiblesse, plutôt un doute : si tout cela n'était qu'une fantaisie, qu'un feu d'artifice, pourrait-il résister ?

Loujine ne put vaincre Turati « car bien qu'il eut les blancs, Turati n'eut pas recours à son fameux début et la défense élaborée par Loujine s'avéra inutilisable ».

Loujine alors « eut le sentiment de s'aplatir, de s'aplatir de plus en plus, puis de se dissoudre sans bruit ».

Après un séjour en maison de repos, son mariage fut décidé, et s'imposa la nécessité de renoncer à la compétition. Cependant, l'obsession d'une combinaison qui aurait eu raison de Turati était sa seule préoccupation. Loujine, qui n'avait jamais habité son corps, n'aspirait pas à des satisfactions sexuelles, et sa jeune femme ne l'y sollicitait point ; l'idéalisation de cet être à nul autre pareil amenait celle-ci à minimiser les difficultés de leur vie conjugale et sociale, sa saleté, sa grossièreté, l'ésotérisme de ses propos qu'elle attribuait à une intelligence supérieure.

Loujine cependant persistait à élaborer une défense imparable : les changements de sa vie sociale n'affectaient pas son fonctionnement psychique.

La veille encore, l'idée lui était venue d'un procédé curieux qui lui permettrait peut-être de déjouer les machinations de son mystérieux adversaire. Le procédé consistait à faire délibérément quelque mouvement absurde, mais inattendu, qui romprait le cours régulier de la vie, et, par cela même, bouleverserait la suite des coups imaginés par l'adversaire. C'était une défense d'essai, une défense inventée, pour ainsi dire, au petit bonheur, mais Loujine, affolé de terreur devant l'imminence d'une nouvelle répétition inévitable, ne put rien trouver de mieux » (p. 290).

Mais c'est une autre combinaison qui obtint sa totale adhésion.

« C'est la seule solution, dit-il, il faut se retirer du jeu.

– Du jeu ? Nous allons jouer ? » lui demanda-t-elle affectueusement, et au même instant elle se dit qu'elle devait se poudrer, que les invités ne tarderaient pas à arriver.

Loujine lui tendit les mains. Elle laissa tomber son mouchoir sur les genoux et se hâta de lui abandonner ses doigts.

« Nous avons été heureux, dit Loujine et il lui baisa une main, puis l'autre, comme elle lui avait appris à le faire.

– Qu'est-ce donc, Loujine, on croirait que vous me dites adieu ?

– Oui, oui », dit-il, feignant d'être distrait. Puis il se détourna en toussotant et sortit dans le couloir.

[...]

La porte étant fermée à clef. Loujine commença par faire de la lumière. À gauche, contre le mur, une baignoire émaillée surgit dans sa blancheur éclatante. Sur le mur de droite, on voyait un dessin au crayon : un cube projetant une ombre. Au fond, devant la fenêtre, d'un bleu étincelant et opaque, paraissait recouverte d'une couche de givre, tandis que, dans la partie supérieure miroitait un carré de nuit noire... Maintenant ses deux jambes pendaient au-dehors, il suffirait de lâcher ce à quoi il se cramponnait – et il serait sauvé. Mais avant de lâcher prise, Loujine regarda en bas. On y procédait en hâte à des préparatifs : les reflets des fenêtres se rejoignaient et s'alignaient, l'abîme était divisé en carrés clairs et en carrés sombres et, au moment même où Loujine desserra les doigts, au moment où l'air glacial s'engouffra impétueusement dans sa bouche, il comprit quelle éternité s'ouvrait devant lui, accueillante, inexorable.

Il est insuffisant de commenter l'histoire pour rendre compte de ce qui insiste tout au long de ce roman, à savoir l'inexistence du corps, l'interdit dont il est frappé, sauf à être identifié à une pièce de l'échiquier.

Loujine est de ces adolescents qui dénient leur corps, non pas à la manière active de l'anorexique, qui a besoin de preuves que celui-ci n'existe pas (ce qui signifie bien qu'il continue d'exister une limite entre la réalité et les contenus de la pensée), mais à son insu.

Il y a confusion entre les produits de la pensée et les objets de la réalité, il n'y a pas de limite entre le dedans du corps et son dehors ; il n'y a, à l'extrême, ni corps ni pensée, juste dans un espace de confusion quelques objets – les pièces d'un échiquier – garant de la vie.

Je n'insisterai pas sur l'idéal du moi grandiose de notre héros, sur la nature de ses conflits qui font apparaître la dimension persécutrice de la réalité ; tout cela fait partie du tableau, mais l'essentiel n'en reste pas moins la dévitalisation progressive dans la négation de la pulsion. Le corps psychotique est un corps vide de désirs.

La psychose à l'adolescence, on l'a déjà dit, reste à bien des égards, une énigme : s'agit-il d'une réactualisation de difficultés relationnelles précoces méconnues ? S'agit-il d'une fuite des difficultés générées par la puberté et d'une impossible réorganisation de la représentation du corps en raison, soit de la fragilité du sujet, soit de la carence de son environnement ? Sans doute ne pouvons-nous éliminer aucune hypothèse. Ce qui paraît incontestable, c'est que ce type de problèmes peut ne pas surgir lorsque les premiers signes d'angoisse du jeune ont été repérés comme des signes d'appel, et que précocement lui sont offerts des moyens de réassurance adéquats : l'écoute et la disponibilité des parents, une relation de confiance avec un tiers, une mise en place d'un cadre où il trouve ses limites, des interdits, mais aussi la reconnaissance de sa valeur propre et la tolérance à ses difficultés.

Il apparaît aussi incontestable que la psychose à l'adolescence est un risque d'autant plus menaçant que ce cadre n'a jamais existé ; dans la petite enfance les parents n'ont pas pu être intériorisés, comme des repères stables et différenciés ; l'objet n'a pas structuré le monde interne du sujet. La mère a évincé son partenaire pour investir excessivement son fils, ou bien elle a refusé à sa fille, d'emblée, le droit de jouir de sa féminité. Le père s'est montré plus disposé à satisfaire aux exigences de sa fille qu'à celles de sa compagne, ou a fui devant un fils qui lui faisait peur. Mais cela est trop schématique pour rendre compte de la complexité des choses.

Le corps psychotique est un corps aliéné par les désirs parentaux. Ce n'est pas dire que la psychose est la « faute » des parents, au sens d'un manquement grave de ceux-ci à leurs devoirs ; mais, c'est mettre l'accent sur le fait que la gestion des problèmes de la puberté est d'autant plus difficile et risquée, que les difficultés des parents à assumer leur propre identité sexuée sont là, inconscientes mais insistantes, et que le jeune ne peut magiquement s'en abstraire.

Cela ne se sent pas chez les parents Loujine ; ce que l'on repère tout de même, c'est l'absence d'espace de plaisir réservé à cet enfant par des parents quasi transparents.

Il peut arriver d'ailleurs que des adolescents se psychotisent pour révéler aux parents la folie de leur propre fonctionnement psychique ou somatique, leurs paradoxes ou leurs discordances internes ou comportementales : il arrive aussi qu'insidieusement, le corps psychotique vienne réactualiser des difficultés des premières relations de la petite enfance que l'on croyait résolues parce que leurs traces étaient silencieuses.

La folie du corps est un effet de l'interdit qui frappe le plaisir. L'unité psycho-somatique du sujet est une unité factice dans l'anorexie comme dans la psychose.

Dans l'une comme dans l'autre, le corps est refusé comme lieu des exigences pulsionnelles et libidinales, et comme support d'une identité sexuée. La folie du corps de l'alcoolique, qu'on ne saurait théoriser qu'avec prudence, tant l'addiction ne me paraît pas pouvoir se réduire à un déterminisme unique, mettrait en scène, elle, moins un déni de la sexuation qu'une non-appropriation d'une identité sexuelle primaire. L'alcoolique serait un nostalgique d'une relation primaire au sein, relation comblante et dont la mise en question n'était pas au moment opportun, une nécessité. Face aux premières frustrations créant l'écart nécessaire pour faire advenir le désir et la pensée, le futur alcoolique s'effondre, et ne retrouve de consistance que d'être nourri ; corps-bouche avide d'être rempli de l'autre, il ne se sent exister que « plein », mais il est bien évident que ce sentiment d'existence témoigne de la difficulté pour lui d'affronter l'expérience du « vide », et que la problématique de l'alcoolique est liée à la précarité narcissique.

Dans l'anorexie, dans la psychose, dans certains cas d'alcoolisme qui se déclenchent à la puberté, le jeune cherche à nier l'évidence de la complémentarité des sexes parce qu'elle rend insensée son identité infantile édifiée dans une interaction avec un objet primaire a-sexué. La mobilisation des investissements sur le moi idéal l'empêche de constituer un idéal du moi qui témoignerait d'un développement où la sexuation primaire, la castration symbolique, la castration génitale viendraient signifier leur fonction organisatrice. Ces adolescents se refusent à penser leur corps dans sa sexuation, certes, et l'hypothèse de Laufer trouve ici une illustration, mais plus encore se refusent à penser leur corps comme complémentaire ou complémentarisé par l'objet maternel. Ce qui se passe à la puberté est la réactivation d'une problématique archaïque qui vient insister au moment où se révèle la génitalité, où se problématisent les choix antérieurs.

CHAPITRE IV

LE CORPS AGRESSÉ… JUSQU'AU SUICIDE

Le sacrifice de soi-même, le besoin de subir des martyres atroces, des injustices horribles, en un mot l'enfer, peuvent être la conséquence d'un grand amour mystique : celui dont on se fait le prêtre et qui pousse le sujet, souvent comme malgré lui à s'offrir au moloch qu'il adore, Dieu ou Diable. Car dans ce domaine les extrêmes se confondent et la vocation du paria est susceptible de se substituer à celle du moine.

René Laforgue, *L'échec de Baudelaire* *.

Il n'y a pas de changement sans souffrance. J'ai tenté de montrer comment le bouleversement pubertaire pouvait apparaître à l'adolescent suffisamment dangereux pour qu'il tente de s'y soustraire. Le but des manœuvres qu'il déploie est clair : il s'agit d'éviter la souffrance. Celle-ci peut être imaginaire ; l'idée de changement peut s'accrocher à des représentations menaçantes et le plonger dans un désarroi profond sans que la réalité ne soit dangereuse ou inquiétante : je voudrais insister sur le fait que la souffrance, quelle

* Denoël et Steele, Études Psychanalytiques, Paris, 1931.

que soit sa source, ne peut pas être ignorée ou traitée comme un caprice, une lubie, un état transitoire qui trouverait spontanément sa résolution un jour ou l'autre.

L'adolescent a des raisons légitimes de souffrir ; il perd son corps d'enfant et les privilèges qui lui étaient associés ; il perd sa mère-refuge[1] ; il mesure la fragilité de son moi face aux menaces du monde extérieur et l'impossible recours, désormais, aux images parentales : il découvre aussi la dangerosité de son monde interne, de ses représentations dont la causalité n'en réfère plus, bien qu'il s'en défende, au désir de l'autre.

La souffrance de l'adolescent admet plusieurs registres : ou elle est engendrée par le caractère insupportable de certaines représentations (celles de la scène primitive dont il est exclu par exemple, mais qui n'est pas imagée comme telle dans son monde interne ; cependant on sait que c'est cette représentation imaginaire, par la trace et l'éprouvé, qui est réactivée lorsque le jeune éprouve des sentiments d'abandon, d'isolement, ou qu'il exprime son dépit face au plaisir des copains dont il est exclu) ; ou elle est liée à la défaillance du moi à faire face à des situations nouvelles. Ce registre est celui de la souffrance narcissique, et, bien qu'on ne puisse le considérer comme dissociable du registre imaginaire, on peut penser que de lui essentiellement va dépendre la résolution progressive des conflits ou leur exacerbation jusqu'au désespoir.

Une des procédures qu'utilise spécifiquement l'adolescent, pour éviter la représentation de son changement et se soustraire ainsi à des affects de désarroi ou de totale impuissance, c'est l'« agir ».

André Haim[2] disait que l'adolescent agit pour ne pas « savoir », que l'acte est une défense contre la remémoration, la reviviscence des souvenirs possibles.

Cette définition n'est pas contestable, dans la mesure où l'agir est fréquemment une alternative au travail d'élaboration : cependant, elle est restrictive :

L'acte, à l'adolescence, a ses vertus, et cette conception qui en ferait le mauvais objet de l'activité psychique est par trop sectaire : l'acte, en effet, n'est pas dépourvu d'une valeur organisatrice, même

---

1. LADAME F., « L'adolescent en psychanalyse : résistances intérieures et résistances extérieures », *Revue française de psychanalyse*; 1980, 44, 3-4, pp. 571-579.

2. HAIM A., *Les suicides d'adolescents*, Paris, Payot, 1970.

dans le champ des processus psychiques, et, si on le définit généralement comme un processus moteur qui engage le corps et de ce fait court-circuite l'activité de pensée, on constate que le statut de l'acte de parole, entre autres, devient problématique, mais aussi celui de l'acte de pensée.

La définition de l'« acte » ne fait donc pas consensus.

Nombre de conduites verbales sont chez tout un chacun des actes au sens philosophique du terme : «Est acte ce qui est pour soi-même ou pour l'autre objet d'aperception[3]. » Mais la psychanalyse, en le définissant comme « un mouvement adapté à une fin et qui s'oppose à une conduite mentalisée », lui donne un statut suspect, clivé de l'ensemble des productions psychiques « nobles », c'est-à-dire élaborables et verbalisées.

Aristote distinguait « l'activité qui tend vers un but extérieur de celle qui est à elle-même sa propre fin » (comme la vision ou la pensée, étant entendu que l'acte est ici l'exercice d'une activité quelle qu'elle soit, fût-elle psychique), et cet abord fonctionnel, finaliste, me semble susceptible de donner à l'« acte » un sens non systématiquement péjoratif pour le fonctionnement psychique.

Lorsque l'on dit que l'adolescent passe à l'acte, il faut entendre qu'il extériorise quelque chose de son monde interne, sans jugement préalable. L'acte est alors l'expression d'un désir qui n'a pu ni être représenté, ni à plus forte raison élaboré. L'adolescent ne peut davantage donner d'explications immédiates sur ces conduites qui sont parfois paradoxales : il trouvera à les rationnaliser ultérieurement mais, sur-le-champ, il ne sait pas pourquoi il le fait et n'en appréhende pas nécessairement les conséquences. (La notion de préméditation est en ce sens fort discutable à l'adolescence.)

L'acte n'a, *a priori*, ni portée positive ni portée négative, même s'il est le mauvais objet des psychanalystes. Il peut être impulsif, soudain, exprimant le plus souvent un état émotionnel non contrôlé : il peut être aussi compulsif, effectué sous l'emprise d'une contrainte interne sévère, il peut être alors répétitif et obéir à une logique psychopathologique, tels les rituels du coucher ou les actes sadiques systématiques à l'égard des animaux. Dans tous les cas il vient manifester un état de désarroi ou de souffrance qui n'est pas autrement dicible. On comprend mal alors pourquoi l'acte a ainsi mauvaise

---

3. LALANDE A., *Vocabulaire critique et technique de la philosophie*, *cf.* article « Acte ».

presse à l'adolescence, sinon qu'on n'en retient sans doute que ce qui le ferait s'inscrire dans des processus délinquants : provocation, violence, délits.

Or, l'acte a une fonction structurante et une valeur initiatique.

L'acte m'apparaît en effet fondateur de l'adolescence. Il a pour fonction d'effacer l'activité fantasmatique de l'enfance, d'oblitérer les représentations auto-érotiques pénibles en offrant un compromis extériorisable. L'acte, secondairement, permet la réappropriation de ces représentations et leur élaboration, dans un après-coup qui donne le temps de mobiliser les défenses adéquates et rend moins traumatique la rencontre du monde interne. En ce sens, l'extériorisation du conflit crée une distance qui permet un aménagement progressif des instances tel que le conflit pourra être secondairement internalisé.

Il existe donc à l'adolescence une véritable nécessité de l'acte qui est au premier temps de l'élaboration et du travail psychique.

L'agir est une mise en image impensée du pulsionnel sur la scène extérieure. L'adolescent instaure ainsi, à son insu, une situation de contrôle de ses produits de pensée, de manière à maintenir à l'intérieur de lui une tension et une excitation supportables. Ultérieurement, il les fera siens : la signification de ses conduites, leur mise en sens, en représentations et en mots interviendront éventuellement en effet dans un second temps comme quelque chose dont on s'est dessaisi et dont on perçoit, lorsqu'il fait retour (dans la réaction qu'il suscite ou dans la répétition à laquelle il donne lieu), qu'il vous appartient en propre et qu'il ne peut s'agir de le nier.

L'acte est la formalisation d'un contenu de pensée mais, paradoxalement, d'une pensée « impensable ». L'acte en effet n'appartient au sujet, et ne peut être traduit en termes de désirs émanant du sujet, qu'après s'être concrétisé. Ainsi, l'acte est moins une résistance à la représentation que le signe d'une impossibilité à contenir son activité psychique. Et l'on voit ici que la défaillance de l'appareil psychique peut induire des situations de débordement pulsionnel, tout autant que le caractère traumatique de certaines représentations. Le monde interne de l'adolescent n'est pas contenu parce qu'il n'a pas de contenant : l'étrangeté du corps, et la non-métaphorisation de celui-ci dans l'espace psychique, en est la cause. Ainsi, l'acte est à certains égards la pensée de l'adolescent, et une exigence de la puberté.

Le temps élaboratif de l'acte implique la répétition comme jeu d'actes, répétition de configurations d'actes, de scénarios plus ou moins complexes, qui ont pour fonction de réécrire les représentations attachées aux habitudes de l'enfance et en particulier à la logique de sa satisfaction auto-érotique dans le langage de la génitalité, de l'altérité, mais ce, à l'insu du sujet. L'acte est en fait le substitut fonctionnel du jeu, même s'il n'a pas de caractère ludique. C'est une procédure qui, à l'adolescence, contribue au remaniement du monde interne. L'acte est expérimentation des limites, de l'irréversibilité, rencontre de l'autre aussi bien que de soi-même. L'acte est communication et langage.

Il a une valeur initiatique dans la mesure où il actualise, dans la réussite ou l'échec, les aspirations du jeune et contribue à la constitution et à la consolidation, voire à l'effondrement de son image. L'acte sexuel est exemplaire de cette fonction.

L'acte est la mise à l'épreuve de la représentation de la complémentarité des sexes, souci de démonstration que la réalité ne résiste pas à la toute-puissance ; paradoxalement l'acte ouvre aussi à la castration et à l'impossible de la jouissance.

C'est par l'acte sexuel, en effet, que l'adolescent va progressivement renoncer à la conviction quasi délirante que l'objet complémentaire restaure son omnipotence : c'est par l'acte sexuel qu'il expérimentera sa non-maîtrise de la jouissance de l'autre, et qu'il accédera à la castration génitale.

Mais l'acte n'a la vertu du langage que s'il est reconnu comme tel par l'environnement, la famille, les pairs. Si ce n'est pas le cas, il continuera de participer de la logique auto-érotique du sujet, comme les jeux de l'enfant ou le monologue dans lequel se déploient les fantasmes de sa création du monde. L'acte pourrait être ainsi, à l'infini, le substitut d'un plaisir de l'enfance dans lequel cherche à se restaurer une omnipotence mise à mal par l'avènement de la puberté.

La fonction organisatrice de l'acte dépendra de la manière dont il fera retour au sujet dans une forme dicible et sensée.

« Il n'y a plus de dialogue avec lui, avec elle », disent souvent des parents qui sous-estiment les contenus de pensée exprimés dans l'agir : ce faisant, ils renforcent l'adolescent dans sa détresse de n'être pas compris, version autorisée d'un « je ne me comprends plus » qui, s'il était formulé, menacerait sa fragile identité.

L'acte est donc un équivalent de pensée et, à ce titre, le *cogito* adolescent est aussi un *faceo*. « J'agis, donc je suis. » Cependant, si l'agir est une forme de pensée, il faut admettre qu'il est susceptible de confronter le jeune à des difficultés analogues à celles qu'il rencontre dans le commerce de son monde interne. L'agir peut être aussi fantasmatiquement dangereux dans son but, sa visée, et en ce cas le désir d'acte se muera en une éloquente passivité. S'il est au contraire l'expression d'une tension interne non mentalisable, il peut être, dans l'après-coup, appréhendé comme une perte de contrôle de soi et susciter secondairement des bouffées d'angoisse.

C'est dire la richesse et l'ambiguïté de la notion d'acte à l'adolescence, dont nous trouvons une remarquable illustration chez Mishima dans le *Pavillon d'or*[4]. Le héros, dont on reparlera, est un adolescent qui aspire à mourir dans un temple fameux qu'il veut incendier :

> Alors mes longs, mes minutieux préparatifs, ne les ai-je faits que pour parvenir à l'ultime connaissance qu'en fin de compte je n'aurais pas à agir ?
>
> Oui, c'est cela, mon acte n'est qu'un surplus ; il a débordé de ma vie, de ma volonté et le voici devant moi, là, séparé comme une machine d'acier refroidi qui attend d'être remise en marche. C'est comme si entre lui et moi n'existait aucune connexion, jusqu'à cette minute il a été moi ; mais désormais il ne l'est plus.
>
> ... Comment puis-je oser n'être plus moi ?

C'est donc dans le langage de l'acte mis au service de la poussée pulsionnelle, du ça, que l'adolescent se cherche, se perd, se retrouve.

C'est généralement dans l'acte, et non dans les mots, qu'il dit son désir de vivre, mais aussi sa dépression inéluctable lorsqu'il aura pris la mesure des limites que la réalité impose à ses désirs.

Ce parcours nous fait accoster aux bords du suicide, acte ultime, que l'on pourra comprendre comme un achoppement de la fonction organisatrice de l'agir sur laquelle j'ai voulu insister.

---

4. MISHIMA, *Pavillon d'or*, Paris, « Folio », Gallimard, 1975, p. 369.

Les suicides d'adolescents

On parle peu, dans les médias, de la mortalité des adolescents par suicide[5]. On parle plus des maladies cardio-vasculaires et du sida. Or, alors que, chez l'adulte, la mort par suicide représente 1,5 à 2 % de l'ensemble des décès, ce taux avoisine les 10 à 15 % dans la tranche d'âge des 15-24 ans : aux États-Unis, la mortalité par suicide est à la deuxième place pour cette tranche d'âge.

Dans ces statistiques, il apparaît que la mortalité par suicide concerne deux garçons pour une fille. Par contre, si on étudie les tentatives de suicide, alors que dans la population générale une personne sur dix « réussit » son suicide, dans la tranche des 15-24 ans, un garçon sur vingt-cinq, et une fille sur cent soixante y parviennent[6].

La lecture de ces chiffres pourrait donc inciter à penser, avec ces auteurs, la tentative de suicide comme un acte somme toute banal, d'autant plus que les sociologues ont pu parler d'effets de mode, à propos de vagues de suicide observées au Japon ou aux États-Unis. Pourtant, l'acte suicidaire, réussi ou non, vient, à coup sûr, démasquer une fragilité interne, sans révéler pour autant un syndrome psychiatrique caractérisé. C'est un signe d'alarme, un appel au secours, et les conduites suicidaires ne peuvent être banalisées : elles viennent manifester la souffrance de l'adolescent, souffrance qui n'a généralement pas pu être verbalisée.

Pour F. Ladame[7], « nulle part, la souffrance humaine n'atteint une expression aussi dramatique que dans la tentative de suicide,

5. Il y a chaque année en France plus de morts par suicide que par accidents de la route : peu de gens le savent et peu s'en préoccupent.

Le haut conseil de la Famille, dans un rapport publié le 21 octobre 1988, a souligné le nombre très élevé des suicides des jeunes de 15 à 24 ans, dont le nombre a triplé depuis 1960 : 960 en 1985 contre 286 en 1960. Il signale que ces chiffres pèchent par défaut. Le recensement des suicides et autres morts violentes se heurte soit au secret de l'instruction, soit au désir de dissimulation des proches. D'autre part, assimilant un certain nombre d'accidents à des suicides déguisés, il met l'accent sur la sous-estimation globale de la mort par suicide en France.

6. MARCELLI D. et BRACONNIER A. in *Psychopathologie de l'adolescent*, Paris, Masson, 1984, soulignent la difficulté de recueillir des données statistiques fiables, et la non homogénéité des estimations au plan quantitatif, car un grand nombre de tentatives sont masquées ou non déclarées. De même, ils insistent sur le fait que, si le taux des tentatives est particulièrement élevé (351 pour 10 000, alors que le taux est de 155 pour 100 000 dans la population générale), le taux de mortalité est plus faible à l'adolescence qu'aux autres âges de la vie (7,7 pour 100 000 contre 15,4).

7. LADAME F., *Les tentatives de suicide des adolescents*, Paris, Masson, 1981.

sinon peut-être dans la maladie psychotique ; le paradoxe pourtant, c'est qu'en même temps, l'acte symptomatique vise à échapper à cette souffrance. Le geste suicidaire signe l'incapacité à l'assumer et à l'assimiler. »

Cette souffrance a pour caractéristiques de ne pas se dire avec des mots adéquats. L'adolescent qui survit à une tentative de suicide évoque souvent, pour justifier son geste, un événement très banal : une réprimande des parents, une altercation avec des copains, une rupture sentimentale, un échec. La cause invoquée est toujours anecdotique par rapport à la gravité du geste. Si l'on regarde de près l'histoire de ces patients, elle est cependant évocatrice.

Ce sont souvent des adolescents en situation d'échec scolaire ou ayant une scolarité chaotique.

Dans ma pratique, j'ai pu constater que la tentative de suicide survenait souvent à un moment où l'adolescent pensait avoir brûlé toutes ses cartouches pour essayer, sans succès, de se sortir de ce qu'il vit comme une impasse narcissique : même ses efforts ne sont pas reconnus comme tels. Je ne pourrais pas donner de ce phénomène une traduction statistique, mais je crois très précisément que l'acte suicidaire vise a détruire l'image négative de soi, qui fait office de barrage à tout projet de vie.

Lorsqu'il s'agit d'adolescents sans problèmes scolaires, on peut mettre en évidence leur isolement, leur difficulté à communiquer. Ils n'ont pas d'amis, souffrent de ne pouvoir partager leurs intérêts avec leurs pairs : s'en défendent quelquefois en invoquant la puérilité des autres, leur immaturité. Ce sont souvent des adolescents décrits par leurs parents comme sans problèmes, mais secrets, solitaires. On a l'impression, en face d'eux, d'une détresse profonde qui peut s'exprimer dans des discours philosophiques pessimistes ou nihilistes ou ne se dire que dans le silence et la tristesse de leur regard. Ces adolescents vivent la même souffrance que les précédents. L'échec est celui de la communication, du partage. L'image qu'ils ont d'eux-mêmes est trop négative pour qu'ils l'intègrent dans un projet qui soit source de plaisir. Chaque patient a son histoire, qui ne supporte pas plus d'être exemplarisée que de rentrer dans des catégories générales. L'énumération de typologies est inadéquate à rendre compte du phénomène. L'adolescent qui se suicide, quelle que soit son histoire, est dans une impasse (le *dead-*

lock des Anglais qui rend bien compte de l'unique issue de la situation). Il est dans l'incapacité absolue d'imaginer des solutions, parce que sa conviction est qu'il n'y a pas de solution.

La tentative de suicide chez l'adolescent est probablement une des manières de résoudre, concrètement, dans l'acte, un processus qu'il ne peut résoudre psychiquement, celui de la séparation d'une histoire infantile, séparation qui engage dans l'« individuation » et l'autonomie.

La seconde séparation-individuation à l'adolescence

C'est un concept que l'on doit à Peter Blos[8]. J'aimerais m'y attarder tant il me semble qu'il s'agit d'un concept fécond qui condense plusieurs aspects de l'adolescence sur lesquels j'ai insisté au chapitre précédent – mais tant il me semble aussi que sa capacité métaphorique est susceptible d'induire des erreurs d'interprétation[9].

Le sens courant, les dictionnaires, soulignent dans la séparation la notion de non-dépendance, que l'absence de liens soit absolue ou sélective. La séparation implique l'objet un, isolé, indépendant de ce dont il est séparé. À la différence de l'expérience de rupture, qui porte préjudice à l'intégrité de l'objet, l'expérience de séparation exige l'éprouvé préalable ou simultané de la constance de l'acquisition de l'objet. On peut ainsi penser qu'avant ce stade, la séparation, dans sa concrétude, ne peut avoir que les incidences dommageables

---

8. BLOS P., *The Second Individuation Process in Adolescence*, PSC, 1967, 22, pp. 162-186.

9. Voir à ce sujet la critique de la formulation de concept de séparation de M. Mahler et coll. : BIRRAUX A., « Quelques remarques sur la notion de séparation-individuation et ses liens à la dépression », *Adolescence*, 1986, 4, 2, pp. 327-333.

Cf. également les travaux suivants :

– MAHLER M., « Les concepts de symbiose et de séparation-individuation », *Psychose infantile*, Paris, PBP, 1982, chap. I, pp. 19-39 ;

– *On Human Symbiosis and the Vicissitudes of Individuation*, vol. I ; *Infantile Psychosis*, International Universities Press, INC, New York, 1968.

Le chapitre I, « Les concepts de symbiose et de séparation-individuation » est inspiré de « On Human Symbiosis and the Vicissitudes of Individuation : An Overview of Symbiosis and Individuation », *Journal of the American Psycho-analytic Association*, 1967, 15, pp. 749-763.

de la rupture. En psychanalyse, la séparation connote la perte et le renoncement. Elle est entendue comme une épreuve – la séparation de la mère, lors de la section du cordon ombilical à la naissance, en reste le prototype – qui laisse dans la psyché de l'enfant la trace nostalgique d'un avant paradisiaque, et donne lieu au premier éprouvé de déplaisir qu'on nommera angoisse. La connotation affective est celle d'une expérience négative.

La séparation est donc une prise de distance, mais dans un espace qui est celui du monde interne. Être séparé signifie avoir accédé à une autonomie de pensée et de représentation, se sentir identifié, être capable de prendre la parole en son nom propre. Prendre de la distance au sens géographique du terme n'implique pas par contre que l'on se sente séparable.

Cela est de constation courante. Les adolescents, qui s'imaginent être autonomes s'ils vivent dans un studio ou une chambre de bonne ou les parents qui pensent faire surgir cette autonomie en éloignant les jeunes de la maison éprouvent souvent de bien vives déconvenues.

Margaret Mahler qui, dès 1955, utilisa ce concept pour rendre compte – dans la petite enfance, de l'émergence de la pensée ou de son achoppement dans les psychoses autistiques et symbiotiques disait que « la séparation n'est pas le fait d'être séparé physiquement, mais la réalisation intrapsychique du fait d'être séparé, de ne pas participer du même système de désirs, de gratifications et de frustrations que la mère (ou son substitut) ».

La séparation entraîne donc « la différenciation, la distanciation, la formation des limites et le détachement de la mère » – elle est couplée au processus d'invididuation qui recouvre « l'évolution de l'autonomie, de la perception, de la mémoire, de la cognition, de l'épreuve de réalité pour contribuer à la naissance psychologique de l'être humain [10] ».

Mais séparation et individuation impliquent à l'adolescence des actions différentes : « en dernière étape elles aboutissent au sens de l'identité » et celui-ci n'est consolidé que dans l'intégration de son corps sexué.

---

10. Mahler M.S., Pine F., Bergman A., *La naissance psychologique de l'être humain*, Payot, 1980, p. 85.

Peter Blos éclaire ce processus, en mettant en évidence[11] :

– le désengagement des liens infantiles, liens de dépendance aux parents de la petite enfance ;

– la modification des représentations du soi et de l'objet dans le sens d'une stabilisation ;

– l'assouplissement de la censure (le surmoi) et la prééminence de l'idéal du moi.

Il ajoute : « L'individuation s'accompagne de sentiments de singularité, de délaissement, de confusion. Elle met irrévocablement fin à certains des rêves mégalomanes les plus chers à l'enfance, ils doivent maintenant être relégués entièrement dans le fantasme. »

L'adolescent, pour aboutir à ce processus, doit compenser ses pertes, trouver de nouveaux repères, élire de nouveaux objets d'intérêt et d'amour. Il ne peut le faire que s'il s'investit suffisamment, s'il s'aime assez pour s'accorder quelque crédit dans ses choix, pour se faire confiance dans ses investissements. La séparation-individuation est un réaménagement interne, structural, qui ne peut se produire qu'à la condition qu'on se pense capable d'être autonome, seul. Nombreux sont les adolescents qui ne peuvent l'envisager :

– soit parce que *la perte de leur image infantile ne peut être compensée*. Ces adolescents détestent, haïssent leur corps mature et s'emploient à le mutiler, à le détruire pour tenter d'empêcher le changement. Ce faisant, il apparaît qu'ils le font moins dans un désir de mort, que dans la perspective de détruire un objet détestable et de faire advenir le changement. L'absence de limites entre l'interne et l'externe, le corps propre et le corps social, permet de penser que le suicide, ou la tentative de suicide, sont plus souvent

---

11. BLOS P., *The Second Individuation Process*, 1961.

« Nous dirons que, pas avant la fin de l'adolescence, les représentations du soi et de l'objet ne peuvent acquérir leur stabilité et leurs limites fixes, c'est-à-dire devenir résistances aux modifications d'investissement. Le surmoi œdipien en contraste avec le surmoi archaïque, perd dans ce processus un peu de sa rigidité et de sa force tandis que l'instance narcissique de l'idéal du moi acquiert une influence et une prééminence plus pénétrante. L'équilibre de la balance narcissique est ainsi plus solidement internalisé. Ces changements structuraux établissent la constance de l'estime de soi et de l'humeur en augmentant leur indépendance vis-à-vis des sources externes de leur propre choix. »

« Ce qui dans l'enfance est l'éclosion de la membrane symbiotique pour laisser advenir un bambin individué est à l'adolescence la rupture des liens de dépendance à la famille, la perte des objets infantiles, afin de devenir un membre de la société à part entière, ou plus simplement, un membre du monde des adultes » (Mahler, 1963).

des comptes que l'on règle à travers le corps avec une vie inacceptable, qu'une recherche de la mort. L'adolescent agit sa haine contre son corps mature par incapacité de « penser » sa relation avec lui ;

– soit parce qu'ils *ne peuvent désinvestir les parents de la petite enfance,* ces adolescents immatures quittent souvent la famille précocement pour vivre en couple, voire ont très tôt une relation amoureuse exclusive (réelle ou fantasmatique… relation à un professeur, à un homme ou une femme plus âgés). Une déception est insupportable, intolérable, parce qu'elle les met en face d'une situation qu'ils ont cru pouvoir éviter : éprouver leur capacité d'être seul. Ces adolescents ne formulent pas forcément, mais savent qu'ils ont besoin d'une prothèse, d'un parent ou d'un substitut. Toute séparation les détruit psychiquement, et le suicide est la mise en acte de cet éprouvé. La rupture vient témoigner de l'impossibilité de se séparer des liens infantiles avec les images parentales ;

– soit parce qu'ils ne *peuvent être désinvestis par leurs parents*. Certains adolescents savent, ou imaginent, que leurs parents ne peuvent vivre sans eux (ce n'est pas, hélas, toujours un fantasme). Ils savent, ou ils pensent, qu'ils n'ont pas droit à une autonomie. Ils doivent choisir leur métier en conformité avec les désirs ou les traditions familiales, doivent penser leur vie affective et sexuelle d'abord en fonction de leurs parents et des aspirations de ceux-ci. Ils savent, ou ils pensent, qu'en assumant leurs choix propres, ils vont au-devant de conflits insolubles. Ils savent, ou ils imaginent, que leur départ (symbolique, c'est-à-dire leur éloignement du système de pensée familial) provoquera un effondrement dépressif de leurs parents ou de l'un d'entre eux. Ces adolescents sont tiraillés dans leur désir d'autonomie, car ils la souhaitent, mais la ressentent comme culpabilisante ou catastrophique.

L'impossibilité de mettre en mots ce qu'ils éprouvent, leur tendance à agir ce qu'ils désirent, peuvent les conduire à concrétiser la séparation dans un passage à l'acte irréversible.

Le suicide est paradoxalement l'issue d'une non-représentabilité d'une quelconque issue au changement pubertaire. L'issue est l'impasse, la radicalisation d'une séparation, d'une autonomisation impensables.

Mais on n'arrive pas à une impasse sans avoir pris le chemin qui y mène.

L'adolescent suicidant (celui qui agit) par opposition à l'adolescent suicidaire : (celui qui pense au suicide[12]) a donc toujours, si l'on veut y prêter quelque attention, une trajectoire présuicidaire plus ou moins évidente, mais toujours éloquente et que F. Ladame caractérise par un ensemble de symptômes de trois ordres.

1) La dépressivité, c'est-à-dire le vide intérieur, non pas forcément le vide d'intérêts qui peuvent donner le change : scolarité, musique, etc., mais le vide de plaisir. Ces adolescents sont tristes, quelquefois passifs, mais pas nécessairement. Ils ont une relation aux choses qui est précaire, qui manque de vie. Cette dépressivité – qui s'oppose à la dépression normale de l'adolescence, dans le sens où celle-ci est positive, témoignant d'une conscience de la perte et d'un réaménagement structural à partir d'un travail de deuil – réactive généralement des carences du développement de la petite enfance. La dépressivité est un éprouvé d'abandon qui véhicule une menace catastrophique pour le jeune.

2) L'aliénation sociale, c'est-à-dire le degré de rupture par rapport à l'environnement : isolement, refus de contacts, impossibilité de nouer des relations. Celle-ci ne se mesure cependant pas sur des critères extérieurs – ainsi, dans une statistique du service du Pr Moron[13], sur quatre-vingt-quatorze cas étudiés, « 80 % des jeunes vivent de façon stable chez leurs parents, 10 % sont hébergés en foyers socio-éducatifs, le plus souvent après décision du juge pour enfants. Enfin 10 % n'ont pas de lieu de vie stable, dans le sens où ils peuvent être en internat ou dans une famille d'accueil la semaine et chez leurs parents pendant les week-ends et les vacances. » Dans 65 % des cas les parents vivent en couple, dans 35 % des cas le couple est dissocié. L'aliénation sociale n'est donc pas traduite par les données objectives, même si certains[14] ont isolé des paramètres significatifs[15].

L'aliénation sociale est aussi difficile à repérer que la dépressivité. Il n'y a pas de « signes absolus » qui en rendent compte. Il

12. Ladame F., *Les tentatives de suicide des adolescents, op. cit.*

13. Moron, *Psychologie médicale,* 1988, 2, 3, pp. 345-347.

14. Wenz F.V., « Sociological Correlates of Alienation among Adolescent Suicide Attempts », *Adolescence,* 1979, 14, pp. 19-30.

15. Contacts sociaux, sentimentaux, statut économique des parent, problèmes de communication avec les parents, performances scolaires, existence de beaux-parents, familles dissociées.

s'agit d'une disposition du jeune à l'égard des autres et du monde, et elle ne s'apprécie souvent que dans l'après-coup de l'événement.

3) Quant à l'angoisse, F. Ladame la caractérise comme « ascensionnelle dans les jours ou les heures précédant immédiatement la tentative de suicide ». Elle est « cataclysmique » – les patients peuvent l'exprimer comme une panique, la peur de ne pas tenir le coup la peur de craquer[16].

Cette trajectoire est souvent celle d'adolescents qui ont été des sujets à risques (maladies somatiques, troubles précoces du développement, anorexie, troubles du sommeil, agitations anxieuses) et qui revivent, au décours de leur puberté, dans leur corps, autant que dans leur psyché, des angoisses précoces menaçantes et non résolues.

Le corps est ce par quoi le changement advient. Il est repéré comme le lieu de la souffrance. C'est la souffrance à laquelle le suicide veut mettre un terme. Il n'est pas, le plus souvent, un choix délibéré de la mort. « Je voulais dormir », disent souvent ces adolescents… et le fait que l'intoxication représente le moyen le plus habituel (par opposition aux personnes de quarante-cinq ans et plus qui utilisent plus souvent la pendaison et les armes à feu), plaide en faveur, je crois, de l'ambivalence du désir de mort.

Les dernières pages du *Pavillon d'or* de Mishima sont particulièrement éloquentes pour rendre compte de cette ambivalence de l'acte suicidaire qui doit faire cesser magiquement la souffrance et faire advenir à un autre état. Le héros du roman est un jeune bonze qui s'est toujours vécu inférieur, voire infirme. Il est de faible complexion et de surcroît il est bègue.

Cet adolescent, secret, solitaire, cherche son identité dans un rapport spécifique, inédit, à la beauté, à la culture, à l'histoire. C'est dans le temple du Pavillon d'or, suprême tabernacle de la beauté, qu'il ambitionnera de périr…

> Tandis que mon corps restait engourdi, mon esprit s'amusait à manipuler tous mes souvenirs. Des mots réapparaissaient à la surface de ma mémoire, et replongeaient… Ces mots-là me faisaient signe…
>
> « … Regarde derrière, regarde dehors : si nous nous rencontrons, tue sur l'heure !… »
>
> Oui, c'était la première ligne du passage fameux du chapitre de l'Éclairement populaire, dans le Rinzairoku : la suite coula d'elle-même :

---

16. Ladame F., *op. cit.*

« Si tu croises le Bouddha, tue le Bouddha ! Si tu croises ton ancêtre, tue ton ancêtre ! Si tu croises un disciple de Bouddha, tue le disciple de Bouddha ! Si tu croises tes père et mère, tue père et mère ! Si tu croises ton parent, tue ton parent ! Alors seulement tu trouveras la Délivrance. Alors seulement tu esquiveras l'entrave des choses, et tu seras libre... »

Ces mots m'arrachèrent à l'impuissance où j'avais sombré. D'un seul coup, je sentis dans tout mon être une surabondance d'énergie. Une partie de moi s'obstinait bien à me répéter que ce que j'allais faire était maintenant sans utilité : ma force neuve ne redoutait pas cette inutilité. Parce que c'était inutile, je me devais d'agir... La flamme fit surgir de la paille amoncelée des ombres compliquées, répandit partout les éclatantes couleurs des terres désolées, se propagea dans toutes les directions avec une application minutieuse. Et ce fut un flot de fumée où elle disparut... C'est à peine si je sentais la chaleur. Quand je vis le feu se déplacer rondement vers le coffre aux offrandes, je me dis que tout allait bien.

J'avais complètement oublié l'existence de mon somnifère et de mon couteau. Comme une inspiration soudaine, me traversa le désir de mourir environné de flammes, au milieu du Kukyôchô. Fuyant le brasier, je grimpai quatre à quatre l'étroit escalier. Je ne songeai même pas à m'étonner que la porte du Chôondô, au premier étage, fût ouverte. Le vieux guide avait oublié de la fermer.

La fumée me poursuivait, me faisait tousser... Je grimpai au haut du second escalier et tentai d'ouvrir la porte du Kukyôchô. Je n'y parvins pas : elle était solidement fermée.

Je donnai de grands coups dans cette porte. Je devais taper comme un sourd : aucun bruit pourtant n'impressionnait mon oreille. Je redoublai de violence. Il me semblait que quelqu'un, du dedans, allait m'ouvrir...

Ce que je rêvais de trouver dans le Kukyôchô, c'était en vérité une place pour mourir... Je frappais de toutes mes forces. Mes poings ne suffisant pas, j'y allai de tout le poids de mon corps. Elle ne céda pas. Le Chôondô était maintenant plein de fumée. J'entendais sous mes pieds le feu crépiter. Je suffoquais. J'étais au bord de l'évanouissement. Je toussais sans arrêt. Je frappais toujours. La porte ne céda pas.

À l'instant où je pris nettement conscience que je me heurtais à un refus, je fis demi-tour et resdescendis précipitamment dans le Hôsuiin, à travers les tourbillons de fumée. Peut-être même à travers les flammes. Arrivé enfin à la porte de l'ouest, je me ruai dehors. Puis, sans savoir où j'allais, je me lançai dans une course éperdue... Je courais... Ce qui me ramena à une conscience claire des choses ce furent des piaillements d'oiseaux effrayés. L'un d'eux frôla mon visage, dans un énorme battement d'ailes. Couché sur le dos, je contemplais la nuit du ciel... Je fouillai dans ma poche, en retirai le couteau et le flacon de somnifères roulé dans le mouchoir. Je les jetai dans la ravine.

Dans l'autre poche, ma main rencontra le paquet de cigarettes. Je me mis à fumer. Je me sentais l'âme d'un homme qui, sa tâche terminée, tire une bouffée. Je voulais vivre.

Il y a seulement une cinquantaine d'années, la tentative de suicide chez l'adolescent, aussi bien que le suicide réalisé, signaient la maladie mentale. Le diagnostic d'une maladie psychiatrique chez ces sujets n'était pas obligatoirement évident, mais l'évidence se nourrissait du symptôme suicidaire, même isolé.

Aujourd'hui certains auteurs défendent l'idée que la tentative de suicide peut être considérée comme « symptôme sinon normal, du moins fréquent du développement de l'adolescent ».

Quelles que soient les significations phénoménologiques de la tentative de suicide, et sa gravité, il nous semble qu'elle est l'indice d'un drame intime tel que sa « banalisation » ne saurait se soutenir.

La tentative de suicide vient signifier l'impossibilité des réaménagements psychiques de l'adolescence ; l'impossibilité de penser l'issue d'un bouleversement interne que le jeune ne saurait supporter plus longtemps. En ce sens, lorsque Ebtinger dit que « tout suicide est un chantage, même et surtout s'il est réussi, car il pérennise la responsabilité des autres », il faut relativiser la notion de chantage. La tentative de suicide est certes un moyen de faire pression sur l'environnement, de l'agresser, de le meurtrir, de le culpabiliser, d'obtenir de lui des preuves d'amour qui semblent manquer, mais c'est d'abord, et essentiellement, un message de désespoir.

Il y aurait peut-être d'autres manières de dire ; mais on a vu qu'il est normal à l'adolescence de ne pas dire, mais de faire, et ce d'autant plus que les actes ne sont pas compris pour ce qu'ils sont censés exprimer.

Pourquoi cet acte et pas un autre ? Parce que le corps est un persécuteur ; parce que les changements qui le travaillent procurent à l'adolescent le sentiment que son corps ne lui appartient plus, est un objet qui lui échappe, qui lui est étranger : un objet externe ; parce qu'en détruisant son corps, il attaque aussi toutes les représentations dont il est dépositaire. Est-ce son corps qu'il veut détruire, ou veut-il mettre radicalement un terme aux représentations infantiles de celui-ci, dont il doit se dégager ? Signifie-t-il ainsi qu'il ne peut renoncer à son corps infantile, vivre avec un corps pubère, assurer ses identifications sexuées ? Veut-il dire qu'il ne peut pas supporter l'angoisse de perdre ses repères et le risque d'en édifier d'autres :

sans doute tout cela à la fois. F. Ladame insiste sur la fragilité narcissique des adolescents suicidaires. Ceux-ci ne sont jamais rassurés sur leur propre valeur. Au lieu de nourrir des idéaux raisonnables, ils font des projets grandioses déréels qu'ils ne peuvent jamais concrétiser. Pour cet auteur, le geste suicidaire est l'expression d'une rage narcissique soudaine, autodestructrice, car le corps est le représentant de ce que l'on hait, de ce que l'on déteste.

Tous les adolescents pensent au suicide ; tous les adolescents ne se suicident pas. Il existe sans doute des conduites que l'on peut repérer comme des équivalents suicidaires, dans la mesure où le flirt avec le risque est leur détermination initiale, mais celles-ci sont d'un autre registre et traduisent un autre type de fonctionnement psychique, une autre représentation du corps.

Les jeunes qui réalisent l'idée de suicide ont souvent été des enfants carencés, abandonniques, qui se réfugiaient dans la rêverie et trouvaient plus de gratification dans leur monde interne que dans la réalité extérieure.

Devenus adolescents, ils ont plus de difficulté que les autres à vivre leur réalité interne et le renoncement à la toute-puissance de leurs rêves d'enfant. La mort est alors l'acte qui condense la suppression d'une réalité insupportable dont le corps est le représentant, et l'idée d'une maîtrise absolue de leurs pensées et de leurs éprouvés. On peut penser qu'elle est souvent une mise en scène paradoxale d'un fantasme de toute-puissance et d'immortalité.

Cependant, il ne faut pas nier que le suicide de l'adolescent reste à bien des égards une *énigme*.

En résumé, la clinique des adolescents suicidaires et suicidants nous montre qu'il n'y a aucun lien signifiant entre le risque pris et le résultat. Certaines tentatives médicamenteuses, bénignes si l'on note la dose absorbée, sont mortelles, alors que d'autres, beaucoup plus graves, toujours du point de vue de la dose ou de la nature de la drogue, n'aboutissent pas.

Cela confirme le fait que le suicide réussi n'est pas toujours la preuve d'un désir de mourir, mais va dans le sens de l'ambivalence déjà évoquée. Mais cela souligne aussi qu'il n'y a pas de tentative « bénigne » : le risque de mort est toujours présent ; le désir de mort ne l'est pas forcément.

Ce type de passage à l'acte – dans sa radicalité (ou dans le risque incontrôlé de radicalité), pose la question de sa fonction économique.

Freud, dans *Deuil et Mélancolie*[17], propose une hypothèse qui l'assimile à une autopunition :

> La torture que s'inflige le mélancolique, et qui indubitablement lui procure la jouissance, représente la satisfaction des tendances sadiques et haineuses qui visant un objet ont subi de cette façon un retournement sur la personne propre... Seul ce sadisme vient résoudre l'énigme de la tendance au suicide.

Mais ici surgissent plusieurs questions.

L'autopunition n'a de sens que si on en subit les effets, ou si on en jouit. Or, ce temps n'existe pas dans le suicide réussi, sauf à penser qu'il est celui des fantasmes qui ont précédé l'acte.

D'autre part, l'on sait qu'à travers le corps c'est une représentation insupportable qui est visée : celle du corps sexué, peut-être des images œdipiennes, du corps maternel, etc.

La pulsion sadique n'est pas ici au service de la dépréciation douloureuse du moi, comme dans la mélancolie, mais, *a contrario,* vise à mettre un terme à la souffrance narcissique

La tentative de suicide, le suicide réussi, apparaissent plutôt comme des ratages de processus psychiques, comme la marque d'un échec dans la représentation d'une solution à leurs conflits.

C'est aussi l'avis de P. Jeammet[18] pour qui le suicide marque l'impossibilité» d'entrer dans un processus dépressif pathologique. « Ce qui domine c'est la difficulté des adolescents à élaborer une conflictualité psychique organisée. » Le passage à l'acte suicidaire serait une issue pour retrouver une identité hors de la confusion des processus psychiques dont ils témoignent. Cette exposition n'exclut pas la réalité du retournement de la pulsion sadique contre soi, mais lui donne un autre sens : celui d'un banco. C'est la dernière épreuve, la souffrance maximale qu'ils puissent s'infliger pour tenter de sortir de l'impasse.

Comme le navigateur débutant, qui se sent menacé sur un bateau dématé, se jette à l'eau au lieu de tenir l'épave ; comme les habitants d'un immeuble en feu se précipitent par les fenêtres, au lieu d'attendre les pompiers, l'adolescent recourt à l'acte qui se substitue à

---

17. FREUD S., « Deuil et Mélancolie », *Métapsychologie, op. cit.*

18. JEAMMET P., « Les tentatives de suicide des adolescents. Réflexions sur les caractéristiques de leur fonctionnement mental », *Adolescence,* 1986, 4, 2, pp. 225-232.

la capacité de pensée et semble porter en lui la solution de ce qui n'est pas pensable, sous l'emprise de la panique de l'angoisse.

Tout adolescent est, à un moment ou à un autre, confronté au suicide. « L'éveil de sa conscience d'être », pour reprendre l'expression d'Amado, est aussi la révélation du pouvoir qu'il a de se donner la mort. L'éveil de sa conscience d'être est la version ontologique (et Amado en a parlé mieux que je ne saurais le faire[19]) de la révélation de sa castration. La castration est une opération physique qui consiste à priver l'homme ou la femme de sa capacité de reproduction (le fait que dans le langage courant elle soit entendue comme privant l'homme de son pénis montre bien comment le pénis participe de la représentation de la puissance, plus que de la fertilité). En psychanalyse, la castration signifie que le sujet perçoit que son désir est interdit par la loi, et qu'il en intègre les conséquences : la castration ouvre à l'espace de la symbolisation, au déplacement du désir, à l'évolution du sujet.

L'enfant a déjà rencontré la castration lorsqu'il a perçu la différence des sexes et l'interdit posé par la société et par les parents à ses désirs incestueux. L'adolescent la rencontre avec une plus grande violence car, bien qu'il sache l'interdit de l'inceste, tout en lui l'amène à penser que cela ne concerne que les autres ou, d'une autre manière, qu'il est seul à vivre ce conflit.

Une des difficultés de la séparation-individuation tient à la peur de la castration, et la difficulté se complique du fait que l'adolescent ne peut en parler, parce que ça n'est pas parlable.

Lorsque j'ai évoqué la fonction du rituel à l'adolescence, j'ai volontairement fait impasse sur la fonction intégrative de la castration pour la reprendre ici.

Le rite d'initiation avait pour but de marquer symboliquement la fin de l'enfance et l'entrée dans le monde des adultes. Il mettait un terme à l'état d'innoncence et de dépendance de l'enfant, pour reconnaître la capacité d'accès à l'autonomie et à la sexualité. Le rite avait pour fonction de faire mourir l'enfant dans l'adulte. Très souvent d'ailleurs l'initiation se concluait sur un simulacre d'atteinte physique (ou sur une véritable blessure), incision, coupure des cheveux, circoncision qui marquait la nouvelle naissance. Dans

19. AMADO G., « L'adolescent et la psychanalyse », in *L'être et la psychanalyse*, PUF, 1978.

la communion solennelle, cette nouvelle naissance était stigmatisée par une démarche intellectuelle : l'engagement en son nom propre dans la communauté adulte, par le renouvellement des vœux du baptême ; l'onction de la confirmation, souvent associée à la cérémonie, venait témoigner de l'accès du jeune à la sagesse (la descente de l'Esprit saint), mais aussi par la « retraite » préparatoire qui symbolisait cette renaissance.

À travers ces rites, le jeune accédait à une communauté d'appartenance, et percevait l'universalité de la loi, c'est-à-dire de l'interdit : il intégrait aussi le « sadisme » des adultes à son égard : les souffrances infligées au corps aussi bien que les incitations souvent actives à l'ascèse pendant les rites religieux témoignaient du « pouvoir » que l'adulte exerçait sur l'enfant, et venaient symboliser toute l'agressivité des parents à son égard.

Mais il possédait du même coup un cadre, avec des repères, des limites, imposé de l'extérieur certes, mais dans lequel il pouvait se situer.

La castration était l'affaire de tous, avait été celle des pères, serait celle de leurs fils. La loi – de l'humanisation – était signifiée comme étant la même pour tout le monde.

Ce cadre et ses limites s'estompent. Le jeune a tendance à tenter de se donner ses propres lois. Généralement, elles encouragent son désir d'omnipotence, plus qu'elles ne le freinent. Les lois qu'on se donne ne permettent pas de faire l'économie de la loi (c'est aussi l'expression du désir de l'autre, de la limite). L'adolescent aujourd'hui rencontre de manière éminemment brutale, traumatique, l'humain et la castration, en même temps qu'il découvre avec son corps qu'il est maintenant un véritable rival pour son parent, et qu'il a en lui les ressources d'une puissance toute neuve.

Il peut penser que rien ne vaut la peine d'être vécu, que la vie est un cadeau empoisonné, parce qu'il aura le sentiment d'être confronté à un drame qui ne concerne pas les autres, dans la mesure où cela n'a pas été symboliquement signifié de manière instituée – individuelle ou collective.

Ici, ce n'est pas la complémentarité des sexes qui est déniée, mais il semble que cette représentation ne puisse être travaillée à l'épreuve de la réalité. Le suicidant, le suicidaire, est aspiré par la conviction qu'il existe un objet complémentaire qui le révélera dans sa sexuation sans souffrance et sans renoncement. L'avènement de cette représentation donne un sens à son histoire. Il en fait un mythe, et sa croyance en la toute-puissance originaire retrouvable, conjuguée à une intolérance aux privations et frutrations, hypostasient ses investissements narcissiques.

L'adolescent pourrait se suicider de ne pouvoir se détacher de la conviction quasi délirante que l'objet complémentaire existe bien mais de ne pouvoir l'expérimenter. Il pourrait préférer la mort comme figure magique du changement à l'épreuve qui consiste à renoncer à l'idée d'un paradis perdu pour des bonheurs qui soient des conquêtes.

La tentative de suicide, l'acte suicidaire, s'ils ne sont pas toujours prévisibles, ne sont jamais les premiers signes d'appel et de détresse de l'adolescent. Avant d'en arriver là, le jeune aura agi sa souffrance, faute de pouvoir en parler – échecs, mutismes, angoisses somatisations sont autant de signes dont il faut prendre la mesure et qu'il faut mettre en mots, à bon escient ; non pas d'une manière incisive, insupportable, mais avec tendresse, disponibilité. Il est vrai que cela ne se fait pas sur commande. Une des questions est celle de notre disponibilité à l'égard de l'adolescent, souvent renvoyé à sa solitude sous prétexte qu'il ne partage pas nos propres intérêts, alors que nous n'avons absolument aucune envie de nous intéresser à ce qui le concerne. Heureux adolescent qui peut vivre intensément avec ses pairs ; cela n'est pas donné à tous.

L'acte suicidaire est éminemment agressif à l'égard des parents. On sait que ce sont aussi les images internes qui sont attaquées, parce qu'elles sont vécues comme dangereuses, insupportables, mais l'adolescent suicidant, par son acte, vise à faire subir à ses parents ce qu'il a lui-même éprouvé, le sentiment irréversible d'une communication impossible.

Paradoxalement, si tant est que cela puisse l'être – pour que l'adolescent accède à l'autonomie, il faut que ses parents puissent accepter le risque de son suicide. Je veux dire par là que donner la vie, c'est aussi donner la liberté, celle d'être, ou de ne pas être. Il est patent que l'hyperprotection, les contrôles excessifs des activités de l'adolescent, sont perçus par lui, justement, comme des entraves à cette liberté et induisent des contre-attitudes de provocation, de prise de risques, qui viendront démontrer aux parents que la vie de leurs enfants ne leur appartient pas.

CHAPITRE V

LE CORPS MAÎTRISÉ DE L'INTELLECTUALISATION À L'EXPLOIT

Quelquefois je vois au ciel des plages sans fin couvertes de blanches nations en joie.

Un grand vaisseau d'or au-dessus de moi agite ses pavillons multicolores sous les brises du matin. J'ai créé toutes les fêtes, tous les triomphes, tous les drames.

J'ai essayé d'inventer de nouvelles fleurs, de nouveaux astres, de nouvelles chairs, de nouvelles langues.

J'ai cru acquérir des pouvoirs surnaturels.

Arthur Rimbaud, *Œuvres**.

Ainsi, la puberté est susceptible de dramatiser l'éprouvé du corps. Alors que tout semble désormais en place pour que le jeune rencontre le sexuel dans la plénitude intégrée de sa potentialité pulsionnelle, vont y faire obstacle des événements, des traces d'événements de la petite enfance, oubliés, mis au secret, et qui se réactualisent lorsque s'impose la représentation de la complémentarité des sexes.

Jouir de son corps n'est pas une mince affaire si l'on songe que tout y était promis, alors que justement rien ne peut s'accomplir. L'objet œdipien reste interdit, et la conviction qu'il existe un objet complémentaire ne suffit pas à garantir le succès de sa découverte :

* Bibliothèque de la Pléiade, Paris.

elle peut être mise à mal chez qui ne peut renoncer aux théories infantiles des origines qui le faisaient dieu ou héros.

Dans les situations que j'ai tenté d'exemplariser, le corps est traité comme un objet extérieur dont l'adolescent va combattre la réalité, ou comme une surface de projection de ses représentations : dans les deux cas, il met en scène l'impossible unité du moi et du corps, la non-intégration du corps dans la psyché. Dans les deux cas, la vie fantasmatique vient y faire obstacle : lieu de tous les risques et de tous les dangers. La poussée du ça, pour reprendre la formulation de Freud, quelle que serait son intensité, ne trouverait chez certains adolescents qu'à s'investir dans des scénarios-catastrophes.

Pour d'autres, il semble que cela soit moins une affaire de représentations, qu'une question narcissique. On peut évidemment cliver le sujet dans une partition qui opposerait l'investissement libidinal à l'investissement narcissique, les objets libidinaux aux objets narcissiques. Tout objet est à la fois libidinal et narcissique, tout investissement est à la fois libidinal et narcissique ; mais on peut, moins pour la commodité de la chose que pour ses incidences sur la pratique thérapeutique, regarder par les deux bouts de la lorgnette, sans risquer pour autant une critique d'innocence.

Le moi n'est pas le corps, mais l'ancrage du moi dans le corps est un truisme ; l'une des énigmes de la puberté porte sur la métamorphose du moi, le réaménagement de son système défensif à l'orée de la poussée pulsionnelle du ça, étant entendu que ce réaménagement est induit par les représentations du corps, mais aussi par la réalité du corps : j'entends par là ce qui du corps résiste à être traité comme une représentation, une production psychique. Dès lors, en effet, que le changement peut être élaboré, il n'a pas à secréter de défenses spécifiques, il n'est pas menaçant, il peut être métabolisé, intégré, etc. Or, il n'y a pas d'adolescence sans bouleversement du fonctionnement du moi, et l'énigme se renforce alors du sens des traces que cet événement va laisser sur le corps. Processus circulaire dans lequel l'identification projective va trouver à se déployer ; circularité d'un mouvement où le corps comme objet déjà-là[1] va devoir advenir au changement psychique, pour la cohérence de l'histoire.

1. Je pense que la fonction narcissique de l'objet déjà-là, de l'objet subjectif, évoquée par D.W. Winnicott, est relayée à l'adolescence par le corps, lorsque l'objet se dérobe.

Le moi, dit Freud, s'efforce de faire régner l'influence du monde extérieur sur le ça et ses tendances, où il cherche à mettre le principe de réalité à la place du principe de plaisir qui règne sans restriction dans le ça. La perception jouerait pour le moi le rôle qui revient à la pulsion dans le ça (S. Freud, 1923).

Cette définition, en terme d'instance, rend compte cependant incomplètement de la fonction du moi, car si par principe il exerce sur le corps une fonction de maîtrise, de canalisation des pulsions et des représentations qui les drainent, le moi est aussi un éprouvé : celui de l'être en face de sa force ou de sa fragilité, et, dans cette perspective, la question de savoir s'il existe des représentations du moi reste en suspens.

Les rapports du moi et du corps sont ainsi sous le signe d'une double complexité :

1) quelle est la corporéité du moi, et de quelle manière peut-on en privilégier un aspect plutôt qu'un autre (la notion de moi-peau de D. Anzieu résume cette question) ?

2) Quelle est la « représentance » du corps dans le moi ?

Ces questions se résolvent-elles dans la théorisation du narcissisme ? C'est par l'abord des mécanismes de défense spécifiques de l'adolescence, essentiellement mis au service du narcissisme, qu'elles se développent, sans anticiper qu'elles puissent apporter une réponse.

À l'adolescence, la poussée pubertaire vient bouleverser la linéarité du développement. La latence avait permis l'instauration d'un certain équilibre : l'enfant a pu négocier avec le principe de réalité, y soumettre ses aspirations œdipiennes et modérer celles-ci de l'acceptation de sa non-omnipotence, voire de son impuissance. La maturation du corps met un terme à cette accalmie : l'inceste est là, désormais possible, menaçant, irreprésentable, témoignant à la fois de la puissance désormais acquise et de l'impossible de la jouissance. Il y a bien là de quoi s'effondrer puisque la promesse était un leurre. Le moi va être assailli par des sollicitations tous azimuths dont la visée est la restauration de l'équilibre perdu. Or, ces sollicitations sont des assauts de la pulsion génitale dont il ne pouvait imaginer l'intensité, mais aussi des pulsions partielles dont le réveil vient signifier une figure de négoce illusionnant sur la possibilité du choix. La régression sur les chemins de la satisfaction prégénitale permet au moi de conserver l'éprouvé de son unité, mais elle n'est qu'une solution de fortune, un palliatif. Le moi doit admettre sa fragilisation : les objets infantiles doivent être désinvestis, l'objet sexuel est encore hypothétique et la poussée pulsionnelle est déchirante, puisqu'en même temps qu'elle laisse augurer de nouveaux plaisirs, elle peut investir des représentations suffisamment terrifiantes pour inciter à des replis stratégiques archaïques.

Les adolescents qui ont été des enfants carencés affectivement manifestent ces régressions de manière souvent bruyante ; l'insuffisance de l'« individuation », la fragilité de leur moi les poussent à rechercher à la puberté une relation à une image maternelle : c'est un besoin qu'il leur faut satisfaire avant qu'ils ne puissent se sentir assez solides pour investir d'autres objets. Cette recherche d'une bonne mère est agie sur un mode primitif de demande de sécurisation, de gratification, de tendresse et, si elle achoppe, elle laisse le sujet dans un état de profond désarroi qui répète les conséquences des situations de frustration de la petite enfance.

Mais la fragilité du moi est une caractéristique développementale de l'adolescence, et il est quelquefois difficile de repérer dans les éclosions pathologiques de cette période ce qui est expression d'une détresse antérieure, jusque-là suffisamment colmatée, de ce qui menace un moi qui s'est constitué dans la cohérence.

La fragilité du moi adolescent est un état de dénuement objectal : il se dessaisit des images œdipiennes, métabolise un conflit de séparation, fait le deuil de sa toute-puissance : la question s'impose de créer de nouveaux objets pour étayer son moi, d'édifier de nouvelles défenses pour le protéger des assauts de la pulsion.

Je décrirai deux défenses dans cette bataille : l'une qui consiste à mettre sa pensée au service du corps – et l'on verra que ce n'est pas forcément efficace –, l'autre qui consiste à ne pas penser dans une logique qui n'est pas celle du passage à l'acte, mais, *a contrario,* celle de l'acte préconçu pour éviter l'émergence de représentations. Je pense ici aux dérives de la pratique sportive, à la recherche d'exploit et aux risques physiques qui sont des défenses spécifiquement narcissiques auxquelles l'adolescent a fréquemment recours.

Corps et processus intellectuels

La psychologie génétique admet la succession normale, chez tout individu, de stades de pensée caractérisant le type d'intelligence : sensori-motrice, concrète, abstraite...

Chaque stade, tel qu'il a été décrit par J. Piaget, coïncide avec les étapes de la maturation pulsionnelle. Je ne veux pas dire par là que les stades psychanalytiques oral, anal, phallique, sont systématiquement superposables aux stades de l'intelligence, mais que la relation et le pouvoir que l'enfant développe pour comprendre le monde sont l'expression de la relation et du pouvoir qu'il exerce sur son propre corps duquel participe l'intégration de ses perceptions, de sa motricité, de sa sensibilité.

Après l'intelligence sensori-motrice, apparaît l'ébauche de la pensée symbolique et préconceptuelle jusqu'à 4 ans (dès 1 an et demi-2 ans). Cette phase de repérage du signe, de l'imitation, de l'utilisation des mots de la constitution du langage coïncide, et ce n'est pas un hasard, avec l'émergence de la problématique identificatoire œdipienne : l'enfant identifie désormais les objets, les désigne, et par une série de conjugaisons dont le support est la manipulation concrète, il crée des situations, des relations « égocentriques », essentiellement, non réversibles, non interchangeables.

La relation à l'objet est la relation à son corps, identifiée dans un rapport à la toute-puissance parentale, mais non encore situé dans le temps et dans la relativité de son espace : par exemple, l'enfant ne se repère pas encore dans sa lignée, n'intègre pas encore la différence des générations.

Entre 4 et 8 ans se développe ce que J. Piaget nomme la pensée intuitive, dont les articulations progressives conduisent aux opérations concrètes qui seront possibles entre 8 et 11 ans. On peut dire que cette pensée intuitive, qui semble pour Piaget aller de soi, et qui se caractérise par le fait que l'enfant accède à la notion de conservation des quantités, et à des expériences mentales complexes (anticipation, condensation), coïncide avec l'épreuve de réalité, la nécessité de se soumettre à l'ordre extérieur – c'est l'âge où il a l'« intuition » (pour reprendre l'expression de Piaget) de la manière dont on fait les enfants, et où il découvre qu'il vaut mieux n'en point parler. L'intuition et les opérations concrètes auxquelles il accède jusqu'à 11 ans ne me semblent pas pouvoir être isolées de l'organisation pulsionnelle de la phase phallique et du refoulement de la latence qui lui succède. L'enfant « intuite » la potentialité génitale de sa sexualité, refoule ses désirs incestueux, et met en place les satisfactions substitutives de la latence : il investit tous azimuths, pour reprendre la formule de P. Blos. L'accès aux opérations concrètes est contemporaine de la connaissance concrète du corps, de l'intuition de la potentialité génitale, et de l'espérance que l'on fait taire, d'une réalisation œdipienne de celle-ci[2].

À l'adolescence, les apprentissages sont placés sous le signe du formel, de l'abstraction, de la logique.

En pédagogie, dès le secondaire et la préadolescence, on passe en effet du texte libre à la dissertation, *via* la rédaction qui est déjà la soumission à un ordonnancement du propos ; on aborde donc le problème de la gestion logique du discours et de la communication ; on passe de l'arithmétique aux mathématiques. Cette politique pédagogique s'accorde aux découvertes des psycho-généticiens qui pensent que l'adolescence est le stade de la pensée formelle et abstraite, l'âge où l'on accède normalement à l'entendement des relations entre les objets, où l'on découvre les stratégies hypothético-déductives.

Est formel, ce qui s'oppose à douteux, implicite. La logique formelle est cette partie de la logique qui traite des opérations de l'entendement et des règles qui s'y appliquent, en tant que ces opérations sont considérées uniquement dans leur forme (par opposition à leur contenu).

Il ne s'agit plus de dire ce que l'on voit, ou ce que l'on sent, mais ce que l'on pense de ce que l'on voit et de ce que l'on sent, en le référant à ce que d'autres ont pensé de ce qu'ils voyaient et de ce qu'ils sentaient. Il ne s'agit plus de dire que 2 + 2 font 4, mais de comprendre pourquoi 2 + 2 font 4 pour démontrer pourquoi 3 + 2 ne font pas 4. La pensée formelle est une pensée qui investit les mécanismes des opérations plus que les opérations elles-mêmes. Le raisonnement a ses standards désormais, puisque le raisonnement peut être faux.

La pensée formelle est donc une capacité qui, à l'extrême, vide les produits de pensée de toute charge ou signification affective : importent essentiellement les règles, les conventions, la structure

2. BLOS P., *Les adolescents*, Paris, Stock, 1962.

grâce auxquelles se développent les calculs, s'organise un texte ; l'enseignement littéraire implique aussi cette exigence : la transmissibilité des règles et des conventions d'expression écrite ou parlée a survécu aux classes de rhétorique : les idées sont traitées et manipulées comme des choses abstraites plus que comme des manifestations de la vie pulsionnelle du sujet.

Il est évident qu'aucune science (même les mathématiques) ne peut se constituer et se développer dans l'abstraction pure : le scientifique le plus classique, le plus authentique, use de représentations, d'images, de raisonnements, d'hypothèses critiques, de certitudes, voire d'intuitions qui témoignent de l'impossibilité de vider la pensée de ses représentations signifiantes pour accéder à un processus mental codifié qui serait le « fonctionnement logique », le fonctionnement formel. Mais, ce qui est certain, c'est que la pensée abstraite, formelle, nécessite à un moment, une mise à distance de ces représentations signifiantes.

La capacité de l'intelligence abstraite est contemporaine du travail de la puberté, et de ce que celle-ci marque d'un renoncement nécessaire aux objets œdipiens, d'un deuil des premiers repères organisateurs de la pensée (et du psychisme) et de la nécessité d'en trouver d'autres. L'intelligence abstraite, formelle, est un processus qui met d'abord les contenus de pensée infantile à distance, par le refoulement, mais s'empare de leurs représentants substitutifs, conservant les lois qui organisent les contenus de pensée, si tant est que l'on puisse penser (à travers le matériel des cures) que la structure, la forme échappent au refoulement.

Au plan du langage, le jeu de mots, au sens où Freud le définit, n'apparaît qu'à ce moment-là : certes, l'enfant est capable déjà de faire des « mots d'esprit », naïfs ou tendancieux, de montrer un certain sens de l'humour, de la dérision, de l'ironie, mais il n'est pas réellement capable de faire des « traits d'esprit ». Ceux-ci supposent l'intégration des métaphore et métonymie dont Peter Blos a montré (1940) qu'elles n'étaient acquises qu'à la puberté, avec la maîtrise des orifices corporels : « Les émotions qui à l'origine accompagnaient l'élimination corporelle trouvent ici des voies et des matériaux de substitution[3]. »

3. *Ibid.*

L'accession à la pensée formelle et au trait d'esprit impliquerait, à notre avis, quatre mouvements essentiels :

1) le désengagement des représentations infantiles, des images œdipiennes, toujours prêtes à envahir la psyché et à solliciter le sujet d'une vérification concrète de leur réalité ;

2) l'ordonnancement des contenus de pensée, de manière à permettre la constitution d'une pensée propre, non aliénée aux discours parentaux (le renoncement à l'imitation au profit de l'improvisation), ordonnancement qui se fait à partir de la représentation des repères du corps pubère séparé des objets parentaux ;

3) l'appréhension du profit narcissique d'un tel fonctionnement, pour s'en trouver identifié (un peu comme l'enfant se sent gratifié de ses premiers exploits moteurs si le regard de sa mère le déculpabilise d'avoir envie de lui lâcher la main) ;

4) la conscience, enfin, de la valeur sociale et personnelle d'un tel processus qui donne accès au monde des adultes (au commerce des relations humaines). Ce mouvement est assez spécifiquement culturel dans certaines sociétés, c'est l'âge qui donne la sagesse et le pouvoir... ce n'est pas le cas dans nos cultures occidentales qui anticipent l'autonomisation et secrètent la dépendance.

Les micro-sociétés, les milieux culturels auxquels appartiennent les adolescents fonctionnent comme des modèles de ce qu'est la communauté adulte..., le processus d'autonomisation de la pensée, qui sous-tend l'accession à la capacité d'abstraction, n'est pas, pour beaucoup, une nécessité. L'entrée dans la communauté adulte se décide sur d'autres critères : travail, argent, mariage...

Ces pas franchis, on peut dire que la pensée décolle du corps, est décollée du corps par la maturation pulsionnelle et les exigences de la réalité, et peut penser les lois et les structures de son fonctionnement, cela dans une perspective développementale normale : l'investissement intellectuel n'a pas été menacé par des carences infantiles ; les images parentales sont différenciées et intériorisées. L'enfant n'est pas parasité par des désirs incestueux, la latence a montré le fonctionnement opérant d'une mise en sommeil de ces désirs. Cependant, même dans ce cas, l'accession à la pensée formelle est souvent critique car, comme on l'a vu, elle nécessite le réaménagement des repères de pensée sous le signe du deuil des objets incestueux et de l'intégration de la représentation du corps sexué. C'est dire que très souvent la pensée continue de coller au corps infantile, ne peut pas faire le deuil des parents et des relations tissées dans la petite enfance ; ne peut pas se représenter tributaire d'un corps désormais adulte, mature qui lui reste étranger.

L'impossibilité d'accéder à la pensée formelle s'organise alors généralement autour des avatars de l'une ou l'autre de ces quatre fonctions :

1) l'invasion de l'appareil psychique par les représentations œdipiennes : on est alors en face de bloquages névrotiques ; le refoulement est partiellement inopérant sur les désirs incestueux qui parasitent tous les contenus de pensée ;

2) l'absence de plaisir dans l'investissement intellectuel : le désir de savoir, de comprendre, est frappé d'interdit de plaisir, soit parce que celui-ci est trop sexualisé, soit parce qu'il est connoté de représentations anxiogènes touchant le corps propre, ou le corps parental (il peut s'agir ici de fonctionnements dépressifs propres, voire de problématiques identificatoires conflictuelles) ;

3) la fuite dans des idéaux grandioses et déréels, qui signent la fragilité narcissique, le sentiment de faiblesse personnelle, d'incapacité à satisfaire aux exigences des adultes ;

4) la crainte, la peur ou le refus, enfin, de jouer avec les contenus de pensée, de les combiner, de créer, par crainte, peur ou refus du monde adulte, de ses limites ou de ses servitudes, ou par choix de pseudomodèles adultes.

On pourrait penser que l'accession à la pensée formelle signe ainsi, dans son avènement, la résolution du processus d'adolescence et d'une certaine manière ce n'est pas faux, puisque l'essentiel même du travail d'adolescence est impliqué dans cet aménagement. Toutefois, il arrive que ce fonctionnement se mette en place « comme si ». Le surinvestissement narcissique et social de la pensée jette une sorte de voile sur la fixation aux images parentales infantiles, et la problématique de la représentation du corps sexué : d'ailleurs, par des mécanismes comme l'idéalisation, ou « l'emprise raisonnante », ils évacuent de leurs contenus de pensée tout ce qui a trait à l'histoire infantile et accèdent à l'abstraction grâce à des artifices, non sans efforts, mais à moindre risque libidinal.

Les objets infantiles et le corps pubère n'en sont pas moins là, avec leurs exigences propres, mais la dysharmonie externe est atténuée. Les représentations désagréables sont réduites au silence par un effort de maîtrise qui, paradoxalement, ne semble pas porter sur les contenus de pensée, mais sur l'objet réel de ces contenus, c'est-à-dire le corps.

Anna Freud[4] assure que si l'enfant n'accède pas à la capacité de pensée abstraite, avant l'adolescence, c'est parce que c'était inutile ou qu'il n'osait pas. Mon sentiment, appuyé sur une certaine expérience de la pédagogie, va dans le sens contraire d'une impossibilité qui se justifierait d'une immaturité pulsionnelle[5]. En effet, la structure de l'appareil psychique, pour triangulée qu'elle soit par les images parentales et la représentation du corps infantile comme métaphore du sujet, est une structure plane. L'enfant trône au milieu de ses parents et se perçoit dans l'iconographie familiale, par similitude ou différence, comme seul lien entre ces deux objets, dans une géométrie simple. La puberté, en révélant la complémentarité des sexes, vient figurer un objet qui, pour œdipien qu'il soit, décentre de la triangulation œdipienne. De plus, elle fait advenir un nouveau référent, un corps fécond, capable de se reproduire. Ce n'est pas une création *ex nihilo,* puisque le corps infantile était déjà là, mais cette perception n'est pas non plus une simple duplication d'une expérience antérieure.

Les deux objets (corps infantile et corps pubère) ne sont plus homogènes, au sens où l'on dit d'un espace qu'il est homogène lorsque l'on peut y déplacer une figure sans qu'elle subisse de déformation. Le phénomène pubertaire introduit dans la psyché les notions de changement dans la continuité, et d'identité dans la discontinuité : c'est une problématisation de la linéarité du développement qui condense les effets de plusieurs incidentes : corps infantile et corps pubère ; différence et complémentarité des sexes ; objet œdipien infantile et nouvel objet : représentations présexuelles et représentations sexuelles. Quel que soit le niveau de lecture du phénomène que l'on privilégie, il y a l'évidence que la puberté admet

---

4. FREUD A., *Le moi et les mécanismes de défense,* Paris, PUF, 1973.

5. Je crois qu'il faut distinguer ce qu'est la capacité d'abstraction comme condition de création, de la pensée logique comme résultat d'un apprentissage d'un certain nombre de schèmes, quelquefois complexes, mais qui ne permettent aucune extrapolation.

une double structure de référence historique, et peut s'interroger sur ses combinatoires :

– le corps infantile, les objets œdipiens impliqués dans une logique de plaisir dont participent les pulsions partielles ;

– le corps sexué, les nouveaux objets d'amour impliqués dans une logique de plaisir génital, à laquelle se soumettent peu ou prou les pulsions partielles.

La capacité de pensée formelle surgit de la nécessité de passer de l'une à l'autre de ces structures de référence, c'est-à-dire de la nécessité de rechercher les lois du changement structural. La poussée pulsionnelle est partiellement canalisée par l'avènement de la pensée abstraite (le plaisir de penser abstrait dérive la recherche de satisfaction masturbatoire) et inversement la pensée est utilisée pour dominer le monde des pulsions, le monde du corps, l'énigme de la vie et de la mort.

Musil fait dire à Törless[6] :

> Si donc les mathématiques me préoccupent, je cherche derrière elles tout autre chose que toi, rien de surnaturel : c'est le naturel au contraire que je cherche [...] je ne cherche rien hors de moi ; je poursuis quelque chose en moi, quelque chose de naturel et que pourtant je ne comprends pas...

C'est bien de cette recherche, en soi, de naturel et pourtant d'énigmatique que surgit la capacité d'abstraction et de formalisation.

Mais il est des recherches qui n'aboutissent pas.

Une recherche n'est pas toujours une course au trésor, c'est une aventure dans laquelle on risque des épreuves qui paraissent parfois insurmontables. La pensée se met alors au service d'un évitement des difficultés : la raison édifie des théories pour faire écran à l'impossibilité du travail de l'adolescence d'acceptation du corps pubère et des évidences incontournables auxquelles il vous confronte.

On connaît de ces adolescents qui passent ainsi des heures à refaire le monde, à méditer sur les vastes problèmes du siècle, à argumenter de manière insatiable les questions sociales politiques ou religieuses.

---

6. MUSIL R., *Les désarrois de l'élève Törless*, *op. cit.*, p. 138.

La vie, la mort, l'amour sont leurs thèmes de prédilection ; préoccupés apparemment de problèmes de société, ils n'en sont pas pour autant plus adaptés que d'autres à la vie sociale.

Ils « intellectualisent, mais ne font pas pour autant preuve "d'intellectualité" : ainsi quand ils méditent sur les situations amoureuses ou sur le choix d'une profession, ils ne cherchent nullement à trouver dans leur réflexion des directives pour leurs actes, à la façon d'un adulte ou à celle dont un jeune garçon en pleine période de latence étudie un moteur qu'il démonte pour ensuite le remonter : l'intellectualité de l'adolescent ne lui fournit matière, semble-t-il, qu'à des rêveries diurnes » (A. Freud).

Ce type d'exercices, en fait, dérive la poussée pulsionnelle sur des objets de pensée à la manière du rêve ; il est une défense contre l'émergence spontanée de représentations trop angoissantes, il est une tentative de canalisation du trouble que la puberté suscite. Anna Freud l'a appelé intellectualisation.

L'intellectualisation n'est pas à confondre avec l'intellectualité : celle-ci lorsqu'elle apparaît comme un investissement du jeune est mise au service de la réflexion et de l'élaboration des solutions aux problèmes posés. L'intellectualisation vise, elle, à maîtriser les pulsions à l'aide de la pensée, en faisant taire l'insistance du trouble de la sexualité, en y substituant des ruminations souvent stéréotypées mais « sociales » et dont la dangerosité est atténuée. C'est une pensée pseudo-abstraite, qui est toujours profondément égocentrique, même si elle brasse des thèmes altruistes. Le corps ici est au centre des spéculations, mais ne dit pas son nom : la pensée est un alibi qu'il secrète, mais la pensée n'est pas productive. Elle est répétitive et ne donne pas la preuve d'un véritable travail intellectuel[7].

Dans un tel processus de défense, le moi cherche à se déprendre de ses ancrages corporels et des potentialités de jouissance que ceux-ci viennent à chaque instant signifier. L'intellectualisation ne nie pas les besoins de satisfaction de la pulsion, mais les dérive sur des objets qui apparaissent maîtrisables parce qu'ils peuvent être artificiellement manipulés. Ce faisant, l'adolescent renforce son sentiment qu'il a prise sur les objets, sur le monde, et peut se trouver

---

7. Freud A., *Le moi et les mécanismes de défense*, *op. cit.*

momentanément conforté dans un narcissisme jusqu'alors défaillant ou menacé.

L'intellectualisation prend quelquefois des formes subtiles : aujourd'hui, par exemple, il semble qu'il s'agit moins d'emprisonner le corps dans les rets d'un discours philosophico-sociologico-politique que de trouver sa justification dans des expressions plus modernes, en contradiction apparente avec les valeurs traditionnelles. Je pense particulièrement ici à l'investissement de la musique par ces adolescents qu'aucune disposition particulière ne porte vers une recherche artistique. L'intellectualisation a depuis quelques décennies désinvesti les sphères célestes pour des idéologies plus sonores. On pourrait, bien sûr, voir dans cet appétit quelque chose d'une re-création du rituel initiatique échappant à l'adulte, d'un mode de communication ésotérique et qui perpétue les fonctionnements auto-érotiques de l'enfance, à distance d'une censure parentale qui ne peut pas être opérante puisque l'objet lui échappe. Mais j'y vois plutôt une dérive de l'intellectualisation, une tendance à investir la création artistique « comme si », pour donner le change à une impossibilité de création. Si la musique n'a en fait jamais eu autant de supporters qu'aujourd'hui, c'est parce qu'elle rassure, dans les identifications groupales qui y fonctionnent – sur un statut souvent bien précaire. L'intellectualisation, ici, consiste à se nourrir de rémunérations sonnantes et trébuchantes, à idolâtrer ou à haïr, à s'abîmer ou à s'exalter dans l'idéologie de l'autre, de la star.

Dans ces mouvements le corps peut avoir le devant de la scène, alors qu'il est dans les coulisses des discours philosophique, politique ou religieux lesquels gèrent le corps pulsionnel chacun à leur manière.

Le corps peut s'agiter, vibrer et se donner ainsi l'illusion de maîtriser son changement. Il me semble qu'il est le plus souvent un appendice d'un corps collectif idéalisé, se justifiant d'une idéologie qui véhicule l'idée du changement, voire de la rupture, mais ne peut pas faire le deuil de ce qui se dérobe à son corps adolescent et instaure le changement malgré lui.

L'intellectualisation est une défense directement au service du narcissisme du sujet ; même dans ses formes impures, bâtardisées par le culte des pensées dominantes plus que par l'amour stérile de la rhétorique, le jeune peut y retrouver une image de soi plus solide et des objets extérieurs prothétiques qui vont pouvoir suppléer aux objets internes défaillants. C'est une procédure suspecte, lorsqu'elle résume le travail de l'adolescence dans l'aménagement d'un faux moi subordonné à des discours dominants sans authenticité, mais c'est une défense qui peut être tout à fait adaptée et permettre la mise en place progressive d'un espace de pensée propre dans lequel prendront place de nouveaux objets.

Une autre manière, *a contrario,* de faire taire le corps, c'est de ne pas penser, c'est de se dépenser.

La recette était d'ailleurs fort utilisée au XIXe siècle par les médecins et les éducateurs, et elle a laissé des traces teintées de nostalgie chez bien des parents et éducateurs qui supportent mal les positions passives de leurs adolescents et persistent à penser que l'équation sport = santé était une panacée.

L'exercice physique est de longue date le moyen le plus sûr de dériver l'excitation sexuelle de la puberté. Freud relatant[8] en 1899 une observation d'hallucinations et de terreurs nocturnes chez un adolescent, rappelle que la plupart des praticiens de l'époque pouvaient aisément se persuader que les difficultés de l'adolescence « cédaient après un séjour à la campagne, en raison de l'exercice et du recouvrement des forces ». Il s'agissait somme toute de fermer pudiquement les yeux sur les sources d'excitation génitale du jeune Albert, le bon air et la gymnastique étant supposés faire le reste.

Il est inconstestable que l'effort apaise la tension, qu'une « saine » fatigue peut induire le sommeil avant les assauts des représentations sexuelles et des tentations masturbatoires ; il est incontestable aussi que le sport, prescrit comme un remède aux achoppements de l'adolescence, est généralement un vœu pieux, sauf à être investi par le jeune lui-même comme une pratique narcissisante, une défense lui permettant de restaurer la fonction narcissique des objets qui se sont dérobés.

Car, ce dont il s'agit, c'est de donner à ce corps-là une représentation qui le fasse échapper aux pièges incestueux et lui permette tout de même de s'assurer d'un repère. Or, quel plus sûr repère que l'investissement de son corps ? Quel meilleur étai, en absolu, que soi-même en son corps ?

---

8. FREUD S., *L'interprétation des rêves,* PUF, 1967, p. 498.

Ce n'est pas « le sport comme pratique pathologique » que je souhaite aborder ici, mais je voudrais tenter de cerner ce qui caractérise le moment où le sport devient un investissement pathologique du moi au lieu d'être une défense au service de la consolidation narcissique de l'adolescent.

A priori le sport n'est pas une gestion suspecte du corps, il est au contraire une activité dans laquelle la culpabilité inhérente à toute recherche de plaisir se dédouane spontanément du prix de l'effort : ce n'est pas une mince affaire.

Au sens étymologique du terme, on effleure cependant une connotation qui pourrait problématiser la notion d'effort : le concept est dû en effet à une aphérèse de *disport,* qui en vieux français signifiait amusement, jeu ; le sport, au XVIIIe siècle, participe plus de la fête, de la détente, que de l'effort mis au service de la compétition ou de la recherche d'un exploit. On voit bien combien les pratiques actuelles ont modifié l'espace de définition de l'affaire : en moins de deux siècles, le mot s'est vidé de sa première substance et, si l'on regarde le phénomène avec quelque honnêteté, avouons qu'il évoque quelquefois des investissements qui auraient plus à voir avec la pulsion de mort qu'avec celle de vie.

Nonobstant, la pratique du sport, volontaire, non contrainte, est au service de la maîtrise pulsionnelle dans la mise en exergue d'une image d'un corps (non d'une représentation, car celle-ci fonctionne dans la réalité) qui va chercher à se substituer au moi.

Anna Freud a décrit sous le nom d'« ascétisme » une défense que l'on a déjà évoquée en explicitant l'abrasement pulsionnel vers lequel tendent certains adolescents : l'aversion contre ce qui vient du corps rappelant les conduites de certains fanatiques religieux. On pourrait penser que c'est ce dont il s'agit lorsque l'on rencontre ces jeunes dont je parle, adeptes d'une nouvelle mystique sportive. En réalité, si l'investissement du sport a, dans ses excès, à voir avec le rejet pulsionnel et l'abrasement progressif des représentations susceptibles de redonner corps à la pulsion, je crois qu'il a un autre sens dont la schématisation suivante n'épuisera pas la complexité, mais la dégrossira.

1) Le sport, ou l'exercice physique, substitue à la fonction défaillante de l'objet narcissique, lequel est irreprésentable, une représentation narcissisante du corps qui va ainsi pouvoir étayer le moi.

La fonction narcissique de l'objet s'étaie sur la perception et sur l'appréhension de la réalité, et se résume en un sentiment de sécurité qui recouvre le sentiment d'existence. Mais, l'objet en cette fonction est-il figurable ? Non, car pour remplir cette fonction, il ne peut être le support d'aucune conflictualité. Si j'essaie de me représenter ce qui pourrait donner image à cette fonction irreprésentable, j'ai envie de ne garder que la partie bonne de la mère ou du père. Je perçois en quels paradoxes je m'aventure ; outre que de tenter d'imager l'irreprésentable, je prétendrai isoler d'un sujet une partie qui ne prend sens que confrontée à son contraire et appréhendée dans un tout…

Freud a mis l'accent sur la fonction de la perception pour le moi, et c'est une remarque suffisante pour autoriser à penser que la fonction narcissique de l'objet s'étaie sur la sensorialité.

Si l'objet, en sa fonction narcissique, était représentable, il serait susceptible de susciter des affects de plaisir ou de déplaisir qui lui conféreraient par là un statut d'objet libidinal, support d'ambivalence. Or, l'objet, en sa fonction narcissique, n'est pas ambivalent : il est.

2) Le sport, ou l'exercice physique, n'exclue pas la pensée mais privilégient hautement le fonctionnement secondarisé (même s'il se limite au chronométrage) : en ce sens on rejoint la défense ascétique, dont la visée serait l'évitement, non seulement de fantasmes incestueux, mais de tout ce qui peut, du côté de l'imagerie consciente, rappeler l'évidence que la pulsion existe et cherche satisfaction. Cependant, il existe dans la pratique du sport une réalisation substitutive de la satisfaction pulsionnelle : l'exemple le plus manifeste est sans doute celui de la tauromachie, expression, on ne peut plus crue, de la lutte pulsionnelle. On pourrait la dire auto-érotique[9], même dans les pratiques de groupe, si n'était ce que l'on repère systématiquement chez ces adolescents dont je parle, à savoir le besoin de se dépasser dans la recherche de l'exploit. Or, l'exploit a deux connotations : celle, narcissique, du besoin de restauration

9. FREUD S., *Trois essais sur la théorie de la sexualité*, Paris, Gallimard, 1975, p. 182. « On sait que l'éducation moderne fait grand usage des sports pour détourner la jeunesse de l'activité sexuelle. Il serait plus juste de dire qu'elle remplace la jouissance spécifiquement sexuelle par celle que provoque le mouvement et qu'elle fait régresser l'activité sexuelle a une des composantes auto-érotiques. »

d'un moi grandiose, et celle, non moins narcissique, mais combien plus mortifère, de l'ivresse dans l'épuisement. Tout se passe comme si, pour ne pas penser son corps, le jeune (et des moins jeunes) le mettait au défi de lui signifier ses limites, non pour se garder de les atteindre, mais au contraire pour s'y confronter et les abolir. On sait l'ivresse des joggers, des alpinistes, des plongeurs, la griserie du ski, de la voile. J'ai pu repérer chez de nombreux adolescents, apparemment bien dans leur corps parce que sportifs, cette recherche des limites comme une manière de mettre leur moi à l'épreuve de leurs muscles, pour se confirmer dans l'idée d'une possible réductibilité du sujet à son corps et de la prééminence de la notion de besoin sur celle du désir.

Mais cela ne va pas sans témoigner d'une incapacité d'intégration de la sexualité qui s'évite au prix souvent de risques vitaux.

Ce corps-là ne me semble pas pouvoir consolider le moi, parce qu'il est dans la logique de la démesure et de la déraison. L'épreuve ne vient pas renforcer l'éprouvé d'un sentiment de sécurité, mais a continuellement besoin, chez ces sujets, d'être ré-éprouvée, comme si le corps s'était déployé sur le moi pour en masquer la définitive fragilité.

Un nom ici me poursuit, un exemple, celui de Rimbaud qui écrivait aux siens le 5 mai 1984 : « J'ai même toujours vu qu'il est impossible de vivre plus péniblement que moi » ; ce n'est pas le lieu d'un questionnement ou d'une recherche, juste celui d'une illustration que d'aucuns considéreront comme pertinente, d'autres comme injurieuse au souvenir du poète : je fais mienne l'hypothèse d'Alain de Mijolla[10] quand il dit : « Ce ne serait pas l'Arthur Rimbaud de la période poétique qui aurait erré à travers les pays pour se fixer en Afrique, mais un autre personnage psychique ayant un rapport inconscient avec son père. » Or, ce personnage-là, qui a cessé toute activité littéraire hormis une correspondance avec les siens depuis 1875, s'engage alors dans des aventures physiques dont on sait comment elles se termineront. Sur son premier voyage à Gênes, il envoie aux siens une lettre datée du 17 novembre 1878 où, dans le récit de la traversée du Saint-Gothard, il leur donne à voir la mise à l'épreuve de son corps, qui ne peut se saisir que dans une recherche de sens de son identité.

---

10. De Mijolla A., *Le visiteurs du moi*, Les Belles Lettres, Paris, 1981.

Et cette recherche de sens de l'identité passe pour Rimbaud par le désir de retrouvailles de la fonction narcissique de l'objet paternel, fonction défaillante qu'il faut restaurer avant que le moi ne s'épuise.

Il serait intéressant de lire Rimbaud en essayant de formaliser la « représentance » de son corps qui nourrit ses poèmes, les traces physiologiques qui marquent son écriture ; la corporéité du texte, si je peux m'exprimer ainsi. *Le bateau ivre* condense sans doute l'essentiel des images que je retiendrais comme signifiantes sur ces thèmes. Ceux-ci restent à développer...

Il n'empêche que cette mise à l'épreuve du corps me semble pouvoir être assimilée à une forme d'attaque mélancolique du moi chez des sujets dont le corps a submergé l'espace de pensée pour être en sa sensorialité l'espace de pensée lui-même et la caution de l'être.

Ces modalités de gestion du corps pubère et de ses représentations, dont on voit qu'elles peuvent être transitoires, à visée de consolidation narcissique en cette période de turbulence interne et de fragilisation du moi, témoignent aussi d'un rapport spécifique à la représentation de la complémentarité des sexes. Il s'agit, dans les deux cas, de lutter contre son émergence qui, pour des raisons propres à l'histoire infantile, met en question la toute-puissance du corps ou celle du moi. Le sujet entretient ainsi ses théories sexuelles infantiles et inconsciemment refuse une théorie des origines qui le ferait humain, mais aussi sujet.

Il me semble qu'ici, dans les formes extrêmes j'entends, doit être protégée une construction fantasmatique des origines qui contourne la castration symbolique : ces défenses font le lit d'idéologies nombreuses, de systèmes de pensée ou de non-pensée qui s'originent dans la croyance d'un ordre humain qui pourrait se soustraire à la logique de la procréation, de la différence des sexes et des générations.

Si l'on voit bien, dans les pratiques physiques à risque, l'œuvre évidente ou masquée de la pulsion de mort, on peut à juste titre s'interroger sur les effets pathologiques de l'intellectualisation. Une tendance bien innocente pensent certains, un défaut qui ne fait de mal à personne, penseront d'autres. Je crois au contraire qu'à ne pas pouvoir utiliser ce mécanisme dans le temps limité de la reconstitution de la fonction narcissique des objets, comme il se devrait, le jeune s'installe dans un fonctionnement où il s'illusionne sur l'intégration de la sexualité. À faire montre que l'on a le phallus, ne cherche-t-on pas à faire l'économie de la castration ?

Ainsi rencontre-t-on plus tard de ces adolescents prolongés, dans des états de souffrance narcissique conjuguant le sentiment de ne rien valoir à l'illusion qu'ils portent en eux de détenir la solution de tous les problèmes. L'intellectualisation, au lieu d'être mise au service de la consolidation du moi, s'est constituée en système « comme si ». Le jeune s'est protégé des changements de sa puberté grâce à un système de pseudo-rationnalisations qui lui permettaient de penser que les attributs de la maturité étaient une affaire de discours (ou d'exploits physiques).

L'intellectualisation ne protège pas contre la nécessité d'intégration du corps sexué. La pulsion de mort est ici aussi à l'œuvre. Elle ne cible pas directement l'objet corps en sa matérialité, mais compromet l'achèvement du sujet psychique. Elle ne menace pas directement les fonctions vitales et biophysiologiques : elle exerce cependant son pouvoir de contribuer à entretenir l'illusion que l'identité s'emprunte, alors qu'elle se conquiert.

CHAPITRE VI

LE CORPS FÉTICHISÉ

Plus diversement je me transformais et plus j'étais pénétré de moi.

Rainer Maria Rilke,
Les cahiers de Malte L. Brigge *.

L'adolescent est secret et pudique, parce qu'il sent qu'il est désormais obligé de cacher sa vie intérieure, comme il est obligé de cacher les transformations survenues dans son corps. Jusqu'aux approches de la puberté, l'enfant n'a guère conscience de son corps. Il le découvre, devient narcissique ou inquiet. Préoccupé par les regards et les jugements que l'on porte sur son corps et sur son esprit, il comprend qu'il est en train de devenir un être autonome, il se croit obligé de jouer un rôle et de forger une certaine image de son individualité[1].

Ce très subtile portrait d'adolescent que l'auteur développe sur une quarantaine de pages n'est pas exemplaire en ce sens que l'on pourrait dire aussi que l'adolescent est provoquant, bavard et impudique ; cependant il a le mérite d'introduire à la question importante du regard de l'autre, du jugement, de la manière dont le jeune se vit dans la circularité des relations avec l'environnement.

L'importance de l'environnement, à l'adolescence, a déjà été évoquée, et j'ai tenté de montrer comment les relations qui se nouent

---

* Paris, Seuil, 1966.

1. OLDENBOURG Z., *Le procès du rêve*, Paris, Gallimard, 1982, p. 49.

avec celui-ci renforcent, surdéterminent, parfois atténuent, ou aident à solutionner les conflits internes de la puberté. J'ai évoqué la fonction des objets externes, lorsque le moi se sent dépossédé des objets œdipiens qui lui ont jusque-là servi d'étais. Ce n'est pas la qualité propre de l'objet externe qui le rend plus ou moins fonctionnel, c'est la manière dont l'adolescent peut l'investir comme représentant des objets internes défaillants ; c'est le mouvement entre les objets-moi et les objets-non-moi, comme originant un processus de création spécifique au travail de la puberté qu'il faut ici considérer, et ce mouvement est véritablement dialectique : on ne peut ni privilégier une causalité externe, ni la sous-estimer au profit d'une logique qui ne retiendrait que l'opérativité d'objets intériorisés et stables. C'est la mise en résonnance de ces deux espaces qui crée l'événement subjectif, et l'avènement du sujet.

Ce chapitre abordera la notion d'idéal du moi, et sa fonction à l'adolescence, ainsi que certaines formes de mise en question du corps, qui se subordonneraient plus précisément aux avatars de celui-là.

La notion d'idéal du moi est centrale à la conceptualisation psychanalytique de l'adolescence : peu d'auteurs s'abstiennent d'y faire référence comme si le travail de la puberté, par opposition à l'inévitable de l'événement pubertaire, ne pouvait se théoriser sans lui. Cela ne semble pas faire de doute ; ce qui fait problème, c'est plutôt la difficulté à trouver un consensus sur sa définition et sa fonction. Chacun, confronté à la nécessité de parler de l'idéal du moi, est donc contraint de prendre un risque de pensée, mais dans le cadre de cet essai, il ne peut prendre la forme d'une argumentation de l'état des sources. Je me limiterai donc à quelques considérations, n'en traitant que dans ce qui me semble entrer spécifiquement en résonnance avec mon propos, à savoir le corps de l'adolescent.

La notion d'idéal du moi est apparue dans l'œuvre de Freud en 1914 *(Pour introduire le narcissisme)*. Cependant dans un rapport qu'elle adresse au Congrès des langues romanes, en 1972, Janine Chasseguet-Smirgel s'emploie remarquablement à nous montrer que cette notion figure dans des textes antérieurs, sans être nommée. L'auteur, dans l'exégèse attentive des textes freudiens montre ainsi qu'au fur et à mesure que l'on s'éloigne du texte de 1914, l'idéal du moi implique moins, pour Freud, la projection du narcissisme sur les parents que l'incorporation des parents idéalisés. Mais, l'intérêt de ce rapport est de mettre en évidence que les textes des dernières années ne peuvent résumer ce long parcours, où l'idéal du moi se repère dans la notion « d'impuissance originelle », « d'idéaux inaccessibles », « d'idéalisation », aussi bien que dans les mises en tension des concepts de narcissisme et d'idéal[2]. Si bien que le doute subsiste d'une notion qui aurait trouvé chez Freud un statut métapsychologique indiscutable.

Cette notion d'idéal du moi, constamment présente dans la pensée et l'œuvre de Freud même s'il ne dit pas son nom, est encore entourée de zones d'ombre ou de confusion, parce qu'elle est, pour certains, tirée du côté du narcissisme, pour d'autres, du côté du surmoi, et qu'il s'imposerait donc avant de traiter de sa fonction et de son caractère opératoire, d'être au clair sur ses origines et sa genèse. En fait, il apparaît, que devant la complexité du sujet et l'ampleur des divergences théoriques qu'elle génère, c'est souvent un parti pris théorique réducteur ou polémique qui induit ses applications dans le domaine clinique.

La question qui insiste à ce sujet chez les post-freudiens est d'une part celle de la nature de l'idéal du moi : instance ou représentation, et de manière conséquente, celle de sa constitution. Les travaux les plus souvent cités faisant eux-mêmes référence à des théorisations qui ne font pas l'unanimité (sur le narcissisme par exemple), on comprendra que l'approche que j'en propose ne vise qu'à accrocher ma compréhension de la « fétichisation du corps » à un concept que je ne peux développer ici comme dans le cadre de la recherche qui devrait lui être consacrée. Elle est nécessairement, sinon réductrice, en tout cas résumée.

L'idéal du moi n'est ni une infrasctructure du moi[3] bien que l'on puisse lui reconnaître d'être l'héritier de l'objet narcissique, ni une instance à l'instar du surmoi dont il viendrait, à la puberté, relayer les fonctions, ni une substructure surmoïque[4], même « si l'on voit bien comment surmoi et idéal du moi participent tous les deux des processus d'identification et en sont constitutifs ».

2. CHASSEGUET-SMIRGEL J., « Essai sur l'idéal du moi. Contribution à la maladie d'idéalité », *Revue française de psychanalyse.*
3. LAMPL-DE-GROOT J., *Idéal du moi et surmoi*, International Study of the Child, 1961.
4. GREEN A., NRF, 1983, n° 27.

Helen Deutsch[5] posera, en 1964, le problème de l'incertitude du champ de définition de l'idéal du moi, en termes de dialectique d'une part, entre des positions théoriques : oscillation entre introjection et projection, place des identifications parentales, rapport avec le surmoi, et d'autre part, des positions cliniques qui obligeraient à tenir compte de la notion de facteurs culturels dans le développement des idéaux du moi.

Je crois qu'on peut saisir ici l'illustration de la difficulté à définir l'idéal du moi, et la tentation de se saisir, pour combler les faiblesses actuelles d'une cohérence de la notion, tant au plan théorique que dans le registre de ses applications cliniques, d'éléments qui viendraient se justifier de facteurs culturels. Si j'ai mis l'accent sur le rôle de l'environnement ce n'est pas, je le répète, dans cette perspective. Les objets externes, au moment de la puberté viennent suppléer aux objets internes défaillants, mais ces objets externes ne sont investis que dans la mesure où ils portent les caractéristiques signifiantes (semblables ou contraires) des objets internes dont on se dessaisit. Ce n'est donc pas le champ social qui structure l'idéal du moi, bien que les modèles culturels investis ou rejetés par la famille ou l'environnement portent ou infiltrent les objets qui vont lui permettre de se constituer. Encore faut-il cependant que ces objets aient participé de la constitution du moi, de manière totale ou partielle. Qu'il soit clair que ce n'est pas le « modèle social » qui structure, mais que celui-ci peut cautionner ou problématiser un processus identificatoire par exemple, lequel se joue dans l'institution réduite des premières relations de l'enfant avec les images parentales. C'est donc bien d'une affaire dialectique qu'il est question, affaire dont on voit qu'elle ne peut s'épuiser de la mise en évidence d'une causalité objectivable. L'objectivable, telle la partie émergée de l'iceberg, est évidemment ce qui donne prise à toutes les spéculations d'essence, de causalité. À la limite, c'est sur cet objectivable que se construisent et se généralisent les déterminismes, au mépris quelquefois d'une cohérence épistémologique entre les principes causaux, les conclusions et la méthodologie du discours.

Helen Deutsch pose à mon avis un faux problème, car si le domaine de définition du concept est incertain, c'est moins en raison

5. Deutsch H., « Some Clinical Considerations on the Ego Ideal », *Journal of the American Psychoanalytic Association*, 1964, 12, n° 3.

d'un clivage théorico-clinique où l'on verrait d'un côté, la rigueur abstraite du dogme, de l'autre, les figures concrètes et variables dans lesquelles il se donne à appréhender, qu'en raison d'une confusion entre objet idéalisé et idéal du moi. L'article d'Helen Deutsch illustre, je crois, la confusion à laquelle peut induire la non-intégration dans le fonctionnement de l'appareil psychique de la notion de limite. Certains objets introjectés et projetés – je pense à certains objets phobiques – ne sont pas dissociables en leur fonction d'objets externes – les objets contra-phobiques –, alors que ceux-ci sont, on le sait, des équivalents d'objets internes archaïques dépossédés de leur fonction narcissique et projetés.

La question « instance ou représentation » se double de celle du destin de la pulsion : entre idéalisation et sublimation. Ces points de butée mériteraient de plus longues considérations.

Pour faire bref, c'est à la définition de Francis Pasche[6] que je souscrirai, à savoir que l'idéal du moi est « une représentation investie d'un modèle à réaliser ».

> L'objet idéalisé ne porte pas l'idéal du moi, il n'en est le support que si le projet est de devenir exactement ce qu'il est et d'en rendre ainsi l'existence superflue. Au vrai, son existence l'est devenue dès qu'il a été choisi comme idéal, car il a cessé d'exister aussitôt aux yeux du sujet... L'idéal du moi ne peut être identifié à un objet.

Cette définition me semble lever les confusions qui peuvent exister sur la constitution des idéaux de groupe, comme support de l'émergence de l'idéal du moi. Il n'est pas innocent de le rappeler lorsque l'on a, comme je l'ai fait, insisté sur la fonction groupale dans les identifications de l'adolescent.

Certes, les idéaux du moi sont nourris à des sources extra-parentales, pour Francis Pasche « l'idéal du moi ne souffre pas le singulier, ils sont légion, non seulement ils varient avec l'âge : ils se succèdent, mais de plus, il est aisé d'en dénombrer au même moment, plusieurs, à des niveaux différents, et quelques-uns de même niveau souvent incompatibles ». Cependant ces idéaux sont une création du sujet, et leur fonction est de contribuer « à la transformation du

6. PASCHE F., « Notes sur l'idéal du moi », *Revue française de psychanalyse*, 1973.

sujet par lui-même », à son évolution, à sa maturation, dont le moteur est l'image que le sujet peut avoir de lui-même.

Dans les exemples qui vont suivre je tenterai de montrer que lorsque aucune représentation ne peut être investie comme un modèle à réaliser, c'est un objet externe, concret qui vient se substituer à l'idéal du moi défaillant, un objet condensant un certain nombre de propriétés, qui lui assurent une fonction narcissique, mais dont on saisit bien comment il peut être de l'ordre du leurre ou du fétiche pour la création du sujet. Cet objet est un substitut du pénis maternel, dont l'enfant n'a pu accepter l'idée qu'il ne soit pas, mais cet objet est souvent le corps en sa matérialité, représentante du phallus.

Deux figures me semblent éloquentes de ces achoppements de la mise en place des idéaux du moi : l'une concernera le sujet qui dans le désir maternel, puis dans le sien propre, est à lui-même son propre idéal. L'éprouvé du manque ne l'a jamais effleuré, il est tel ces ballons de baudruche bien gonflés qui tiennent leur sentiment d'existence de la certitude de leur plénitude, et de leur suffisance. Tout a contribué à faire en sorte qu'ils ne rencontrent ni la privation, ni la frustration : ils sont le pénis maternel ; la représentation du pénis maternel (et son introjection) est évacuée car elle viendrait signifier leur non-existence dans la reconnaissance de la castration féminine.

L'autre est celle de ces sujets que la privation, la frustration et la castration mettent en péril de non-existence. Leurs idéaux sont souvent grandioses, leur sécurité narcissique précaire ; la recherche d'objets restaurant cette fonction narcissique est au premier plan de leurs préoccupations et de leur vie fantasmatique. L'incertitude intérieure est leur lot, la peur, leur éprouvé quotidien.

Fétichisme et narcissisme

Je voudrais rendre compte ici de ce qui pourrait trouver sa place dans une élaboration du statut pervers du corps, si n'étaient deux réserves : l'une est qu'à l'adolescence tout investissement, toute symptomatologie doivent être, *a priori,* considérés comme transactionnels ; l'autre, plus discutable, est que la perversion est structuralement au cœur du sujet : non la perversion agie, mais la perversion comme potentialité primaire de se soustraire à l'impératif de la castration. Je ne crois pas qu'aucun destin humblement humain ait jamais échappé aux sollicitations du déni de l'évidence de la castration féminine ou aux mirages de ses effets. Joyce Mac Dougall nous a bien montré, je crois, les conditions de l'organisation psychique perverse, pour que nous puissions aborder la notion de fétiche sans l'alourdir, *a priori*, de connotations psychopathologiques péjoratives.

La notion de fétiche traverse trois domaines de définition :

1) La religion et ses pratiques. Le fétiche est un objet tabou, incarnation d'un esprit[7] d'un prêtre ou d'un ancêtre, et qui pérennise l'alliance des cultes de la nature (le soleil, les rivières, tels ou tels arbres ou plantes) et de l'humain. Pour Tylor, un objet devient fétiche dès lors que l'on croit qu'un esprit l'anime. Le fétiche, ici, a trait à la transcendance et à la permanence d'un principe de vie, Dieu ou Diable, qui ordonnerait le monde.

Cette fonction implique *la croyance* et le fétiche est bien un objet irrationnel en ce sens qu'on lui prête, sans preuve, le pouvoir des technologies et des sciences, quant au maintien de la vie et à la protection contre la mort.

C'est de cet objet initial culturel qu'est issu le fétiche « gri-gri », l'ours en peluche, le talisman, bien que leurs significations religieuses ne soient plus manifestes.

Le fétiche dans cette perspective est une émanation du narcissisme, une projection de quelque chose dont on serait dépossédé, dans un objet qui magiquement restaure la complétude. La fonction du fétiche est essentiellement de protéger contre la souffrance, de prémunir contre les coups du destin, d'entretenir le sentiment d'une invincibilité, voire d'une toute-puissance. Le fétiche est un objet qui garantit l'illusion d'être de la race des dieux.

2) L'économie et la théorisation marxiste du matérialisme de l'échange. Le fétichisme caractérise la dérive de la notion de valeur d'usage, au profit de celle de valeur marchande. L'échange transforme ainsi la chose échangée, en sacrifiant son existence comme objet d'utilité, à l'estimation de sa valeur monnayable. Si cette définition nous écarte de notre sujet, elle a le mérite de mettre en évidence dans le fétichisme une constante à deux visages.

---

7. TYLOR E.B., *Primitive Culture*, 2e édition, 1903.

– L'abstraction de la notion de qualité au profit de celle de quantité. L'utilité d'un produit, sa valeur d'usage autant que la qualité du travail qui aboutit à la création de l'objet s'évanouissent dans l'estimation de sa côte négociable.

– La tendance à masquer un processus (celui de la création économique et de la production) par une traduction de ses effets dans une séméiologie institutionnalisée, où les rapports entre sujets tendent à être traités comme des rapports entre les choses.

Il y aurait donc dans le fétichisme une déviance, une perversion telle que la qualité, l'identité, l'originaire de l'objet seraient définitivement perdus. N'en subsisterait qu'une estimation arbitraire résultant des lois de marché.

C'est une définition qui a le mérite de montrer que toute estimation qualitative dépend peu ou prou des systèmes de production et de leur économie.

Le fétichisme est ici soumission totale aux principes de l'économie sociale et à la logique de sa rentabilité ; pour dire les choses autrement, il caractérise ce qui induit à paraître pour éviter d'être ; ce fonctionnement se repère particulièrement du côté de la pub ou de la mode vestimentaire : « Pour changer, changez de lunettes, etc. » L'économie interne du sujet est traduite en termes de rapports aux choses – son identité est de la même manière chosifiée. C'est une marque de vêtements ou de sous-vêtements, c'est un attaché-case, une marque de voiture ou un bateau. Le fétichisme est la substitution de la chose à la personne.

3) La psychanalyse. Freud y consacre, en 1927, un article important.

Je vais sûrement décevoir en disant que le fétiche est un substitut du pénis. Je m'empresse donc d'ajouter qu'il ne s'agit pas du substitut de n'importe quel pénis, mais d'un certain pénis tout à fait particulier, qui a une grande signification pour le début de l'enfance et disparaît ensuite. C'est-à-dire qu'il aurait dû être normalement abandonné mais que le fétiche est justement là pour le garantir contre la disparition. Je dirai plus clairement que le fétiche est le substitut du phallus de la femme (la mère), auquel a cru le petit enfant et auquel nous savons pourquoi il ne peut pas renoncer[8].

8. FREUD S., *Le fétichisme. La vie sexuelle*, Paris, p. 134.

La psychanalyse accorde une importance essentielle à la découverte par l'enfant de la différence des sexes. Souvent banalisée, la perception par l'enfant de l'existence ou de l'absence du pénis n'en reste pas moins le moment fort à partir duquel surgit la question de son identité et s'organise son désir sexuel, dans le rapport qu'il instaure avec ses parents, avec ceux qui en tiennent lieu, et avec les autres. C'est à partir de cette perception que l'œdipe acquiert sa valeur structurante : choix d'un parent comme support identificatoire, en même temps qu'investissement de l'autre comme objet de désir. Simultanément surgissent autour de cette perception des questions angoissantes qu'aucune réponse ne peut apaiser : celles de la castration et de l'envie du pénis.

Freud dans l'article cité nous explique que le fétichiste est cet enfant qui répugne à admettre que sa mère n'a pas de pénis, qui désavoue la castration féminine, la nie.

> La femme ne possède pas de pénis ; non, ce ne peut être vrai, car si la femme est châtrée, une menace pèse sur la possession de son propre pénis à lui, ce contre quoi se hérisse ce morceau de narcissisme dont la nature prévoyante a justement doté cet organe[9].

Suit dans cet article une explication du déni de la différence des sexes.

Alors que le refoulement faisait disparaître de la psyché l'affect désagréable, le déni, lui, vise exclusivement la représentation de la perception. Le sujet s'arrange pour qu'aucune image ne puisse réactiver le traumatisme de la première perception. Le conflit interne que vit l'enfant et qui oppose le désir de croire en l'existence d'un pénis chez la femme et le caractère insupportable d'une soumission à la réalité de la castration, va trouver un compromis, dont participent les processus primaires, c'est-à-dire l'activité inconsciente du sujet. Ce compromis s'exprime ainsi : « la femme a bien un pénis, mais ce n'est plus celui qu'il était avant », quelque chose d'autre a pris sa place, une chaussure, un sous-vêtement, un bas, un gant : un fétiche « qui demeure le signe d'un triomphe sur la menace de la castration, et une protection contre cette menace[10] ».

9. *Ibid.*
10. *Ibid.*, p. 135.

De plus, ce fétiche, ce leurre qui est un substitut des organes génitaux féminins, « n'est pas reconnu par d'autres ». De ce fait, il est accessible sans difficulté dans l'intimité du sujet et « la satisfaction sexuelle qui y est attachée est facile à obtenir[11] ».

Ces trois ordres de définition se condensent dans l'étymologie du mot « fétiche », initialement adjectif, synonyme d'artificiel, de factice, puis substantif signifiant sortilège, objet enchanté[12].

Cependant, ces définitions dans le registre de la magie, de l'irrationnel, du leurre, de l'objet d'illusion, de l'artifice n'épuisent pas le concept en sa fonctionnalité. Il existe en effet une opérativité du fétiche, bien concrète, qui me semble tout à fait spécifique à l'adolescence et qui serait une défense contre les menaces qui planent sur le moi, soit du côté du débordement pulsionnel, soit du côté de l'effondrement : le terme de défense est peut-être ici inadéquat, étant entendu qu'il s'agit d'une mobilisation, par avance, contre un danger pressenti mais non encore advenu. La fonction du fétiche, pour essentielle qu'elle soit en certains moments de la puberté est *stricto sensu* de l'ordre de l'« offense ».

L'angoisse de castration n'est-elle pas une impossible figuration d'une perte de substance qui peut se vivre comme perte du moi ? La réactualisation de cette angoisse à la puberté ravive non seulement la crainte d'une perte d'amour, mais aussi celle de l'effondrement. L'enfant menacé essaie de donner un sens à son impuissance, le trouve éventuellement dans les identifications au parent homosexuel, mais en tout cas dans la promesse d'une satisfaction ultérieure, différée ; « quand tu seras grand » stimule ainsi toute une activité psychique, dans laquelle la crainte de perdre le pénis se négocie de la conviction qu'un jour il aura le phallus.

Dans le fétichisme cependant, ce n'est pas la réactualisation de l'angoisse de castration qui induit la création du fétiche : c'est le désir de maintenir envers et contre tout un éprouvé de toute-puissance narcissique, qui, s'il était menacé par quelque commerce libidinal, ferait s'effondrer le monde pour le sujet, car il le confronterait à la « non-toute-puissance » maternelle.

---

11. *Ibid.*

12. BLOCH et VON WARTBURG, *Dictionnaire étymologique de la langue française*, Paris, PUF, 1975.

La situation de l'adolescent, en son incertitude intérieure, en appelle ainsi à des stratégies fétichiques pour se prémunir contre des dangers hypothétiques. L'insécurité intérieure n'est plus liée à la crainte d'une quelconque castration « pour de vrai », mais à l'évidence que le moi ne peut exister que dans la création permanente d'objets qui le construisent et lui donnent son sens. Cependant cela n'est pas sans risque, non de perte de substance, mais d'éprouvé d'impuissance ou de sentiment de non-existence.

C'est dans ce désarroi qu'advient la création fétichique. Le fétiche annule l'évidence de la castration féminine, demeure un substitut du pénis. Le garant de l'illusion que l'intégrité du corps et du moi n'est pas menacée est cet objet investi d'un pouvoir magique, créé avant même que n'advienne la représentation de la complémentarité des sexes. L'objet fétiche postule en fait du caractère dérisoire de l'objet complémentaire, puisque le corps, grâce à cette création, retrouve la conviction de sa toute-puissance.

La fonction fétiche du vêtement

Il existe à l'adolescence, plus qu'aux autres âges de la vie, une véritable religion du vêtement. Cela n'a pas toujours été ainsi : au XIXe siècle encore, l'habillement était fonction de l'appartenance de classe, et dans cet espace le jeune se vêtait... de la tradition.

Il faut bien admettre que l'uniforme qui écrasait les individualités, opprimait les désirs de différenciation, d'originalité, n'a plus de raison d'être dans une société où l'on prône sinon le culte, en tous cas l'expression et l'exploitation de valeurs individuelles. L'uniforme rejeté comme signe visible d'appartenance à un milieu, à une institution perd ainsi sa fonction identifiante.

Paradoxalement, dans cette aire de liberté vestimentaire se recréent de véritables sectes : l'habillement, la « fringue » est l'indice identificatoire qui permet le repérage de ces congrégations insolites, bâties sur le sable d'une insécurité massive et non dite. La constitution de ces groupes répond à un certain nombre de règles : le partage d'idéaux communs, la définition d'une certaine manière d'être entre soi ou avec les adultes etc., mais il m'est apparu que ces bandes d'adolescents tenaient leur cohésion, moins du fait de valeurs partagées au plan idéologique ou esthétique, par exemple, que du fait du sens qu'ils accordent au vêtement, dont la vertu magique éponge leur insécurité à partir du moment où il devient un « uniforme ».

Il y aurait un temps pendant l'adolescence où l'habit fait le moine et le strass, la star. Et cela est normal.

Le vêtement est ici une seconde peau, investie de manière tout à fait irrationnelle en apparence, mais logique si l'on se réfère aux désirs inconscients du jeune, qui donne une certitude identitaire. Il s'agit d'étayer un narcissisme fragilisé par des objets dont la vertu de réassurance est absolue ; on voit bien comment le vêtement ici commerce avec le fétiche.

Ce commerce de l'accessoire ne dure généralement pas. Sa fonction est de sécuriser alors que s'intériorisent les idéaux du moi, auxquels s'accrocheront les projets futurs, à distance des idéaux parentaux. La « fringue » a une vertu protectrice. Elle est aussi un contenant du corps, de ses éprouvés nouveaux et singuliers. Ainsi semble-t-elle capable de tenir à distance les menaces qui pourraient venir du monde extérieur, aussi bien que d'empêcher le débordement de ce qui est vécu de manière intime.

Nul mieux que Rainer Maria Rilke dans *Les cahiers de Malte* n'a décrit cette magie du vêtement.

> J'éprouvai alors l'influence que peut, sans autre intervention, exercer sur nous une tenue déterminée. À peine avais-je endossé l'un de ces vêtements que je devais avouer qu'il me tenait en son pouvoir : qu'il commandait mes mouvements, l'expression de mon visage, oui, jusqu'à mes idées ; ma main, sur laquelle tombait et retombait la manchette à dentelles, n'était nullement ma main habituelle ; elle se mouvait comme un acteur, oui, je pourrais même dire qu'elle se regardait faire, si exagéré que cela puisse paraître. Les déguisements n'étaient d'ailleurs pas poussés assez loin pour que je me sentisse devenir étranger à moi-même ; au contraire, plus diversement je me transformais, et plus j'étais pénétré de moi. Je devenais de plus en plus hardi ; je m'élançais plus haut ; car mon adresse à me ressaisir était indubitable. Je ne sentais pas la tentation qui me guettait sous cette impression vite croissante de sécurité. C'en fut fait de moi lorsque la dernière armoire, que j'avais cru jusque-là ne pas pouvoir ouvrir, céda un jour pour me livrer, au lieu de tenues bien déterminées, tout un vague attirail de mascarade dont le fantastique à peu près me chassait le sang à la tête. Il n'y a pas moyen d'énumérer tout ce qui se trouvait là. Outre une bautta dont je me souviens, il y avait des dominos de différentes

couleurs, il y avait des robes de femmes où cliquetaient des piécettes cousues ; il y avait des pierrots qui me semblaient bêtes et de larges pantalons turcs et des bonnets persans d'où s'échappaient des sachets de camphre et des cercles dorés, garnis de pierres stupides et inexpressives. Tout cela, je le méprisais un peu ; c'était d'une si indulgente irréalité et cela pendait là, si dépouillé et si pitoyable, et s'affaissait sans volonté lorsqu'on le tiraillait au jour. Mais ce qui me transportait dans une sorte d'ivresse, c'étaient les amples manteaux, les étoffes, les châles, les écharpes, tous ces grands tissus souples et inemployés qui étaient doux et caressants, ou si lisses qu'on pouvait à peine les saisir, ou si légers qu'ils passaient à côté de vous comme un vent, ou simplement lourds de tout leur poids. C'est en eux seulement que je distinguai des possibilités vraiment libres et infiniment variables : être une esclave qu'on vend, être Jeanne d'Arc, ou un vieux roi, ou un sorcier ; tout cela, on le tenait en main [13].

Cet extrait de Rainer Maria Rilke reste exemplaire de la fonction transformatrice du vêtement : « plus diversement je me transformais et plus j'étais pénétré de moi », mais il illustre aussi magistralement combien le vêtement modifie l'éprouvé narcissique du sujet : « plus j'étais pénétré de moi »... exprime ce que Georges Amado appelle « la conscience d'être ». La transformation évoquée va dans le sens d'une restauration de l'objet narcissique, comme un pansement magique qui oblitérerait toute évocation d'une possible retaliation. Cette fonction a bien à voir avec celle du fétiche.

Mais, il existe à mon avis un autre type de fétichisation du corps, qui, pour n'avoir pas une signification fonctionnelle différente, me semble cependant plus largement dépendant du fonctionnement social et des valeurs culturelles. Elle résumerait la définition économique de la notion de fétiche. On sait la sensibilité des adolescents aux standards proposés par les médias : ce que l'on mesure plus difficilement, c'est leur degré de liberté par rapport à ces modèles et leur capacité de discrimination de ce qui leur appartient en propre comme désir, et ce qu'ils peuvent imaginer d'une norme à laquelle ils devraient se soumettre pour être reconnus et se reconnaître. Ce qui est difficilement estimable, c'est ce qui participe d'un choix emblématique authentique ; la fragilité de *leur sentiment d'existence* les amène en effet à expérimenter la réalité en la diversité de

13. RILKE R.M., *Les cahiers de Malte, L. Brigge*, Œuvres I, Paris, Seuil, 1980.

ses modèles, pour accroître leur certitude quant à un sentiment d'existence.

Notre culture développe à l'insu des individus, et des adolescents en particulier, des modèles où l'*avoir* prévaut comme emblème de l'*être*[14]. Or, l'avoir est chosification de l'être, désir de substitution d'un insigne extériorisable, représentant une certaine valeur, à une image interne éprouvée inestimable et porteuse d'incertitudes douloureuses.

Le corps subvertit l'authenticité de ses désirs propres aux exigences de modes éphémères qui lui donnent, l'espace d'un court instant, la certitude d'exister ou la « conscience d'être ». Cette soumission aux modèles des autres n'a rien à voir avec la plasticité séductrice de l'hystérique, car ici, ce n'est pas le désir de l'autre sujet qui vous confère une identité, mais la valeur d'une chose possédée reconnue comme emblème existentiel par l'autre.

Cette fétichisation-là est offensive plus que défensive : le corps-chose, le corps-gadget se prémunit par avance d'avoir à éprouver le vide d'être en s'entourant d'objets qui lui confèrent non seulement un sentiment d'existence, mais aussi la conviction qu'en possédant l'objet, il possède les attributs de l'objet. Au hasard d'une bribe d'émission de télévision, j'entendis un jour l'interviewé répondre à l'animateur de la séquence qui l'interrogeait sur ses goûts : « J'ai plus de plaisir à acheter une belle raquette de tennis qu'à jouer, plus de plaisir à me faire faire une piscine qu'à nager. » Les attributs de l'objet sont saisis par le sujet comme des attributs propres, des insignes qui lui confèrent une valeur, sinon une identité.

Le système social ne crée pas ce besoin-là ; il est là dans l'incertitude intérieure, le vide d'objets qui ont marqué les premières relations infantiles, et se repère au cours du développement. Cependant, une certaine évolution des modes culturelles va dans le sens du développement des privilèges de l'avoir sur la nécessité d'être, et cela n'est pas indifférent aux adolescents en recherche de modèles et de supports à leurs idéaux.

Les adolescents ne sont pas insensibles à cette tentation de chosification de leur être ; la chose, vêtement, objet deviennent

---

14. Je m'appuie ici sur les travaux déja cités de Georges Amado, et en particulier sur l'introduction de *De l'enfant à l'adulte ; la psychanalyse au regard de l'être*, Paris, PUF, 1981.

l'insigne d'une identité qui reste à conquérir, mais cette évidence-là n'apparaît que si le vêtement, l'objet, la chose se dérobent, laissant se déployer le vide intérieur.

Il arrive aussi que la fétichisation partant de l'objet ou du vêtement se rabatte sur une partie, un morceau du corps.

Qui n'a jamais rencontré de ces adolescents affublés de manière excentrique, fringués de pelisses ou de dentelles quasi séculaires ou sapés de jeans volontairement troués ? Qui n'a jamais rencontré de ces jeunes qui transpirent l'été dans des godillots de parachutistes, et se gèlent l'hiver dans des tennis ? Qui n'a jamais rencontré de ces bandes qui sacrifient au cuir, aux clous, au noir en plein été comme d'autres aux tenues coloniales en plein hiver ?

Question de mode, disons-nous. Le temps d'une quête d'identité à travers l'image qu'ils se donnent : recherche à la fois d'une adéquation entre la représentation qu'ils ont de leurs corps et la reconnaissance de celle-ci par le monde des adultes. Tous doivent y passer ; quelques-uns s'y attardent, certains s'y installent.

Ces derniers associent généralement à cet investissement de harnachements outranciers un intérêt particulier pour une partie de leur corps : le cheveu par exemple sera rouge carotte ou multicolore ; l'oreille ou l'aile du nez deviendront les supports d'une quincaillerie tintinnabulante. Le visage, les bras, le dos des mains peuvent être tatoués.

L'ensemble donne rarement l'impression d'une visée esthétique ; plus souvent celle d'une recherche forcenée d'un style, d'un « look », qui ne témoignent pas pour autant d'un bien-être du corps. Tout au plus peut-on dire qu'ils sont des artifices qui en camouflent la souffrance. La différence sexuelle s'efface derrière ces leurres. Il faut admettre dans l'insistance, la persistance de ces accoutrements, de ces maquillages outranciers qui sont de véritables masques, le signe d'un désaveu du corps dans sa réalité et sa sexuation. Le corps fétichisé est un corps qui tend ici à faire la preuve que la castration n'existe pas. Non pas la castration comme privation réelle et objective du pénis, mais la castration comme éprouvé du manque, comme renoncement à la toute-puissance de l'enfance.

Ce corps exhibé dans un morceau de lui-même, tatoué ou fétichisé renvoie, je crois, à d'autres significations que celles que j'ai évoquées dans les exemples précédents.

Copier l'autre, le rapter imaginairement en calquant son allure et ses fripes, donne aux jeunes le sentiment précaire mais magique du double. Le comportement tout entier peut être ainsi conjugué sur le mode de l'emprunt. De la démarche à la manière de danser, de parler, de voir, « de dormir » : (les rituels du coucher de Mickaël Jackson ont, dit-on, été copiés par des centaines d'adolescents américains qui voyaient dans le caisson d'oxygénation dans lequel il s'enfermait la preuve d'une vie saine, protégée des pollutions).

Dans le cas du tatouage ou de l'exhibition d'une partie du corps, comme représentant le tout, ce n'est pas d'une recherche d'identité par procuration qu'il s'agit, mais bien de la négation du corps, qui pourrait se réduire à une de ses parties pour se signifier. Le fétichisme trouve ici une limite au déploiement de ses formes.

De tous temps ces frénésies vestimentaires ont bousculé l'ordre bourgeois de l'habillement. De la bohème aux zazous, l'adolescence s'est affirmée dans la rupture avec la tradition établie. Il y a cependant une nuance, voire un fossé, entre la recherche d'un style et l'extrémisme du déterminisme fétichique. Celui-ci est provocant et outrancier, certes, mais ces connotations seraient normatives et sans grand intérêt si on en restait là. Il se double, le plus souvent, d'un discours qui refuse la loi, celle de la différence des sexes et des générations et il signifie, que dans l'inconscient, la représentation du corps sexué n'a pas intégré la complémentarité des sexes géniteurs. Il signifie aussi que la logique du plaisir, s'il inclut l'autre dans une pseudo-génitalisation, ne le reconnaît pas comme autre différent. Tout au plus lui accorde-t-il le statut du leurre, du fétiche qui, sur son propre corps, vient rappeler à la fois son horreur de la castration. La position magique, artificielle, lui permet de désavouer celle-ci. Que le sexe de la femme lui soit montré, il (elle) ne niera pas l'évidence de son dégoût devant ce qui manque ; il (elle) s'arrangera pour investir l'appendice pénien dans un substitut exhibé. Le cheveu barbouillé, le lobe de l'oreille appareillé ou l'épaule tatouée. Pour le fétichiste le tour sera joué. Le traumatisme de la castration sera épongé.

La fétichisation du corps à l'adolescence peut être transitoire : « comme si, mais tout de même pas ». Elle signe, on l'a vu, la difficulté de l'être, de l'accession à l'identité. Elle peut être l'effet pervers de l'organisation sociale : les idéaux qui s'offrent à l'adolescence sont des valeurs marchandes, des produits de consommation qui se gèrent dans un marché de dupes. Elle peut aussi être le signe que quelque chose de la castration est trop horrible pour être intégré. Tout cela bien sûr est imaginaire, mais les peurs qui resurgissent à l'adolescence sont celles que l'enfant n'a pas pu mettre en mots ; elles ont laissé trace dans la psyché du sujet, elles se réveillent, se recolorent à l'occasion du bouleversement pubertaire. Elles sont toujours là, et le sujet pour y faire face retrouve, dans la répétition, ses stratégies anciennes.

Le sexe de la femme est horrible, dégoûtant, qu'importe ; ce qui est la femme, ce n'est pas ce cloaque traumatisant, c'est ce petit quelque chose d'autre, ce mouchoir parfumé, cette épingle à chapeau, cette bague, ce bracelet ! Et si le fétichiste désavoue ainsi l'évidence de la castration, pourquoi ne pas l'exprimer symboliquement, et affirmer dans l'hyperintérêt qu'il porte à un morceau de lui-même, qu'il est bien entier, qu'il ne lui manque rien. Ce qui lui importe, qu'on le sache, c'est cette partie de lui-même dont vous pouvez à la limite détacher tout le reste... La fétichisation du corps pose essentiellement le problème de la fonction narcissique de l'objet. Le déni de la castration en cette forme signe l'incapacité du sujet à appréhender quelque chose du manque, sauf dans un dessaisissement de lui-même où l'incertitude ferait place au vide. Le fétiche ici masque le vide, comme un arbre cache la forêt ; il ne le comble pas, il ne peut pas le combler puisque le fétichiste en ignore en lui-même l'existence.

C'est peut-être là où se situerait la différence entre la problématique fétichiste et la problématique phobique, si l'on peut admettre que l'objet contra-phobique n'est pas sans lien de parenté avec un certain objet fétichique.

Les achoppements de la fonction narcissique de l'objet résument en fait bien des pathologies du corps inscrites comme potentialités dans l'histoire archaïque et primaire du sujet, et que la puberté va colmater ou au contraire contribuer à réactiver en fonction de la cohérence des mécanismes de défense qui vont prévaloir, mais en fonction aussi de la réalité des étayages externes qui vont pouvoir accompagner le jeune dans ce périple qu'il doit accomplir malgré lui.

Cette fonction originaire de l'objet, source du sentiment de sécurité mais aussi de la certitude d'être, m'est apparue comme déterminante en une forme de ses avatars qu'est la phobie comme symptôme.

Elle s'étayait sur la perception et sur l'appréhension du réel ; avant d'halluciner la satisfaction du désir, il est nécessaire d'avoir éprouvé la satisfaction du besoin. En ce sens, on pourrait dire que le moi, avant d'être une instance est un affect, condensant l'éprouvé de la sécurité et du sentiment d'existence.

Mais l'objet, en sa fonction narcissique ne serait pas figurable, représentable, car il ne peut être le support d'une conflictualité quelconque. Si l'objet est représentable, il suscite des affects de plaisir et de déplaisir qui lui confèrent le statut d'un objet libidinal ambivalent. Or, l'objet, en sa fonction narcissique, est là pour restaurer le moi-plaisir primitif. Ce sont les carences de la fonction narcissique de l'objet qui justifient l'émergence des pathologies fétichique ou phobique.

Dans la pathologie fétichique, la fonction narcissique de l'objet est absolue. L'objet ne peut être aimé et haï parce que ce faisant, il indique sa faillibilité et laisse pressentir l'espace du manque à combler. Si j'ai pu dire que le fétichisme est une offense et non une défense, c'est que le sujet fétichiste « est la toute-puissance ». L'offense est une offense à Dieu, représentation imaginaire de cette toute-puissance à laquelle l'humain ne saurait prétendre. Le fétichiste en ce sens signifie qu'il ne saurait tolérer un quelconque investissement libidinal qui affecterait de façon déplétive un narcissisme absolu sur lequel s'est édifié le sentiment d'existence. Le narcissisme du fétichique n'a jamais été menacé et ne peut l'être parce que de manière préventive le sujet s'est construit un appareillage qui le dispense de vivre pareilles menaces.

Dans la pathologie phobique, le sujet sait l'épreuve du renoncement au moi-plaisir primitif. L'investissement maternel ne lui a pas laissé d'illusions. La castration primaire est là, et si le phobique cultive des fantasmes de toute-puissance, même sur un mode masochique, il sait l'ambivalence de l'objet. C'est au moment où l'objet perd sa fonction narcissique que se créent les conditions d'une situation phobogène ou d'une phobie : je signifie par là que la première est un tableau d'effondrement narcissique de type psychotique et que la seconde témoigne des capacités d'élaboration de la situation dont va venir témoigner la constitution de l'objet phobique. L'objet contra-phobique apparaît ainsi comme l'objet subjectif, ou objet déjà-là assumant à l'extérieur la fonction défaillante de l'objet narcissique.

Si l'on tente une mise en relation de la problématique fétichique et de la problématique phobique, c'est de la dysmorphophobie qu'il faut tenter de rendre compte.

Il n'y a pas d'adolescence sans phobie, sans émergence à un moment ou à un autre d'une problématique phobique. Certes, il existe une typologie de cette problématique qui peut être tout à fait discrète et passer inaperçue : c'est l'évitement d'une situation ou d'un objet vécus comme persécuteurs par l'adolescent, mais dont il nous dira qu'ils sont sans intérêt. Dans le domaine qui nous concerne, tout ce qui touche aux activités du corps est particulièrement décrié. Ce peut être aussi la peur de la foule, de l'espace, et on a l'impression alors, que l'objet persécuteur embolise l'espace de la vie quotidienne : l'exemple des phobies dites scolaires est ici particulièrement éloquent. C'est enfin la peur de son propre corps et des menaces dont il est porteur.

L'espace de la problématique phobique se déploie ainsi à l'extérieur, à la recherche de son objet, jusqu'à se concentrer sur la surface restreinte du corps, prise comme objet persécuteur, confondue avec l'objet persécuteur au point qu'il s'agira dans les psychothérapies de ces problèmes de tenter de sauver ce qui, du sujet, échappe à cette entreprise destructrice, pour tenter de constituer un objet contraphobique qui permettra l'élaboration de la situation pathologique.

Je n'hésite pas à centrer l'élaboration de la phobie dans le cadre du narcissisme. Elle vient en effet témoigner de la fragilisation du moi, voire de la faillite de sa fonction et de l'inopérativité des défenses antérieures en face des situations qui portent en elles le risque de confronter le sujet à son impuissance.

Le problème cependant se complique du fait que toutes les problématiques phobiques sont accrochées par le patient ou par l'entourage à une histoire traumatique, qui généralement leur donne immédiatement un sens dans un conflit d'instances. Dans toute histoire phobique, il y a toujours un événement ou des fantasmes significatifs qui dispensent le thérapeute de sortir de la configuration œdipienne et des figures du désir de séduction. Il se trouve cependant qu'hormis les phobies d'objets nommés, et encore, la théorisation de la problématique phobique ne peut se faire dans le cadre strict de la névrose de transfert. Si la question de la représentation et du fantasme ne peut être laissée pour compte, elle est secondaire à celle de la menace qui plane sur le narcissisme du sujet, sur son sentiment d'existence, sur son éprouvé de sécurité.

La phobie à l'adolescence est un symptôme qui vient signifier l'impuissance du moi à gérer l'afflux pulsionnel de la puberté, et ce, dans la mesure où le moi n'a pas à sa disposition les éléments qui lui permettraient de traduire dans un réseau d'images et de représentations adéquates le trouble interne. Mais la phobie ne va se « rabattre sur le corps », ne concerner le corps que dans des cas bien particuliers où l'espace vital se restreint à l'espace corporel.

On pourrait y voir un effet des avatars de « l'espace transitionnel » de Winnicott dans la mesure où ce qui semble en question ici est de l'ordre de la confusion entre les objets internes et externes, ou de l'indifférenciation d'un espace moi-non-moi. Le dysmorphophobique ramasse sur son corps tout ce qui devrait trouver à se déployer dans l'espace externe, confondu avec lui. L'espace de création est son corps, espace énigmatique si l'on ne prend pas en compte que la seule fonction de l'objet est ici narcissique.

L'adolescent phobique de son corps n'est pas une espèce rare. La dysmorphophobie cependant, a souvent, à l'adolescence, des allures transactionnelles : il s'agit de réaménager ses limites, de retrouver ou de trouver une sécurité interne face aux objets extérieurs, et ce mouvement est inhérent au processus de l'adolescence. Mais, les objets de la puberté peuvent être imaginairement tellement menaçants que cette transaction soit impossible. L'adolescent phobique de son corps concentre ainsi l'expression de ses difficultés sur l'espace restreint de sa surface corporelle : ce qui le caractérise est d'être, à la manière des nourrissons dans le langage sensoriel ou moteur, à l'affût du regard de l'autre pour que celui-ci lui confère un éprouvé d'existence.

La dysmorphophobie cependant est rarement silencieuse : l'adolescent dit son malaise en son corps, en actes, ou plus rarement, en mots. En actes, il (elle) fuit les plaisirs physiques, les rencontres des corps dans les activités ludiques, il se vêt de fripes amples et foncées, mais paradoxalement méconnaît le caractère exhibitionniste de son vêtement. En mots, il (elle) se plaint de sa disgrâce, de ses formes, dit souvent sa crainte de la contagion ou de la maladie, comme si s'exprimait là la crainte que le corps ne puisse faire face aux menaces internes et externes censées l'assaillir, mais cette verbalisation est déjà le signe d'une élaboration possible des difficultés sous-jacentes.

Les plaintes peuvent concerner aussi bien le fonctionnement que les aspects du corps. Le dysmorphophobique donne dans son allure, sa tenue, son vêtement, l'impression d'un malaise profond, d'une crainte, d'un effroi quasi persécutif. Il (elle) rougit facilement, ne fixe pas son interlocuteur, transpire de peur, constamment. Il (elle) peut quelquefois parler de son malaise : plus souvent, il (elle) se plaint d'être laid ; il (elle) est peu loquace. L'inhibition de l'expression va de pair avec une inhibition psychomotrice globale [15].

Le tableau est rapide mais chacun y reconnaîtra le portrait jusqu'à la caricature de la maladresse adolescente, à ceci près qu'il est accompagné d'une souffrance impressionnante qui peut amener une réduction progressive des activités, dans une espèce de paralysie envahissante de la capacité d'initiatives, ou des passages à l'acte spectaculaires, qui ont pour fonction de parler de ce qui ne peut être dit, et qui contrastent avec leurs inhibitions habituelles.

Le terme de dysmorphophobie est discuté parce que inadéquat à rendre compte du tableau clinique décrit, qui n'a rien à voir avec la phobie, si ce n'est l'inhibition. Effectivement, en 1886 il fut introduit dans la nosologie par Morselli pour signifier « la crainte d'être ou de devenir difforme ». Par la suite, on put constater que ce syndrome pouvait rendre compte aussi bien de tableaux névrotiques que d'états délirants. En tout cas, il n'avait pas une signification univoque. Ajuriaguerra proposa le terme de « dysmorphoesthésie ». Il ne semble pas avoir fait consensus pour nommer ce type particulier de relation au corps placé sous le signe de la dépréciation et de la crainte. Le problème en effet est de nommer de manière spécifique et non ambiguë ces états généralement transitoires de l'adolescence, pour bien les distinguer d'états assurément pathologiques. À mon avis ce problème est sans doute celui de la quadrature du cercle, car si l'on sait que ces états sont souvent transitoires, on sait aussi qu'ils accompagnent quelquefois des formes d'entrée dans la psychose, qu'ils sont le signe, autant qu'une dépression ou qu'un délire, de ces ruptures qui menacent le jeune au décours du travail

15. Ce sont des adolescents qui, par exemple, cherchent souvent à se faire dispenser de gymnastique au lycée.

d'adolescence. La terminologie est accessoire à partir du moment où elle exprime la relation persécutive au corps. Ce qui est essentiel, c'est la qualité du terrain sur lequel se déploie ce symptôme, et les ressources qui pourront y être protégées.

La dysmorphophobie n'est pas une phobie au sens structural du terme, mais on a vu que les phobies dans leur ensemble échappaient à la modélisation des névroses de transfert. La croyance du sujet en sa laideur ou en sa difformité évoque souvent une conviction délirante, et peut signer une forme d'entrée dans un processus dissociatif. Il n'empêche que, si l'on restitue à phobos son sens étymologique, celui de la crainte, la dysmorphophobie rend bien compte d'une relation de peur à un corps représenté dans le « dys », c'est-à-dire dans ce qui fait obstacle à l'harmonie, au bon fonctionnement des systèmes, dans ce qui porte en lui un risque de rupture.

L'étrangeté du corps pubère génère des représentations et des affects troublants, que le sujet refoule, dénie, désavoue, à moins qu'un commerce moins menaçant ne puisse s'instaurer avec eux.

La dysmorphophobie, elle, met en scène la qualité persécutrice de ces relations au corps. Ce ne sont pas forcément les caractères sexuels qui sont accusés d'être dommageables aux représentations du corps, mais il n'empêche que ce sont ceux-ci qui menacent l'équilibre narcissique de l'enfance. Souligner l'importance de la problématique narcissique à l'adolescence se résume à insister sur la qualité traumatique du bouleversement sexuel, non seulement sur les investissements libidinaux mais aussi sur le sentiment de sécurité acquis tant bien que mal dans l'enfance.

À la différence du corps fétichisé qui exhibe l'appendice coloré, bariolé comme la preuve que la castration n'existe pas, le corps dysmorphophobique refoule le désir d'exhiber celui-ci comme une preuve que la castration ne l'atteint pas.

Le dysmorphophobique est un adolescent qui vit une double problématique par rapport à l'idéal du moi qu'il tente d'édifier : à la fois la peur de ne pas atteindre, par ses propres moyens, l'idéal parental dont la puberté le dessaisit peu ou prou, et une dépression d'idéalité, dans la mesure où il n'est plus accompagné par les modèles parentaux, et ne peut pas faire face à cette perte.

Le dysmorphophobique – si l'on excepte ce qui sous ce terme rend compte des relations délirantes au corps, des sentiments de transformation corporelle – serait en sorte le négatif du fétichiste.

Le traumatisme de la castration est là, mais aucun compromis n'a permis d'en dépasser les effets de peur, de sidération, d'atteinte narcissique. En ce sens, les dysmorphophobies sont plus accessibles à une aide thérapeutique que les cas de fétichisme ; elles peuvent en effet se solutionner de réassurances narcissiques.

Tomkiewicz dès 1967 a montré par exemple l'importance de la photographie dans la restauration de l'image sexuée de ces adolescents, mais – et c'est bien la preuve de l'intimité des liens entre psyché et soma – toute expérience qui rassure le sujet, aussi bien sur ses capacités intellectuelles que sur son image physique sont thérapeutiques. Ainsi, si l'on peut dire qu'un certain nombre de désinvestissements scolaires à l'adolescence sont en fait des conséquences de dysmorphophobies latentes ou patentes, on sait aussi que des succès scolaires, des gratifications intellectuelles permettent aux adolescents de dépasser leur angoisse quant à leur intégrité narcissique et de trouver une issue bénéfique à ces problématiques. D'ailleurs, les désinvestissements scolaires, improprement appelés phobies scolaires, ont plus souvent à voir avec la relation au corps qu'avec la relation à l'objet concret du savoir. Il n'échappera en effet à personne que le savoir n'est jamais qu'un savoir sur soi, sur son corps, sur sa sexualité.

Pourtant les désinvestissements scolaires du jeune sont souvent imputés à la paresse, aux professeurs, etc. Je ne crois pas à la paresse comme système de vie ; j'accepte l'idée d'inhibitions qui paralysent la mise en actes de désirs, mais je crois aux effets négatifs aussi bien que positifs des relations aux adultes, de l'environnement et en particulier aux enseignants. Je crois aussi, que les dysmorphophobies décompensent pour n'avoir pas été repérées par l'entourage comme susceptibles de mettre le jeune en souffrance relationnelle, en particulier dans sa classe. La dévalorisation, le mépris, le jugement négatif, ne sont jamais structurants pour un adolescent.

Ainsi, le dysmorphophobe est plus que tout autre un être qu'il faut aborder avec d'infinies précautions. Sa sensibilité aux jugements est épidermique, sa tendance à se sentir persécuté est systématique, ses perceptions frisent l'irrationnalité et aucun discours objectif n'a prise sur elles. En revanche, toute conduite de réassurance, de gratification engendre une restauration narcissique et peut permettre le début d'un travail d'élaboration de l'intégration de la puberté.

Si l'on tente maintenant de voir la question de la fétichisation du corps dans laquelle j'ai inclus le symptôme phobique comme un effet des achoppements de la mise en place des idéaux du moi, je dirai schématiquement que le fétichique étant à lui-même son propre idéal ne se pose pas la question d'un « quelconque modèle à réaliser ». Il a été entretenu dans la conviction qu'il est tout. La puberté ne peut altérer cette conviction. Le fétichique trouve en lui sa propre suffisance et ne se nourrit que de la création d'objets factices qui entretiennent cette conviction.

L'adolescent phobique, au contraire, a vécu l'épreuve de la castration originaire, mais fantasmatiquement construit des scénarios pour se démontrer que c'est une erreur de parcours, que c'est de la faute de son père ou de sa mère... Ses idéaux du moi, en conséquence toujours démesurés puisqu'ils ont pour fonction de signer le triomphe de l'impossible sur la réalité, sont cependant refoulés, ombrés, pour signer l'image de modestie en laquelle il souhaite être perçu : toute autre image démasquerait de manière dommageable pour son narcissisme, l'ombilic de son désir qui est de transgresser la loi, au prix même de souffrances considérables. Si je ne suis pas Dieu, que l'on me reconnaisse au moins d'être le Christ.

C'est la fonction paternelle, réelle ou imaginaire, qui est questionnée par ces deux figures symptomatiques.

Chez le fétichique, elle est absente jusque dans l'imaginaire maternel, puisque l'enfant peut s'entretenir dans l'idée qu'il est tout, pour lui, mais aussi pour sa mère. On voit ici l'impossibilité structurale d'accrocher un quelconque projet à une situation qui est donnée initialement comme idéale.

Chez le phobique, elle est réellement ou imaginairement insuffisante pour accrocher un désir de séparation de l'image maternelle et de sa fonction narcissisante. Le phobique construit des châteaux en Espagne pour se rassurer sur sa capacité d'être, mais attend, comme il attendait de sa mère qu'on les lui offre en réparation d'une atteinte imaginaire de sa toute-puissance qui se source dans la perception du parent œdipien. On pourrait penser qu'il s'agit ici d'un éprouvé de rivalité qui le déborde libidinalement ; en fait, je crois que si la phobie se soustrait à la modélisation de la névrose de transfert, c'est parce que cette rivalité renvoie le sujet à un éprouvé d'impuissance narcissique tel qu'il n'a même plus le recours de fantasmer le meurtre du parent homosexuel, mais seulement la solution de se sentir dans l'incapacité absolue d'être.

Chez le phobique, c'est l'aménagement de l'idéal du moi qui va permettre une réconciliation avec la réalité. Chez le fétichique c'est l'effondrement de sa conviction d'être à lui-même son propre idéal qui permettra ce même travail.

Du côté de l'émergence de la représentation de la complémentarité des sexes dans ces deux problématiques, il semble que l'on puisse constater les mêmes correspondances. Chez le fétichique, la notion de complémentarité n'existe pas. L'enfant au sein est le sein, objet partiel de sa mère, elle-même résumée dans cet objet partiel. À la puberté le fétichique ne peut pas se représenter qu'il puisse exister un objet quelconque susceptible de restaurer un sentiment d'incomplétude. C'est l'intériorisation de l'objet total qui ouvrirait à l'espace de la castration et c'est ce dont le fétichique a été dispensé au cours de son développement. Si le sexe de la femme est ce petit bout de mouchoir, ce gant, cette médaille, la femme est aussi cet objet, mais en conséquence lui-même n'est que ce petit bout d'objet qui fait si cruellement défaut à l'autre et qui ne peut être reconnu comme tel puisqu'il est le représentant de son identité tout entière. Le sentiment d'existence est accroché à la réalité du pénis ou de son substitut et la fonction narcissique de l'objet est entièrement dévolue à des accessoires. La représentation de la complémentarité des sexes, si l'on peut faire l'hypothèse qu'elle met en scène la perception de deux objets dans leur totalité et leur différence, ne peut donc ici advenir, puisque ni la totalité ni la différence ne sont intégrées.

Chez le phobique, cette représentation peut advenir. Mais de deux choses l'une : ou elle restaure la fonction narcissique de l'objet dans la quasi-conviction délirante qu'elle induit, qu'il existe un objet complémentaire qui peut vous épargner les épreuves de la castration et vous faire accéder à la toute-puissance ; en ce cas, le symptôme phobique se constitue dans un espace qui en permettra éventuellement l'élaboration ; ou elle réactive le sentiment d'impuissance du sujet dans la perception d'une scène qui vous a dessaisi une fois pour toutes d'un éprouvé de certitude intérieure ; dans ce cas la complémentarité des sexes est sinon déniée, en tout cas externalisée, rejetée à l'extérieur comme quelque chose qui ne peut concerner que les autres. Ici l'objet phobique encombre l'espace externe aussi bien que l'espace psychique. L'objet contra-phobique comme témoin d'une fonction narcissique défaillante mais qui cherche ses étais est sans consistance, là, mais sans substance.

Je voudrais conclure ici sur la notion d'intégration qui pour avoir été souvent évoquée n'a pas encore fait l'objet d'une explicitation.

Le concept d'intégration est pluridisciplinaire. L'*Encyclopédie universalis* ne donne pas moins de vingt références de secteurs dans lequel il trouve sa place – pas une ne concerne la psychologie ou la psychanalyse ; pourtant, c'est un terme qui est très présent dans les travaux psychanalytiques, de Freud à nos jours : de l'intégration des pulsions à l'intégration du corps sexué par exemple, et il me semble nécessaire de tenter de comprendre ce qu'il signifie, tant il condense les effets du travail psychique de la puberté.

À l'origine, (XVIIIe siècle) intégration a le sens de restauration d'une intégrité (*de integratio* qui signifie le fait de rétablir). En mathématiques, il désigne depuis Bernoulli l'opération inverse du calcul différenciel (Leibniz utilisait l'expression de calcul sommatoire pour rendre compte de l'opération qui consiste à calculer une grandeur en la considérant comme limite d'une somme de quantités infiniment petites dont le nombre augmente indéfiniment). On retrouve cette notion dans les travaux de Spencer sur l'évolution pour traduire des opérations physiques, telles que le passage d'un état imperceptible à un état perceptible, ou l'accroissement de matière d'un système donné. L'intégration suggère ici une organisation qui devient plus complexe.

À la fin du XIXe siècle, John Huglings Jakson, médecin physiologiste anglais qui s'intéresse aux rapports du cerveau et de la pensée, en fait un concept central à ses théories neuro-physio-pathologiques. Jackson propose ainsi un modèle du système nerveux constitué par une hiérarchisation verticale de centres, dans laquelle la superposition implique nécessairement le contrôle des centres inférieurs ; modèle ou intégration est, comme pour Spencer, synonyme de complexisation ; du plus automatique au plus volontaire, de l'interoceptif au moteur, etc.

Janet s'inspirera de cette théorie et posera l'intégration comme un modèle de santé ; la désintégration comme une figure de la pathologie.

À l'époque de Freud, le concept d'intégration est donc scientifiquement dans l'air, et il traverse les écrits freudiens : mais les notions d'intégration de la libido ou d'intégration des pulsions renvoient moins à la métaphore pyramidale inversée de Jakson qu'à celle d'un lien, d'une cohésion entre les instances du psychique.

En 1936 René A. Spitz développe dans une communication faite à la société psychanalytique de Vienne[16] la notion de tendance à l'intégration.

Elle conduit de l'organique, c'est-à-dire de l'embryologie à la psychologie et au développement... J'envisage les parties constituantes du moi comme ayant pour prototypes des fonctions congénitales, physiologiques, transmises pour la plupart par la phylogenèse, de même que des schémas de comportements innés...

Spitz montre ensuite dans le développement de cet article que ces prototypes de noyaux du moi se rassemblent à certains moments particuliers du développement qu'il nomme organisateurs, et que cette organisation traduit une opération importante d'intégration, c'est-à-dire de synthèse et de coordination des fonctions somatiques et psychiques.

En 1958, Horace B. English donne de l'intégration la définition suivante : « Il s'agit de la reconnaissance consciente par le petit enfant que son corps et ses membres sont distincts de son environnement et constituent une unité somatique qui possède aussi des qualités psychiques », mais il évoque une intégration qu'il qualifie de secondaire, et qui « consisterait en une graduelle unification des composantes psychiques[17] ».

La dernière définition est celle de Rycroft[18] (1968) : « Il s'agit ici d'un processus qui fait de parties un tout selon la théorie classique, la psyché humaine est à l'origine un ça non intégré, non organisé, et son intégration est le résultat du développement du moi. »

Toutes ces définitions vont, malgré leurs différences, dans le sens d'une équivalence intégration-synthèse.

Or, comment dans cette perspective entendre ce que nous avons, l'empruntant à Moses Laufer, appelé intégration du corps sexué.

Laufer appelle intégration du corps sexué la possibilité pour l'adolescent de se représenter dans sa sexuation et dans ses limites.

---

16. Spitz R.A. (1936), « Integrierung und Differenzierung », article présenté à la Société psychanalytique de Vienne.

17. English H.B. : *A Guide to Usage of Psychoanalytical Terms*, Londres, Longmans, 1958.

18. Rycroft C., *A Critical Dictionary of Psychoanalysis*, Londres, ed. Thomas Nelson & sons, 1968.

C'est, si nous développons cette pensée, la capacité pour l'adolescent de se représenter les transformations de son corps pubère dans un œdipe positif, c'est-à-dire dans une situation où il s'identifie au parent de même sexe et convoite le parent de sexe opposé. Cette intégration du corps sexué signifie donc que le sujet ne se défend pas d'un processus (la puberté) dont il est victime, en refusant ou rejetant hors de sa conscience les affects agressifs qu'il nourrit contre le parent de même sexe, et les affects tendres qui l'attirent vers le parent de sexe opposé.

Ne pas intégrer le corps sexué, c'est donc court-circuiter sa fonction de sujet, refuser les transformations dont le corps est le lieu pour conserver l'illusion d'un statut infantile de dépendance aux parents aussi bien que celui d'une toute-puissance bisexuelle, dans l'imaginaire bien sûr. C'est cette discordance entre la représentation et la réalité, leurs hétérogénéités respectives que les divers mécanismes de défense du moi (refoulement, déni, clivage, projection) vont tenter de réduire. Il s'avère, on l'a vu, qu'ils sont incompétents à permettre un avènement du sujet, là, où le développement du corps pubère est éprouvé comme une atteinte à l'unité du moi. L'intégration du corps sexué est ce temps où les expériences infantiles constituent la mémoire du sujet (non en tant que faculté, mais en tant que traces historiantes). Si cela ne se produit pas, si la dimension actuelle et initiatique du corps pubère est niée, le sujet est en risque de rupture ; corps et psyché tentent d'obéir à des logiques différentes : le travail de liaison qui traduit l'activité de la pulsion de vie laisse le pas à la désorganisation, la désarticulation, expressions de la pulsion de mort.

Les mécanismes de défense du moi en effet s'épuisent à maintenir une unité artificielle du sujet, du « je » – qui refuserait l'identité sexuelle irréversible que la puberté initie. Le corps agressé, le corps désaffecté, le corps maîtrisé, le corps fétichisé sont dans leurs formes extrêmes des mises en scène de pubertés traumatiques qui portent en elle des risques évolutifs non négligeables. Mais on sait que ce n'est pas la réalité concrète de l'objet-corps qui est menaçante mais sa représentation dans le système des représentations œdipiennes (parentales) que l'enfance a constituées comme trame. C'est avec ce préalable que nous aborderons le corps infirme, blessé, stigmatisé.

CHAPITRE VII

LE CORPS STIGMATISÉ

Comment vais-je conquérir mon corps ? se demandait le garçon paralysé... comment vais-je convaincre les gens que la force de mes jambes peut être aussi normale que celle d'un athlète.

Christopher Nolan, *Sous l'œil de l'horloge**.

Le corps stigmatisé expose dans la réalité la marque de son manque, de sa castration. Le stigmate est pris ici dans son sens étymologique comme signe, trace, mais aussi origine supposée de sa souffrance.

Si j'ai tenté de montrer comment l'adolescent, dans un corps sain, pouvait se mettre en situation d'en pervertir l'expression, le développement, l'épanouissement, comment l'imaginaire de l'adolescent pouvait tenter de maîtriser des changements angoissants et résister dans son corps, avec son corps, à l'assomption de la génitalité, mon discours se problématise ici d'une donnée bien concrète : celle du corps blessé[1]. Accidents précoces, chromosomiques (mongolisme ou anomalie de la différenciation sexuelle), séquelles d'une maladie intra-utérine ou néonatale (rubéole, affections méningées,

* Éditions Balland, 1988.

1. J'utiliserai indifféremment les termes de déficience ou de handicap parce qu'il n'est pas dans mon propos ici de poser les problèmes relatifs à chaque type de trouble.

accidents vasculaires de l'accouchement), poussées évolutives de maladies génétiques ou auto-immunes (myopathie ou ataxie télangectiasique) ou traumatismes physiques atteignant l'intégrité corporelle au cours du développement (accidents de la route, traumas sportifs ou autres). Le stigmate est comme un point de butée sur lequel vont se cristalliser imaginairement toutes les difficultés normales de la puberté.

Mon propos sera de montrer que le corps stigmatisé est un corps de désir qui n'a rien à envier à un corps intègre. Si la déficience fait obstacle à l'émergence du travail de l'adolescence, le compromet ou le détruit, c'est dans la mesure où elle ne peut être intégrée dans la construction de l'identité (déficiences précoces), ou fait rupture dans l'édification de celle-ci (déficiences acquises).

Il est loin d'être prouvé, que la capacité de vivre pleinement sa fonction de sujet soit une moindre aptitude chez les handicapés physiques que chez les individus physiquement normaux.

Dans le handicapé se projettent en fait des angoisses qui du fond des âges ont habité la psyché humaine, celle du manque, de la maladie, de la mort. Toutes ont à voir avec le risque de ne plus pouvoir aimer. Or, ce risque-là ne dépend aucunement de la réalité fonctionnelle ou esthétique du corps – en témoigne si besoin est le mythe de la belle et de la bête – mais d'une histoire des origines où se mettent en place les fondements du sentiment d'identité.

La question du handicap, à l'adolescence, impose donc une différenciation entre les accidents précoces et ceux qui surviennent autour de l'événement pubertaire. L'adolescence est une réécriture de l'histoire de l'enfant dans un système de signes où figurent désormais ceux de la procréation et du plaisir génital. L'adolescence n'abrase pas pour autant l'histoire infantile, ne l'efface pas. Si j'ai peu insisté sur celle-ci dans les chapitres précédents, c'est pour lui donner toute sa place ici. Cet « avant » l'adolescence, où se joue dans les relations parents-enfants l'essentiel des identifications, de la mise en place d'une sécurité de base et d'une capacité de penser et de créer, nous permettra de postuler qu'il n'y a pas de différence dans la capacité de conquérir un statut du sujet, entre un corps intègre et un corps déficient. Il ne s'agit pas de dire que le stigmate n'existe pas, mais d'affirmer que l'incapacité ou le désavantage qu'il entraîne est aussi vecteur d'une différenciation qualitative, et en aucune façon impasse au développement normal de l'individu et de sa capacité de plaisir.

La déficience précoce

Une notion me semble ici centrale, c'est celle du narcissime ; je l'ai précédemment assimilée à l'« estime de soi », mais cette définition pèche par condensation.

Le narcissisme est bien l'amour que le sujet se porte, qui peut aller jusqu'à la vanité : cette connotation péjorative est héritée du mythe[2] qui fait de Narcisse un sujet qui n'aime que sa propre image, et qui meurt de désespoir de ne point pouvoir se rencontrer. Mais, en deçà de cette dérive dans l'excès, le narcissisme est l'investissement légitime de soi, comme sujet, capable de penser, de désirer, de jouir, capable de créer et de nouer des relations. Il est le socle sur lequel se construit l'identité. S'il peut être, à l'instar du mythe, marqué du sceau de l'excès : surestimation, surévaluation, ambition démesurée, il peut aussi pécher par défaut, manque de confiance en soi, sous-estimation, sous-évaluation, absence d'ambition. S'impose ainsi l'idée qu'une appréciation juste de sa valeur, un « bon narcissisme », est un atout précieux, sinon une nécessité. Toute réussite personnelle, professionnelle, sociale, amoureuse, le conforte ; tout échec, moquerie, brimade, le précarise. Le narcissisme se consolide des actes créateurs qui ponctuent la vie ; à défaut de ceux-ci, il peut s'étayer sur des objets dont l'acquisition joue le rôle de faire valoir : la voiture, la maison, les bijoux, les objets d'art, peuvent ainsi fonctionner comme des prothèses d'un narcissisme souvent précaire. Les enfants aussi. Si l'analyse du désir d'enfant, par exemple, fait apparaître un tissu complexe de motivations, rationnalisées ou inconscientes dont nous ne saisissons pas toujours la trame, une chose est sûre : nous faisons des enfants

2. Narcisse est né de l'union du fleuve Céphise et de la nymphe Leiriogé. Sa beauté était extraordinaire et il était aimé par tous, les garçons et les filles. Mais il était si vaniteux qu'il les dédaignait tous. Il entraîna ainsi la mort de la nymphe Écho. Les dieux décidèrent alors de lui tendre un piège. Au cours d'une partie de chasse, il fut pris d'une soif intense, aperçut une fontaine, se pencha, et fut pris au piège de sa propre image dont il tomba amoureux. Il mourut de ne pouvoir atteindre l'objet de son amour : à la place de son corps on trouva la fleur appelée narcisse.

pour survivre, pour nous prolonger, pour nous retrouver en eux, pour nous réparer en eux. Plus ou moins consciemment les parents souhaitent éviter à l'enfant les souffrances qu'ils ont vécues, espèrent que l'enfant les dédommagera de ce qu'ils lui donnent, leur renverra une image d'eux, bonne et même flatteuse. Le désir d'enfant est égoïste même s'il s'inscrit dans la logique du don de la vie et de la pérennisation de l'espèce.

L'enfant a pour « mission » de conforter le narcissisme parental, et ce, d'autant plus, que ce narcissisme est fragile.

Or, tout laisse penser que le sujet est d'autant plus capable de s'auto-estimer justement, sans excès et sans fausse modestie, qu'il a acquis, dans son enfance, dans ses premières relations aux parents, le sentiment d'une valeur propre, juste, et qu'il est capable à l'adolescence de mettre cette valeur à l'épreuve de la réalité et de ses jugements. S'il a été investi suffisamment, mais non excessivement, il a pu éprouver les affects positifs que l'entourage lui portait, mais il a pu aussi mesurer que les sentiments négatifs, les critiques légitimes des parents ou de leurs représentants ne le détruisaient pas. Il s'est senti, quels que soient les événements de son histoire, gratifié d'être là, tel qu'il est, quel qu'il soit. Ses certitudes intérieures peuvent subir des variations, rencontrer le doute, la menace extérieure, l'éprouvé d'impuissance, son sentiment d'existence n'est pas pour autant ébranlé dans sa continuité. Le sujet peut souffrir, il sait que la souffrance n'est pas un obstacle à être.

À l'adolescence, si tout s'est bien passé avant, il aura plus de chances de mettre en place des idéaux à sa mesure, de s'imposer des défis, de courir des challenges en mesurant les risques pour lui-même. Il ne se sentira pas dépositaire des ambitions parentales déçues ni investi d'un quelconque mandat par procuration. Il pourra d'autant mieux faire le deuil d'aspirations grandioses qu'il aura éprouvé que l'échec ne tue pas et que, quoi qu'il arrive, il n'est pas susceptible de perdre confiance en lui-même, pas plus qu'il n'a risqué, enfant, de perdre l'amour de ses parents qu'il décevait.

Il saura d'autant mieux s'épanouir, aimer, qu'il aura été justement aimé, suffisamment aimé.

Investi avec excès dans sa petite enfance, l'adolescent, l'adulte qu'il va devenir aura du mal à renoncer à ses privilèges de bébé roi. Son auto-estimatiom à la puberté, défiera les données de la réalité et oscillera entre l'emphase et la déplétion.

Investi insuffisamment, mal aimé, il cherchera par tous les moyens à se rassurer sur ce qu'il représente aux yeux d'un entourage tiers auquel il demandera ce que l'on attend d'une mère, la disponibilité, la sécurité, la réassurance. Dans les deux cas les objets-prothèses pourront être sollicités pour colmater l'insécurité intime, battre en brèche le sentiment de sa fragilité.

Et le cercle de se boucler dans la procréation, et l'enfant à venir d'avoir, ou de n'avoir pas, à étayer le narcissisme parental.

Ainsi se perçoivent, d'une part, les conditions minimales d'investissement d'un enfant pour qu'il advienne au statut du sujet ; d'autre part, l'incidence de la naissance d'un enfant sur le narcissisme des parents et leur capacité, ou non, d'investir l'enfant.

Ainsi se dégagent aussi les conditions dans lesquelles, blessé dans son corps, l'enfant peut être un adolescent comme les autres, ou ne l'être pas. Pour les déficients précoces, en effet, tout va se jouer dans la capacité des parents à investir l'enfant comme un enfant normal, c'est-à-dire comme un sujet potentiel, capable de penser, de créer à sa mesure, de désirer. Il ne s'agira pas de nier la réalité du stigmate, mais de l'admettre comme un fait qui ne compromet pas, *a priori*, l'aptitude de l'enfant à désirer comme les autres, à aimer comme les autres, à être aimé comme les autres.

Cette capacité-là est d'autant plus grande que les parents ne se sentent pas « blessés à mort » par cet enfant-là.

Écoutons Nora, lorsque son fils Joseph, déficient moteur majeur, sollicite par le regard une justification de sa condition :

Plaçant Joseph dans son fauteuil, elle s'assit en face de celui qui avait été son fils, où elle fit face à son accusateur aux cheveux dorés, qui n'arrêtait pas de pleurer, croyant à tort qu'il avait gagné et réduit sa mère au silence. Regardant à travers ses larmes, Joseph vit que Nora se penchait pour le fixer droit dans les yeux : « Je n'ai jamais prié Dieu d'avoir un enfant handicapé, dit elle. Je te voulais plein de vie, capable de courir, de sauter, de parler comme Yvonne (sa sœur). Mais tu es ce que tu es, tu es Joseph, pas Yvonne. Écoute-moi bien, Joseph, tu peux voir, entendre, penser, comprendre tout ce que tu entends, tu aimes ce que tu manges, tu aimes les beaux vêtements, ton père et moi, nous t'adorons, nous t'aimons tel que tu es. » Elle parlait d'un ton qui ne trahissait aucune émotion, lui chialait comme un veau et ne cessait de gémir. Sa mère dit ce qu'elle avait à dire, un point c'est tout. Elle reprit son travail, lui ses pleurs.

La décision à laquelle on parvint ce jour-là s'ancra à jamais dans l'esprit de Joseph. Il n'avait que trois ans, mais raviva la seule étincelle qu'il percevait : il était en vie, et mieux encore, on le désirait tel qu'il était[3].

Mais cette capacité-là n'est-elle pas exceptionnelle ? Peut-on ignorer la blessure que représente pour un humain le fait de donner naissance à un bébé handicapé ?

« Tout s'est effondré quand nous avons su, nous nous demandions pourquoi nous étions punis de nous être aimés. »

« Tout s'est effondré, on n'avait plus de repères, on se demandait si on pouvait continuer à vivre. »

« J'ai eu envie de le tuer pour éviter qu'il souffre. »

« Je trouve ça bien injuste : pourquoi lui, pas son frère et moi, par moments je me demande si je l'aime. »

« Mon mari n'a pas compris que je ne pouvais pas vivre comme avant – il n'a pas supporté, il est parti. »

Tous ces témoignages font apparaître à la fois un vécu de catastrophe, qui donne la mesure de l'atteinte identitaire, et des signes éprouvés de culpabilité (ou d'injustice) qui semblent difficilement dépassables.

Il y a à cela deux ordres de raisons : les unes tiennent aux enjeux narcissiques que j'ai déjà évoqués ; échec, ratage, qui viennent, fragiliser une estime de soi précaire, faire achopper un projet de réalisation de soi dans une maternité ou une paternité : l'enfant handicapé est alors une image insupportable de soi, il est inacceptable.

Les autres relèvent de ce que le handicap vient dévoiler immédiatement l'hostilité maternelle à l'égard de son nourrisson, hostilité que la mère se cache généralement à elle-même, pour ne parler que le langage de la fusion, de la séduction partagées, mais qui apparaît au décours du développement sous des formes d'autant plus perverses que les parents nient une relation d'ambivalence légitime à leur progéniture.

Winnicott disait[4] que « la mère hait son petit enfant dès le début » et il illustrait cette affirmation de l'énumération des mille

---

3. NOLAN C., *Sous l'œil de l'horloge*, *op. cit.*

4. WINNICOTT D.W., « La haine dans le contre-transfert », *De la pédiatrie à la psychanalyse*, Paris, 1987.

raisons qu'une mère a de détester son bébé[5]. Il aurait pu énumérer autant de raisons de l'aimer, si n'avait été l'objet de son propos, à savoir montrer que les sentiments des parents pour leur bébé ne sont jamais exempts d'ambivalence, d'amour et de haine conjuguées. Lorsqu'un enfant naît handicapé, l'hostilité et la déception sont telles qu'elles masquent immédiatement les éprouvés positifs (la mère a d'elle-même une image négative insoupçonnée) et laissent chez la mère une trace indélébile, faite de honte et de culpabilité.

Lorsque l'épreuve peut être dépassée, lorsque, comme Nora, la mère peut investir son bébé et l'aimer tel qu'il est, sans refuser l'idée qu'elle le désirait autrement, lorsqu'elle peut penser l'avenir sans se sentir détruite ou annihilée dans sa valeur propre, le bébé ne sera pas un adolescent différent des autres : son infirmité ne

---

5. Je retranscris intégralement cette note parce qu'elle ne peut à mon avis être résumée.

« Toutefois la mère hait son petit enfant dès le début. Je crois que Freud pensait qu'il était possible qu'une mère puisse n'avoir dans certaines circonstances que de l'amour pour son petit garçon, mais on peut en douter. Nous connaissons l'amour maternel et nous apprécions sa réalité et son pouvoir. Permettez-moi de donner quelques-unes des raisons pour lesquelles une mère hait son petit enfant, même un garçon :

– L'enfant n'est pas sa propre conception (mentale).

L'enfant n'est pas celui du jeu de l'enfance, l'enfant du père, l'enfant du frère, etc.

L'enfant n'est pas produit par magie.

L'enfant est un danger pour son corps pendant la grossesse et à la naissance.

L'enfant représente une interférence dans sa vie privée, un défi à l'occupation antérieure. Dans une plus ou moins large mesure, une mère a le sentiment que sa mère à elle exige un enfant, de sorte que son enfant est produit pour se concilier sa mère.

L'enfant blesse ses mamelons même en tétant, car téter c'est mâcher. Il est cruel, la traite comme moins que rien, en domestique sans gages, en esclave.

Elle doit l'aimer, lui, ses excréments et tout, au moins au début, jusqu'à ce qu'il ait des doutes sur lui-même.

Il essaie de lui faire mal, il la mord de temps à autre, tout cela par amour. Il montre la désillusion qu'il ressent à son égard.

Son amour brûlant est un amour de garde-manger, de sorte que lorsqu'il a ce qu'il veut, il la rejette comme une pelure d'orange.

Au début il faut que le bébé domine, il faut qu'il soit protégé des coïncidences, il faut que la vie se déroule à son rythme, et tout cela exige de sa mère un travail minutieux et constant. Par exemple, il ne faut pas qu'elle soit anxieuse lorsqu'elle le tient, etc.

D'abord, il ne sait pas du tout ce qu'elle fait ou ce qu'elle sacrifie pour lui. Et surtout il ne peut pas laisser place à la haine de sa mère.

Il est soupçonneux, refuse sa bonne nourriture et la fait douter d'elle-même, mais il mange bien avec sa tante.

Après une matinée épouvantable avec lui, elle sort et il sourit à un étranger qui dit "comme il est gentil".

Si elle lui fait défaut au début, elle sait qu'il le lui fera payer à perpétuité.

Il l'excite mais la frustre – elle ne doit pas le manger ni avoir un commerce sexuel avec lui. »

l'empêchera pas de vivre comme les autres l'éveil de la sexualité, la recherche du plaisir, la difficulté de la conquête d'une autonomie, fût-elle uniquement psychique. Un enfant en fauteuil qui voit ses congénères s'ébattre et s'amuser sur la pelouse d'un parc souffre naturellement de ne pas pouvoir partager les jeux. Sa souffrance n'est pas qualitativement ou quantitativement différente de celle du dernier de classe en face des résultats des plus doués.

La réalité qui nous semble, de l'extérieur, être la preuve d'une situation intolérable doit être repensée à travers le filtre de l'imaginaire.

La capacité de l'homme de créer sa souffrance n'est pas en corrélation avec les événements objectifs qui s'abattent sur lui. Cela est particulièrement illustré dans la mélancolie ou le syndrome de Cottard. La souffrance (si elle n'est pas physique), quel que soit le corps que l'on a, est strictement l'éprouvé d'un manque à aimer et à être aimé, et le bonheur, le sentiment du contraire.

Il existe des exemples nombreux d'enfants handicapés, précocement bien investis dans leur corps abîmé, et qu'un bon narcissisme autorise à affronter mieux que d'autres, dits normaux, les épreuves de la vie. Le témoignage de Christopher Nolan a valeur d'exemple, exceptionnel, certes, mais il nous conforte dans l'idée que le problème de ces enfants, de leur capacité de jouissance est moins celui de leur corps stigmatisé, que celui du cœur sinistré de leurs parents.

Le handicap à l'adolescence

Lorsque le handicap survient au cours du développement et notamment au moment de la puberté, il pose des problèmes non moins importants :

– d'une part parce que c'est un moment de la vie où le jeune ne dispose pas de mots pour décrire ce qu'il éprouve, par essence étrange et inquiétant (il ne trouvera ces mots qu'avec le temps). Il est donc condamné à vivre une souffrance psychique incommunicable, qui peut inhiber toute sa capacité de penser ;

– d'autre part, parce qu'en raison des transformations de son corps, le handicap a implicitement, inconsciemment, une signification sexuelle.

Dans un souci de schématisation j'évoquerai successivement les deux aspects de la problématique identitaire qui surgit alors. Nous pouvons voir que s'ils caractérisent aussi l'adolescence dite normale, ils ont ici une intensité particulière que, seule, peut expliquer la coïncidence du fantasme et de la réalité.

Le sens de l'accident

Qu'il s'agisse d'accidents défigurants, amputants, de blessures médullaires, de poussées évolutives de maladies à longévité réduite, qu'il s'agisse de traumatismes majeurs ou d'accidents mineurs laissant des traces externes, la caractéristique de l'événement est univoque : il vient signifier à l'adolescent que ce qu'il vit de sa puberté est assurément dangereux[6]. La castration qui est la représentation d'un quelque chose qui se dérobe toujours à la satisfaction pleine et entière du désir, ou la représentation de son incomplétude, devient une perception concrète, tangible, insistante, et à laquelle il faut donner un sens pour qu'elle puisse être métabolisée. La rationnalisation hésite, balance entre deux formulations : c'est de ma faute, ou, c'est injuste, c'est de la faute de l'autre ; le handicap est toujours dans l'imaginaire une sanction, le châtiment d'une faute ou d'un désir de transgression. La culpabilité a deux visages : le *mea culpa,* ou la revendication agressive. Quelle que soit son expression, elle va affecter la représentation du corps essentiellement dans ses aspects narcissique et sexué, et dans l'activité de pensée.

L'atteinte *narcissique* ne peut pas être sous-estimée. Elle est compensable, mais ineffaçable. Il ne s'agit pas d'un échec à un examen qu'on pourra repasser. Il s'agit d'une situation irréversible, même si des récupérations sont possibles. Le corps ne sera plus jamais celui dans lequel l'enfant a grandi et a été aimé. Ce vécu n'est pas proportionnel à l'ampleur du traumatisme : perdre une main, un œil ou les deux jambes peut entraîner le même

6. J'ai pu ainsi repérer au décours de plusieurs thérapies d'enfants dont l'indication avait été posée sur le diagnostic d'états anxieux majeurs parasitant, malgré l'intelligence des sujets, l'adaptation scolaire et les apprentissages précoces, une problématique de même type consécutive à des « fractures de jambe » survenues chez des garçons entre 6 et 8 ans – c'est-à-dire au stade où la logique du plaisir s'organise autour du désir d'exhiber que l'on a un pénis et que l'on peut s'en servir… La fracture est apparue au cours de ces thérapies comme venant faire la preuve que le plaisir est dangereux, coupable, et que l'identité est une difficile conquête.

effondrement narcissique, le même sentiment d'inestimabilité, de vide, qu'aucun projet ne semblera pouvoir désormais combler et cette atteinte narcissique condense des éprouvés de deuil et de rupture : deuil des idéaux. Le jeune peut éprouver le sentiment que la vie s'arrête là et qu'aucun projet ne vaut la peine d'être investi ; rupture dans la continuité de son histoire car la réalité le confronte à une autre image de lui-même qui menace le sentiment qu'il a de son identité. Cet éprouvé de rupture est d'autant plus intense qu'il se conjugue aux phénomènes pubertaires, vecteurs eux-mêmes de situations d'inquiétante étrangeté. Une blessure non invalidante, mais visible, peut avoir le même effet qu'un traumatisme majeur. C'est moins la réalité du handicap, que l'angoisse que celui-ci fait surgir quant à la question de l'identité, et de la capacité actuelle d'aimer et d'être aimé, qui importe.

Le bouleversement de la *représentation du corps sexué* est une conséquence tout aussi dramatique du traumatisme.

Lorsque l'accident survient en pleine puberté le jeune ne peut pas penser que celui-là n'est pas lié aux transformations pubertaires, à leur dangerosité et, plus encore, n'est pas une sanction d'une activité masturbatoire culpabilisante. C'est un fantasme que l'on peut retrouver aussi chez des victimes plus âgées, qui vivent inconsciemment le traumatisme comme une sanction de désirs sexuels qu'ils croient coupables. Dans ces conditions l'accession à une vie sexuelle ou la récupération de celle-ci, génitale ou non, est lourdement compromise si le sujet ne parvient pas à parler, à mettre en sens ses fantasmes inconscients, à se débarrasser d'une culpabilité qui minera toute tentative de restauration d'une relation de plaisir à l'autre ou à soi-même. Le corps sexué, objet, instrument de plaisir, de jouissance est désormais un objet dangereux, et tout ce qui de près ou de loin évoque cette jouissance doit être évacué de la pensée, au point que cette exigence peut inhiber, paralyser complètement le travail de pensée, de réflexion, de création.

Simultanément le jeune fantasme que son handicap focalise et dévoile en même temps toute son intimité sexuelle ; il cherchera à le cacher, ou au contraire à l'exhiber, pour éprouver les réactions de l'environnement, mais il lui faudra du temps pour se réapproprier un monde interne qu'il imagine exposé dans sa blessure.

Le bouleversement de la représentation du corps sexué est essentiellement une conséquence du vécu masturbatoire. Plus il est éprouvé dans la culpabilité, plus il parasite la signification du handicap, l'intégration de celui-ci dans l'histoire d'un sujet et la continuité de son identité, ainsi que la restauration d'une relation de plaisir au corps blessé.

La masturbation et l'adolescence

L'expérience clinique conforte dans l'idée que l'absence de masturbation à l'adolescence est généralement de mauvais pronostic pour le développement du sujet. La masturbation est un des paramètres de la découverte du corps et de ses ressources de plaisir. Mais l'expérience clinique révèle aussi qu'elle est vécue, dans la majorité des cas, comme une pratique honteuse et dégradante, quelle que soit la tolérance de l'environnement à son égard. C'est la recherche d'un plaisir solitaire qui culpabilise le jeune, mais plus, les fantasmes qui sous-tendent l'activité masturbatoire et qui ont toujours directement, ou de manière détournée, à voir avec des désirs concernant les images parentales. Tout laisse penser dans la clinique que cette culpabilité est plus active et plus redoutable chez les adolescents mâles que chez les filles de même âge : tout fantasme masturbatoire renvoie le sujet à l'objet primitif de ses amours, c'est-à-dire à sa mère : les fantasmes masturbatoires pour le garçon ont donc immédiatement une connotation incestueuse, frappée d'interdit. Chez les filles, ces fantasmes, même s'ils impliquent des images masculines, prolongent une relation à la mère vécue dans la nostalgie et qui n'est pas frappée du tabou de l'inceste.

On a pu dire que la masturbation chez la fille était moins fréquente que chez le garçon. Peut-être. Ce qui semble essentiel, c'est qu'elle n'engendre pas dans les deux sexes les mêmes conséquences.

La lutte contre la masturbation peut prendre chez les garçons comme chez les filles des formes contraignantes, visant à la fois les représentations excitantes (les images, les fantasmes et contenus de pensée) et la répression de l'acte physique lui-même (expiations diverses, châtiments physiques, ascèses etc.). Il est évident en clinique que l'adolescente présente moins souvent des troubles liés à la culpabilité masturbatoire, qui aient l'intensité et la sévérité de ceux que l'on voit couramment chez les adolescents.

Outre la transgression de l'inceste, plusieurs facteurs peuvent être invoqués .

– Chez la fille, le plaisir, initialement clitoridien prend sa forme généralisée, achevée dans la pénétration et l'orgasme : le renoncement à l'excitation locale du clitoris est donc une nécessité pour accéder à une vie sexuelle adulte. La masturbation est une expérience infantile qui n'apporte pas la qualité de plaisir de l'orgasme.

Si l'adolescente y a recours, elle donne l'impression d'en retirer moins de satisfaction que l'adolescent. Elle semble utiliser pour s'exciter plus souvent la main que des objets accessoires et le plaisir obtenu ne dépend pas de la pénétration.

La masturbation de l'adolescente ne semble donc pas se substituer totalement à l'acte sexuel.

– Chez le garçon, au contraire, le plaisir génital n'implique pas de déplacement du plaisir masturbatoire, et même si celui-ci est supposé être qualitativement différent dans l'accouplement, il semble que cela soit plus dans la contribution à l'orgasme des plaisirs préliminaires, de la montée de l'excitation que dans la résolution de cette excitation : l'éjaculation est un seul et même phénomène – qu'il soit auto-érotique ou hétéro-érotique – mais l'éjaculation porte en elle, dans le cas où elle est masturbatoire, l'implicite du « plaisir contre nature » associé au « gaspillage d'une substance précieuse » – qui dans nos cultures chrétiennes a été longtemps sanctionné par la morale ; de plus, elle fait trace, ce qui n'est pas le cas de la masturbation féminine. L'acte masturbatoire masculin porte en fait en lui toutes les caractéristiques d'un acte complet (à ceci près que le partenaire est seulement fantasmé), alors que chez la femme, il n'est jamais qu'un succédané de l'acte sexuel… un petit plaisir.

Un autre facteur aussi important relève de la peur du châtiment ; il y a chez les garçons et les filles des prédispositions différentes à la culpabilité. Le petit garçon qui désobéit aux adultes a peur que la sanction ne soit la section de son pénis. « Si tu ne te tais pas, je vais te couper la langue. » Cette représentation laisse des traces dans la psyché masculine, et devenu adulte, ce petit garçon vivra la faute sous le signe de la menace de la castration. La fille n'intériorise pas la sanction comme une menace physique, corporelle.

Lorsqu'elle devient femme, ses règles viennent témoigner d'une blessure inscrite dans le corps qui n'est ni dangereuse ni en relation avec le plaisir. Cette blessure est cependant suffisamment inconfortable, désagréable, pour qu'elle puisse la considérer comme un tribut payé par avance, ou après coup, à la recherche de plaisir auto-érotique.

D'une façon générale, donc, les adolescentes nous semblent vivre plus facilement que leurs congénères mâles la masturbation ; lorsqu'elles y ont recours, elles se sentent moins coupables qu'eux, de telles pratiques. Cela n'est pas sans effet sur le sujet qui nous intéresse.

Le corps handicapé est toujours symboliquement un corps en souffrance d'identité sexuelle. Il l'est d'autant plus que le traumatisme est survenu au décours de l'adolescence ; au moment où se consolident normalement les identifications et où l'adolescent le vit consciemment comme la sanction des désirs coupables qui accompagnaient l'activité masturbatoire.

Il l'est d'autant plus que son identité acquise était précaire, construite sur un rôle social ou sur le sentiment que l'identité « de genre », d'être homme ou femme, se résumait au fait de pénétrer ou d'être pénétré, d'être actif ou passif. Avant la puberté, l'enfant traverse une phase de développement « phallique », en raison de la place que tient dans la recherche du plaisir le besoin d'être au devant de la scène, de s'exhiber, d'attirer l'attention. Il s'agit en fait pendant cette période de prendre pleinement possession de son « pénis » ou, pour la fille, d'investir son corps comme un équivalent de ce pénis qu'elle n'a pas. Nombreux sont les adolescents, voire les hommes, pour lesquels la recherche du plaisir reste fixée à cette phase phallique du développement, et la relation hétérosexuelle génitale est pour eux moins l'occasion d'une relation de partage, d'échanges de plaisir, que l'opportunité de faire « leurs preuves », d'exhiber leur virilité.

Ceux-là ont du mal à intégrer un handicap, de quelque nature qu'il soit, qu'il permette ou non la procréation, car la blessure physique est l'équivalent d'une atteinte à leur virilité. Dans leur imaginaire, leur capacité de jouissance (dans nos civilisations en tout cas) est plus en rapport avec la virilité (qui condense tous les aspects socioculturels du masculin : la force, l'activité, l'agressivité) qu'avec la masculinité.

Les adolescentes sont moins souvent dans ce piège, les femmes aussi d'ailleurs, elles n'ont pas besoin pour jouir de montrer, de faire la preuve de l'intégrité de leur corps ou de leur organe.

L'adolescent mâle fixé à ce stade phallique est tenté de mesurer sa jouissance à la quantité de ses exploits réels – la femme est plus sensible à la qualité de ceux-ci[7]. Le développement de l'imaginaire qui supplée sans doute à l'absence de pénis, et à l'envie de celui-ci chez la petite fille, lui a donné des instruments et des ressources de plaisir que l'adolescent n'a généralement pas. Le développement des zones érogènes : seins, lèvres, épidermes est plus grand chez les femmes que chez les hommes, sans doute parce que ceux-ci refoulent massivement leur « sensibilité féminine ». L'adolescent est (généralement encore) élevé dans la conviction que son plaisir est suspendu à ce petit bout d'organe et à ses performances plus qu'au développement d'une sensibilité globale, dont participent la sensorialité et la capacité de rêver.

Cela est bien sûr schématique, mais on n'insistera jamais trop sur le fait que l'identité est un tout. Être homme ou femme ne se limite pas au fait d'avoir un pénis en érection ou de ne l'avoir point.

C'est dans ce sens que va A.D. Puth quand il dit :

> Seule une petite partie de la vie sexuelle tient à des facteurs physiques et à la copulation. La plus grande part, et de loin, se rattache au rôle respectif d'être un garçon ou une fille, un homme ou une femme, une épouse ou un époux : rôles-clés de la sexualité qui sont beaucoup plus importants que les facteurs biologiques du sexe et constituent un mode de vie bien plus qu'une expérience de chambre à coucher[8].

Le travail de l'adolescence va donc se problématiser chez le handicapé, de la rupture identitaire (effondrement narcissique) et de la dangerosité de la vie sexuelle. Se dessinent alors les enjeux de la rééducation post-traumatique, car il s'agit somme toute d'aider le jeune à penser que s'aimant, il est susceptible d'aimer, et qu'en aimant, il devient lui-même objet d'amour. Aimer, être aimé n'est pas une affaire d'intégrité corporelle mais de certitude d'être. C'est cela et cela seulement qui assure de la capacité de séduire, d'aimer et d'être aimé. Le handicap est certes un avatar mécanique,

---

7. Birraux A., *Mère et fille, op. cit.* ; « Présentation du "masculin" », *Adolescence*, 1988, 6, 1, p. 5-16.
8. Puth A.D.

fonctionnel, mais le handicap n'est-il pas l'objectivable de ce que chacun porte en lui de l'éprouvé de ses insuffisances ? L'observation démontre[9] que celui qui peut continuer d'assumer sa vie relationnelle, son désir de séduire, sa capacité d'aimer et d'être aimé s'adaptera beaucoup mieux à son handicap, et que son intégration sociale en sera facilitée.

Il y a donc lieu d'aider ces adolescents à mettre en mots ce qu'ils vivent afin de restaurer leur identité blessée, mais aussi à leur faire découvrir le sens de la séduction, le potentiel érotique dont ils disposent pour accéder à une capacité de jouissance et d'échange.

Cette « redécouverte » fera resurgir les angoisses liées aux conflits masturbatoires, et elle peut être complètement bloquée chez les sujets, qui n'ont pas intégré l'idée que la masturbation est normale à l'adolescence, et que la découverte du plaisir partagé passe d'abord par l'investigation des ressources de son propre corps.

Mais elle peut être bloquée aussi par des résistances qui n'ont rien à voir avec le handicap, et qui lui sont injustement attribuées. Le jeune, intègre ou déficient, peut développer des stratégies intimes pour lutter contre les transformations de son corps pubère et l'avènement de sa génitalité. L'accident a pu actualiser ces résistances, marquer le corps de ce que le jeune désirait inconsciemment. La rééducation est une reconstruction de l'histoire en même temps qu'une restauration identitaire, mais à l'adolescence et chez les jeunes adultes, elle ne peut pas faire l'économie d'une approche psychothérapique individuelle pour que soit mis en sens l'affreuse coïncidence entre le traumatisme interne de la puberté et la réalité de l'événement traumatique.

Traumatisme et pensée

Lorsque l'adolescent ne peut faire face sans culpabilité excessive, ou sans angoisse, à son activité auto-érotique, on constate alors des inhibitions de l'activité de penser, de créer, qui sont lourdes de conséquences sur le développement ultérieur.

9. BUSNEL M., CORMAIS A., PRUD'HOMME H., *J. Réadapt. Méd.*, 6, 4, pp. 139-141.

Ce n'est pas la masturbation qui rend malade, comme le laissait croire la médecine moraliste du XIXe siècle, c'est la culpabilité qui induit des stratégies psychiques pour limiter l'afflux d'images excitantes et qui instaure des états d'inhibition massive, de sidération.

L'adolescent en effet s'interdit toute représentation, toute vie imaginaire qui puisse, peu ou prou, avoir une coloration sexuelle[10]. Il s'agit de tenir à l'écart de son monde psychique tout indice qui pourrait activer des fantasmes crûment ou discrètement incestueux ; il s'agit de stériliser la pensée par crainte que ne surgisse une image porteuse d'une excitatiom ou d'une satisfaction érotique. La vie imaginaire se confond pour ces adolescents avec l'acte : penser est agir, et pour ne pas agir, il s'agit de ne pas penser. Chez les adolescents, la capacité d'une pensée personnelle, intelligente, sensée, se dissout peu à peu derrière des attitudes extrêmement conformistes ou carrément sottes, voire tout à fait débiles.

Lorsque cette inhibition apparaît autour de la puberté, sans signes précurseurs, il faut savoir la lier aux angoisses de l'adolescent et à ses tentatives d'évitement de l'émergence de l'excitation sexuelle.

Lorsqu'elle apparaît après le traumatisme physique, elle peut être la conjugaison de ces difficultés inhérentes à la puberté avec des affects dépressifs massifs, d'autant plus profonds et durables qu'ils surviennent sur un narcissisme fragile.

Le traumatisme physique a un effet de sidération de la pensée, parce qu'il n'est jamais, comme on l'a vu, exclusivement physique et que ses connotations narcissique et sexuelle lui donnent une dimension imaginaire qui retentit sur toute l'activité psychique. Cela engendre une limitation du travail de rééducation, de restauration post-traumatique, dans la mesure où elle met en jeu la capacité du sujet à investir des plaisirs compensateurs ou substitutifs. La pensée peut devenir en « soi » une activité érotique et un instrument de séduction, aussi bien qu'un élément de restauration narcissique. Là où la pensée se stérilise, seul l'acte peut mettre en scène le pulsionnel. Si celui-ci est impossible, dans les déficiences motrices par exemple, le sujet s'annihile, se dissout. Il est objet d'une activité bio-physiologique aux extrémités de laquelle il se confondra avec un objet strictement végétatif.

---

10. BIRRAUX A., *La pensée formelle et le travail de séparation à l'adolescence*, Cahiers de l'IPPC, GREUPP, Centre Censier, Paris-VII, novembre 1989.

Ce corps-là, inhibé, sidéré, doit être parlé et faire l'objet d'une prise en charge adéquate pour tenter de rendre la douleur et l'angoisse dicibles.

L'évolution des mœurs a progressivement répudié la notion d'anormalité pour retenir celle de handicap. Depuis l'arrêté du 4 mai 1988, cette notion se spécifie d'une nomenclature plus précise des « déficiences, incapacités, désavantages ».

Cette évolution signifie le souci légitime de na pas taxer d'exclusion sociale celui qui vient au monde, ou qui s'y retrouve par accident, pas comme les autres.

C'est un mouvement dont nous ne pouvons que nous féliciter puisque nous postulons que le corps handicapé est un corps normal de désirs.

Mais simultanément, cette évolution a contribué à l'émergence de deux tendances. L'une en faveur d'une tolérance plus grande au handicap (intégration sociale des handicapés, adapation des équipements, etc.), l'autre en faveur du dépistage précoce du handicap (échographie, amnioscopie), ce qui n'est pas sans laisser une étrange impression d'ambiguïté. Le malaise tient sans doute au fait qu'aucune législation ne peut, ne pourra codifier ce qui, du fond des âges, rend compte de la pérennité de l'espèce : l'intrication des pulsions de vie et pulsions de mort.

Le corps stigmatisé dérangera toujours, quels que soient les discours que l'on tient sur lui, parce qu'il expose comme une évidence absolue, comme une provocation même, la marque du manque, et qu'en même temps, il vient signifier que la force de la vie et du désir échappe à la complétude physique. Il vient incarner l'anormalité de la norme humaine, révéler dans la provocation la monstruosité de l'individu, l'exceptionnalité du sujet, l'insoutenable infirmité de l'être.

Mais le malaise est aussi l'avatar d'une illusion qui, chaque jour, s'entretient de discours mystificateurs où bonheur et progrès technologiques vont de pair, en même temps que s'expérimentent quotidiennement les limites de la science et l'universalité de la souffrance.

L'ambiguïté du « handicap » s'organise autour de deux croyances : l'une que la souffrance d'un corps meurtri est plus insoutenable que celle, intime, singulière, potentielle d'un corps intègre. L'autre, qu'une société technologiquement pointue doit pouvoir maîtriser l'insupportable. Ces deux croyances parasitent le rapport aux événements naturels d'un cycle vital, fussent-ils douloureux : la maladie, le vieillissement, la mort, et expliquent bien des conduites extrémistes de déni, d'exclusion ou de réparation.

Le corps stigmatisé vient chaque jour, à chaque instant nous signifier l'inconnue insolutionnable de notre précaire destin.

On peut comprendre ainsi qu'il soit l'objet de discours contradictoires qui n'épuiseront sans doute jamais l'énigme du sujet.

CONCLUSION

LES ANGOISSES DE L'ADOLESCENT

Il n'y a pas d'existence humaine sans angoisse et la richesse des réalisations de l'homme ne s'explique, sans doute, que par la nécessité d'un négoce avec celle-là, qui permette malgré tout des investissements libidinaux, source de satisfactions suffisantes. « Aucune science, aucune philosophie n'épuisera jamais les angoisses de l'homme », dit Georges Amado[1], et cette notion d'une angoisse normale, humaine, qui légitime l'existence des mécanismes de défense pour que puisse s'autoriser un espace de pensée, pour que puisse se négocier la capacité d'aimer, de créer, de travailler, pose abruptement la question du seuil de la pathologie.

En effet, l'angoisse a une fonction dynamique, une opérativité que l'on ne saurait sous-estimer, à condition que ses abcès de fixation n'invalident pas irréversiblement le fonctionnement psychosomatique du sujet.

La théorisation psychanalytique de l'angoisse nous donne accès à la compréhension de ses conditions d'émergence. Freud en a appréhendé plusieurs figures, plusieurs modèles, qui pour apparaître comme des remaniements d'une conceptualisation initiale jugée insatisfaisante, ne semblent pas devoir s'exclure mutuellement.

L'angoisse est d'abord l'éprouvé d'une tension, d'une excitation, qui ne trouverait pas naturellement ses voies de décharge. Mais, l'angoisse est aussi un signal pour le moi, signal d'un danger ressenti

1. AMADO G., *De l'enfant à l'adulte*, Paris, PUF, 1978.

comme interne, signal d'un conflit qui porte en lui une menace fantasmatique ; l'angoisse n'est donc pas une peur sans objet, comme le dit Janet, mais l'objet de ce danger est l'aboutissement d'une situation interne qui a favorisé l'existence dans la conscience de deux « représentations inconciliables » menaçant l'unité du sujet.

La gestion de l'angoisse passe donc comme on peut le pressentir :

– par une réduction de l'état de tension interne, en initiant des décharges appropriées ; la plus efficace est le travail de mise en représentation, travail qui donne sens à l'éprouvé qu'il lie ainsi avec une imagerie intérieure, mais un certain nombre de mécanismes psychiques de défense, aussi bien que de mécanismes physiques, moteurs par exemple, peuvent contribuer à résoudre temporairement ces états critiques ;

– par la mise à plat du conflit interne qui déclenche l'alarme. La résolution du conflit suppose un travail d'élaboration et de réconciliation des représentations antagonistes ; le passage de la croyance en l'inconciliabilité à l'acceptation de l'ambivalence. Chaque sujet est dépositaire de capacités d'amour et de haine, d'idéalisation et de destructivité, de hautes exigences morales et de désirs peu compatibles avec celles-ci.

L'angoisse n'est pas une création de l'adolescence, mais elle prend au moment de la puberté des formes bien spécifiques : le paradoxe de la puberté réside probablement dans le fait qu'elle condense des expressions anxieuses extrêmement archaïques, et des manifestations plus élaborées qui prennent des allures de processus quasi secondaires. Je pense aux rationnalisations, qui viennent travestir les éprouvés anxieux, en les référant à une causalité externe ; la phobie scolaire par exemple est le prototype de cette situation d'angoisse généralement admise comme une réaction légitime d'évitement d'un système, qui porterait en lui toutes les caractéristiques d'un espace hostile et persécuteur. Je pense aussi, *a contrario*, à ces expressions d'angoisse brute, qui évoquent immédiatement un processus dissociatif si on ne se donne pas le temps de le référer au travail d'intégration de la puberté.

Je m'écarte un peu du sujet pour signaler la tendance actuelle à considérer les manifestations massives d'angoisse comme conséquences d'états dépressifs sous-jacents, latents ou manifestes, et à les traiter comme tels, c'est-à-dire à les médicaliser.

Angoisse et dépression sont certes souvent intriqués : la dépression n'est-elle pas aussi centrale au processus d'adolescence ? Les pertes du corps infantile, des images parentales infantiles génèrent des éprouvés dépressifs dont personne ne peut faire l'économie ; cette conception cependant amène souvent les praticiens à confondre dépression adolescente et dépression adulte, et à prendre à l'égard de la première les mesures thérapeutiques qui s'imposeraient en face d'un état installé et qui tendrait à se chroniciser. La dépression véhiculant toujours la notion de risque vital, réelle ou fantasmée, pour le praticien, la tendance est donc de traiter l'amalgame angoisse-dépression par des régulateurs de l'humeur, sans y associer un espace d'élaboration. Or, la dépression de l'adolescence est, comme l'angoisse, un symptôme normal, qu'on aurait tort de vouloir supprimer par des aides médicamenteuses systématiques, lesquelles ne feraient que masquer les achoppements d'un processus autrement solutionnables.

La prescription médicamenteuse peut s'avérer indispensable pour réguler le sommeil, libérer la capacité de penser souvent pétrifiée par des affects douloureux ; elle ne permet jamais de faire l'économie de l'effort et de la souffrance de l'élaboration, et ne ferait, si telle était la croyance du prescripteur, que repousser cette nécessité à plus tard, sans que les bénéfices immédiats ne soldent nécessairement les difficultés du sujet.

Cette parenthèse étant refermée, subsiste la question de l'angoisse à l'adolescence, en ses formes normales et pathologiques : question ouverte, question peut-être sans réponse si l'on veut bien considérer avec humilité les travaux qui lui ont été consacrés dans la séméiologie et la nosologie médicales sans aboutir pour autant à une clarification du problème. Néanmoins, la relation de l'adolescent à son corps pubère la fait resurgir, et cet essai ne saurait se terminer sans qu'on s'y attarde un peu.

À l'adolescence, les manifestations d'angoisse prennent souvent les oripeaux de la peur : « peur de la maladie, peur de la folie, peur de l autre, peur d'avoir peur ». On sait que la peur est quelquefois la rationnalisation d'une angoisse projetée sur un objet (dans les phobies nommées, par exemple), et en ce sens, une tentative d'élaboration du conflit interne partiellement opérante puisqu'elle circonscrit l'objet du danger et peut ainsi permettre de comprendre ce qu'il représente, mais la peur est aussi un éprouvé normal, légitime, dont les liens avec l'angoisse ne sont pas systématiques.

Peur et angoisse culminent et se conjuguent à l'adolescence pour deux raisons essentielles, articulées à l'avènement du corps pubère.

– La perte des repères infantiles engendre une insécurité qui ravive les éprouvés de la toute petite enfance et de sa néoténie. Le corps est fragile, menacé, mortel. Le destin de l'humain n'est pas l'immortalité et le jeune en prend douloureusement et irréversiblement conscience. Si dans cette détresse aucun objet interne n'est susceptible de lui fournir des assises identificatoires suffisantes pour métaboliser ces éprouvés, si la fonction narcissique de l'objet est précaire, le risque originaire d'effondrement est au devant de la scène. Il est rarement représentable et essentiellement exprimé en termes de faillite du moi. La peur embolise alors l'espace psychique, le corps la parle dans le désarroi, la détresse.

– L'émergence du corps sexué, de la génitalité, la reviviscence des conflits incestueux mettent le moi de l'adolescent à l'épreuve de conflits nouveaux qu'il ne peut pas toujours contenir ni, à plus forte raison, résoudre. La poussée pulsionnelle de la puberté ne trouve pas nécessairement des voies de décharge satisfaisantes. Le surmoi fragilisé, l'idéal du moi encore précaire ne sont pas des instances suffisamment tutélaires pour que le sujet trouve simplement des solutions de réaménagement de son espace psychique. La libido est à la recherche de nouveaux objets, mais ceux-ci ne peuvent advenir sans turbulence. Les conflits internes sont plus menaçants pour le sujet en raison de leur sexualisation. C'est la satisfaction d'une logique de plaisir qui est ici problématique. L'éprouvé est celui d'une tension interne qui ne s'autorise pas à se figurer parce qu'elle est conflictuelle : c'est l'angoisse.

Sans prétendre à l'exposé d'une typologie des angoisses et des peurs, je crois que l'on peut distinguer dans ce registre, chez l'adolescent, trois types d'éprouvés, dont il ne pourra faire l'économie.

L'angoisse de castration

C'est à celle-ci, exclusivement, que Freud fait référence dans ses réflexions sur l'adolescent : Emma, Katharina en sont les prototypes. Les désirs incestueux qui organisent la génitalisation des pulsions du jeune induisent en retour une peur de la sanction par le parent du même sexe, qui les priverait de leur capacité de jouissance.

Ce type d'angoisse peut investir le corps (hystérie), se projeter sur un objet externe (phobie nommée), parasiter les processus de pensée (obsessionnalisation). Définie comme telle, on pourrait dire que l'angoisse de castration est l'angoisse de la névrose ; c'est bien dans la phobie du petit Hans qu'elle a en effet trouvé son espace de définition.

Définie comme telle, cependant, elle se dérobe à ce que j'ai évoqué précédemment de sa fonction structurante, pour n'apparaître que comme la version pathologique d'un affect dont l'universalité est soulignée.

Or, l'angoisse de castration est associée au complexe de castration, c'est-à-dire à un ensemble de représentations qui sont liées à des éprouvés de culpabilité avant même de faire surgir la mise en images de l'hypothétique faute.

Ce complexe de castration a structuré le sujet dans la dimension de la névrose infantile. Quels que soient les événements qui introduisent le sujet à cette perspective, ils sont toujours réellement anecdotiques par rapport à l'importance du remaniement interne qu'ils génèrent. À la puberté, cette angoisse que le refoulement de la latence avait fait taire se réveille brusquement. Les sensations génitales nouvelles, les pratiques masturbatoires renvoient à l'éprouvé de la transgression de l'interdit et à la crainte de sa sanction. Mais, paradoxalement, si l'angoisse de castration est alors à son comble, le complexe de castration, en sa représentation, lui, est abrasé. Si l'enfant pouvait imaginer que son pénis pouvait être l'enjeu d'une quelconque rétorsion paternelle, à cru, cette image n'est plus de mise, car la raison a fait basculer cette représentation du côté des fantasmes inconscients. De plus, la représentation de la complémentarité des sexes vient justement tenter de démentir ce qui fut perçu et intériorisé du manque et du non accès à la jouissance. Il n'empêche que ces fantasmes de castration infiltrent la pensée de l'adolescent de manière fort active et quelquefois paralysante. La raison en est l'envahissement de la pensée par des désirs incestueux, qui doivent nécessairement présider au choix d'objet tout en étant tenus à l'écart de l'activité de pensée. Tout le combat d'Œdipe est d'aller vers Jocaste et de donner raison au destin, en se défendant d'y aller.

L'angoisse de castration ne se met pas facilement en mots, chez un adolescent. L'évocation, même discrète de ses désirs incestueux, généralement le fait fuir. Tel Œdipe, il faut qu'il réalise l'oracle avant de pouvoir entendre qu'il est sur la route de Delphes.

L'angoisse de séparation

Elle a précédé, dans la psychogénèse de l'enfant, l'apparition du complexe de castration et de l'angoisse qui lui est liée. Le prototype en serait l'angoisse traumatique de la naissance ; les figures ultérieures, la perte du sein, la défécation. Peter Blos l'a particulièrement étudiée chez les adolescents, montrant combien le désinvestissement des images infantiles intériorisées, la perte des parents de la petite enfance, étaient l'occasion pour le jeune d'une expression d'insécurité, génératrice d'angoisse, qui raviverait les éprouvés anciens de perte de l'objet d'amour, en des formes souvent archaïques.

Je crois qu'il y a dommage à vouloir établir une typologie de l'angoisse : angoisse de morcellement, angoisse d'effondrement, angoisse de l'étranger, angoisse de castration sont des éprouvés qui sont liés, en ce sens qu'ils témoignent de la souffrance du sujet face aux exigences de la pulsion de vie, exigences qui se manifestent en contrepoint de tout ce qui pourrait contribuer à ce qu'un état d'équilibre acquis se maintienne. Établir une telle classification ne permettrait pas d'échapper à un amalgame, où la qualité de l'angoisse se déduirait de l'événement inducteur. Or, peut-on dire qu'il existe une spécificité de l'angoisse qui dépende des situations qui l'ont générée ?

Freud, lorsqu'il évoque le cas « Emma » et l'angoisse phobique qui envahit cette adolescente, désormais incapable de rentrer dans un magasin parce que les vendeurs se rient d'elle, fait le lien entre la formation substitutive et l'éprouvé d'Emma, qu'il définit essentiellement comme perte du sentiment de sécurité, que la présence d'un jeune enfant suffit à restaurer. Freud pointe aussi, dans ce même texte, la fonction irrationnelle de l'éprouvé puisque la présence d'un jeune enfant lui en fait faire l'économie. Si l'on se rappelle cette phrase de Freud : « L'angoisse chez les enfants n'est à l'origine pas autre chose qu'un sentiment d'absence de la personne

---

2. FREUD S., *Trois essais sur la théorie de la sexualité*, Paris, PBP, p. 135.

aimée… cette angoisse ne s'apaisant que lorsqu'ils peuvent lui tenir la main[2] », on a des raisons de penser que certaines formes d'angoisse sont moins dépendantes de conflits de représentations, ou de conflits d'instance, que de la non-représentabilité de la menace qui pèserait sur un moi dans l'incapacité de se défendre.

Ce qui ferait la spécificité, si elle existe, de l'angoisse de séparation, c'est qu'en mettant à mal le sentiment d'existence du sujet, sa continuité, elle pourrait constituer un équivalent de la peur. L'angoisse de séparation serait la version narcissique de l'angoisse de castration. La séparation est un événement qui n'a aucune raison, *a priori,* de faire surgir l'angoisse. D'une part, la séparation n'est pas la rupture et n'est pas théoriquement dommageable aux objets, à la différence de la rupture qui connote la contrainte, la déchirure ; d'autre part, la séparation n'est pas la perte irréversible de l'objet, à l'instar de ce qui se passe dans le deuil d'un proche par exemple. S'il y avait un éprouvé obligé de séparation, je verrais celui-ci du côté de la dépression plutôt que de l'angoisse.

Si la séparation peut générer une angoisse, c'est qu'elle met en péril la sécurité du sujet, c'est qu'elle le renvoie à un état d'impuissance réelle, c'est qu'elle génère un éprouvé qui met à mal, comme la peur, le sentiment d'existence.

Il est vrai que l'on qualifie souvent l'éprouvé du « second processus d'individuation » comme relevant d'une angoisse de séparation. Si tel est le cas, c'est parce que l'insécurité intérieure de l'adolescent le met en péril d'affronter les représentations de la castration, représentations qui ont été tenues dans l'ombre de la latence, et dont on a vu qu'elles surgissent à la puberté, autrement figurables.

Si l'adolescent, face à la menace réactivée de la castration, ne peut pas s'identifier, dans cette épreuve, au parent homosexuel, s'il revit, dans l'inévitable du traumatisme pubertaire, la détresse de l'impuissance primitive face à une figure inélaborable de la scène primitive, si les objets sur lesquels il s'était appuyé jusqu'alors se dérobent tout à coup, c'est l'élaboration du traumatisme de l'événement qui devient impossible, c'est la question de son identité qui envahit son espace de pensée, au point même de déborder celui-ci et de la confronter à un douloureux sentiment de trop plein, ou de vide (ce qui revient au même), qui échappe à la représentation, mais laisse pressentir un danger réel.

Le moi, ici, se dissout dans l'éprouvé de sa défaillance.

L'angoisse de séparation est un éprouvé bien proche de la peur. Inélaborable dans sa causalité interne, puisqu'elle vient témoigner, en son apparition, de la faillite de l'appareil psychique à donner sens à l'événement menaçant le sentiment d'existence.

La peur de la mort

C'est aussi à l'irreprésentable que se réfère la peur de la mort. Celle-ci peut apparaître avant l'adolescence. On rencontre, en effet, de très jeunes enfants qui posent précocement des questions sur le sens de la vie, formulent des craintes existentielles et expriment quelquefois leur peur de la mort. Cela est cependant relativement rare.

Ces réactions sont souvent induites soit par un événement déclenchant (mort d'un parent, d'un grand-parent), soit par des comportements familiaux ou environnementaux. De même que la tentative de suicide est exceptionnelle chez les jeunes enfants, la peur de la mort aussi. Les adultes qui, en analyse, retrouvent les souvenirs de leurs peurs infantiles associent souvent peur de la mort et peur du châtiment ou de l'enfer, témoignant d'une assimilation par l'enfant de la mort et de la sanction. La notion de péché mortel, dans la religion catholique, me semble assez éloquente à ce propos.

Pourquoi parler de peur de la mort alors que nous avons jusque-là évoqué les éprouvés les plus douloureux de l'adolescent en termes d'angoisse ?

Steckel[3], analysant la parapathie anxieuse et sa relation à l'hystérie anxieuse pour conclure sur le conflit psychique dans la phobie écrit : « Dans toute phobie, on trouvera des rapports de l'angoisse avec le problème de la mort… À toute angoisse est mêlée un peu de peur de la mort : c'est cette composante de l'angoisse qui découle de l'instinct de conservation. »

On peut citer ici la formulation de J. Laplanche[4], « la peur est lourde d'angoisse, l'angoisse se lie à la peur », pour insister sur la difficulté, sinon l'impossibilité de donner à chacun des concepts un statut métapsychologique.

---

3. Steckel W., *Les états nerveux et leur traitement*, Paris, Payot, 1930.

4. Laplanche J. « La peur est lourde d'angoisse, l'angoisse se lie à la peur », in *Problématiques I*, Paris, PUF, 1980, p. 72.

Freud[5], se préoccupant de clarifier la terminologie, distingue non l'angoisse de la peur, mais l'angoisse névrotique de l'angoisse réelle.

On peut parler longtemps de l'angoisse sans songer à la nervosité en général (il y aurait donc plusieurs expressions de l'angoisse...), vous me comprendrez sans autre explication si je désigne cette angoisse sous le nom d'angoisse réelle par opposition à l'angoisse névrotique. Or, l'angoisse réelle nous apparaît comme quelque chose de très rationnel et compréhensible. Nous dirons qu'elle est une réaction à la perception d'un danger extérieur, c'est-à-dire, d'une lésion attendue, prévue, qu'elle est associée au réflexe de la fuite, et qu'on doit, par conséquent, la considérer comme la manifestation de l'instinct de conservation.
Devant quels objets et dans quelle situation se produit-elle ? Cela dépend en grande partie du degré de notre savoir et de notre sentiment de puissance en face du monde extérieur. Nous trouvons naturelles la peur qu'inspire au Sauvage la vue d'un canon, et l'angoisse qu'il éprouve lors d'une éclipse de soleil, alors que le Blanc qui sait manier le canon et prédire l'éclipse n'éprouve devant l'un et l'autre aucune angoisse. Parfois, c'est le fait de trop savoir qui est cause de l'angoisse parce qu'on prévoit alors le danger de très bonne heure. C'est ainsi que le Sauvage sera pris de peur en apercevant dans la forêt une piste qui laissera indifférent un étranger, parce que cette piste lui révélera le voisinage d'une bête fauve, et c'est ainsi encore que le marin expérimenté regardera avec effroi un petit nuage qui s'est formé dans le ciel, nuage qui ne signifie rien pour le voyageur, tandis qu'il lui annonce à lui, l'approche d'un cyclone.

Cela pose la question de la qualité narcissique de la peur.

La peur de la mort n'épargne jamais l'adolescent ! Émergence d'une conscience existentielle et conséquence de la maturation de ses capacités intellectuelles, la question du sens de la vie est aussi celle de l'évidence de la mort.

Bien qu'on sache le rôle de « la mort dans la vie de Freud », cette question n'a pas fait l'objet d'une véritable élaboration métapsychologique.

Dans les premières théorisations de l'angoisse, Freud ne pointera jamais la problématique de l'angoisse de mort[6], mais ciblera

5. FREUD S., *Introduction à la psychanalyse*, Paris, PUF.
6. Par exemple dans le compte rendu de l'analyse de l'homme aux rats confronté précocement à la mort de sa sœur aînée, puis de son père (*L'homme aux rats. Journal d'une psychanalyse*, Paris, PUF, 1974).

les souhaits de mort à l'égard du père qui se cachent derrière l'obsédante inquiétude de « l'homme aux rats pour l'au-delà ».

Dans le cadre de la deuxième théorisation[7] de l'angoisse, il en fera explicitement l'analogon de l'angoisse de castration. L'angoisse de mort ne serait qu'un travestissement, une figuration, un masque de l'angoisse de castration. La seule, l'unique angoisse : « il ne se cache aucun secret plus profond, aucune signification derrière l'angoisse de castration elle-même », écrit-il en 1917 dans *L'inquiétante étrangeté*[8].

Cette négation de l'angoisse de mort comme préfigurative des angoisses ultérieures, ou comme forme spécifique des angoisses humaines, Freud l'explique par le fait que « l'homme ne peut avoir aucune idée de la mort » parce « qu'il n'en a aucune expérience, même dans la perte de conscience, l'évanouissement, elle n'a laissé aucune trace assignable ».

Si l'angoisse suppose « la connaissance ou l'expérience » de l'objet menaçant, il est vrai que l'angoisse de mort n'existe pas, parce qu'elle n'arrive qu'aux autres. La mort n'est pas représentable, « notre inconscient ne croit pas à la possibilité de sa mort et se considère comme immortel... La croyance à la mort ne trouve donc aucun point d'appui dans nos instincts[9] » ou encore « dans l'inconscient il n'y a rien qui puisse donner un contenu à notre concept de destruction de la vie ».

La mort est donc impensable parce qu'elle est infigurable. A. Green[10] écrit :

> Le radicalisme de ses vues (Freud) sur l'inexistence de la mort dans l'inconscient, faute d'une représentation de celle-ci est justifié par le type de rationnalité qui est propre aux processus primaires ; celui-ci ne connaît ni doute, ni degré dans la certitude. Il ignore la négation et demeure insensible au passage du temps, donc à toute idée de temps.

Il me semble donc qu'il faut distinguer l'angoisse de mort comme envers des désirs hostiles à l'égard du parent œdipien (et

7. FREUD S., *Inhibitions, symptômes et angoisse*, Paris, PUF, 1983.
8. *Id. L'inquiétante étrangeté*, Paris, p. 182.
9. *Id. Essais de psychanalyse*, Paris, p. 263.
10. GREEN A., *Narcissisme de vie, narcissisme de mort*, Éd. de Minuit, coll. « Critique », Paris, 1983, p. 257.

dont on voit les masques qu'elle peut prendre par exemple chez Bergmann depuis le *Septième sceau* jusqu'à *Fanny et Alexandre*) et la peur de la mort qui est cette rencontre du sujet avec l'évidence de sa finitude. C'est cet éprouvé-là que vit l'adolescent, éprouvé dont il avait pu faire l'économie dans ses relations infantiles – et dont il peut éventuellement tenter d'escamoter l'impact (en courant au-devant des risques physiques ou en prenant dans la création artistique un pari sur l'éternité par exemple).

La notion d'irreprésentabilité, de non-figurabilité de la mort dans l'inconscient permet de comprendre le caractère discutable de la notion d'angoisse de mort. La mort, en effet, se soustrait à l'incompatibilité des représentations et à la conflictualisation qui en découle, puisqu'elle est a-figurée.

La mort admet pourtant, dans le moi, une, voire des figurations possibles. La perte définitive d'un objet externe investi en est une expression dans la mesure où elle dessaisit le sujet de sa raison de vivre : la fin d'une relation de plaisir peut porter en elle la menace d'un anéantissement pour le moi. La maladie, même bénigne, peut être aussi le support d'une telle mise en scène, au point que l'on peut admettre que si la mort n'est pas représentable, elle organise et nourrit des représentations spécifiques qui toutes ont à voir avec le sentiment d'impuissance à maîtriser l'événement extérieur.

L'expression « peur de la mort » a donc ici sa pertinence, parce que, même si cet éprouvé est travaillé, complexisé par des conflictualités inconscientes quelles qu'elles soient, elle est essentiellement la résultante d'une relation du moi à ses propres limites, du rapport du moi au destin et à sa menace bien réelle, dont tout changement est peu ou prou le messager.

Cette peur de la mort est chez l'adolescent bien insistante : elle coïncide avec ce que Georges Amado décrit comme « l'éveil de la conscience d'être ». Les troubles de l'endormissement en sont l'expression la plus banale, l'hypocondrie, une autre de ses manifestations dans laquelle se saisit l'intrication de l'angoisse de castration et des peurs existentielles.

Cette approche de la relation à la mort de l'adolescent ouvre, quant à son élaboration, à une question ontologique. Si l'émergence de la génitalité se résume à « Comment puis-je être ce corps ? Comment puis-je être homme ou femme ? », l'accession à la conscience d'être et de mourir situe l'adolescent dans un tout autre espace. Les réponses qu'il attend des aînés reprennent en écho l'énigme originaire, jusqu'à ce qu'il découvre qu'il est créateur du sens de son histoire, mais en cette affaire, un héros terriblement seul.

« Si l'adolescent est le regret de l'adulte, c'est que celui-ci réalise mieux, plus tard, qu'alors s'est ouvert un grand espoir, presque toujours trop vite refermé[11]. »

S'agirait-il alors, pour nous adultes, de contribuer à faire en sorte que cet espoir, pour les adolescents à venir, ne se referme pas trop vite sur des regrets ou des chimères, mais qu'il soit l'espace d'une véritable création ?

---

11. AMADO G., *L'être et la psychanalyse*, Paris, PUF, 1978.

BIBLIOGRAPHIE COMPLÉMENTAIRE

AMADO Georges, *L'être et la psychanalyse*, Paris, PUF, 1978.
De l'enfant à l'adulte, la psychanalyse au regard de l'être, Paris, PUF, 1979.

ANZIEU Didier, « Le moi-peau », *Nouvelle revue de psychanalyse*, 1974, 9.

AULAGNIER Piera, *La violence de l'interprétation du pictogramme à l'énoncé*, Paris, PUF, 1981.

BIRRAUX Annie, « Présentation du "masculin" », *Adolescence*, 1988, VI, 1.
– « Deux concepts à la dérive », *Psa. Univ.*, 1986, 11, 42.
– « De la peur du corps chez les psychanalystes », *Psa. Univ.*, 1989, 14, 53.

BLUM Harold P. (textes réunis par), *Dix ans de psychanalyse en Amérique*, Paris, PUF, 1981.

BRUSSET Bernard, *L'assiette et le miroir*, Privat, 1977.
– *Psychanalyse du lien, la relation d'objet*, Le Centurion, 1988.
– « Les boulimies de l'anorexie mentale », *Persp. psychiat.*, 1979, 17, 5.

BROUSSELLE André, GIBEAULT Alain, VINCENT Michel, « Revue de quelques travaux psychanalytiques sur l'adolescence », *Revue française de psychanalyse*, 1980, XLIV, 3-4.

CAHN Raymond, « L'inquiétant étranger », *Psychanalyse, adolescence et psychose*, Payot, 1986.
– « De quelques vicissitudes de l'espace transitionnel l'adolescence », *Revue française de psychanalyse*, 1980, XLIV, 3-4.
– « La psyché et la mort, l'espace du mythe », *Revue française de psychanalyse*, XLIII, 3, 1979.
– « L'adulte et l'odyssée adolescente », *Psychiatrie de l'adolescent*, PUF, 1982.

CHASSEGUET-SMIRGEL Janine, *L'idéal du moi. Essai psychanalytique sur la maladie d'idéalité*, Tchou, 1975.

DEJOURS Christophe, *Le corps entre biologie et psychanalyse*, Payot, 1986.

FREUD Sigmund, (1905) *Trois essais sur la théorie sexuelle*, Gallimard, 1969.
– (1905) *Le mot d'esprit et ses rapports avec l'inconscient*, Gallimard, 1969.
– (1915) « Les pulsions et leur destin », trad. J. Laplanche et J.B. Pontalis, in *Métapsychologie*, Gallimard, 1968.
– (1916) « L'inquiétante étrangeté », in *Essais de psychanalyse appliquée*, Gallimard, 1971.
– (1926) *Inhibition, symptôme, angoisse*, Paris, PUF, 1951.
– (1927) « Le fétichisme », in *La vie sexuelle*, Paris, PUF, 1969.

ERIKSON Erik, *Adolescence et crise*, Flammarion, 1972.

GREEN André, *Narcissisme de vie, Narcissisme de mort*, Paris, Éd. de Minuit, 1983.

GUTTON Philippe, « La transaction fétichique à l'adolescence », *Adolescence*, 1983, I, 1.
– « La maladie, tache aveugle », in *Adolescence*, 1985, III, 2.
– « La maladie somatique conçue comme rite », *Neuro. Psy. de l'enfance et de l'adolescence*, 1983, 8, 9.

JEAMMET Philippe, « Les handicaps survenant à l'adolescence ou la désignation d'un adolescent comme handicapé consituent-ils un handicap supplémentaire ? », in *Le jeune handicapé et sa famille*, ESF, 1982.

KESTEMBERG Évelyne, KESTEMBERG Jean, DECOBERT Simone, *La faim et le corps*, Paris, PUF, 1972.

LADAME François, *Les tentatives de suicide des adolescents*, Fribourg, Masson, 1981.

LADAME François, JEAMMET Philippe, *La psychiatrie de l'adolescence aujourd'hui*, Paris, PUF, 1986.

LAPLANCHE Jean, *Problématiques I – L'angoisse*, PUF, 1980.

MÂLE Pierre, *La crise juvénile*, Paris, Payot, 1982.
– *De l'enfant à l'adulte*, Paris, Payot, 1984.

PASCHE Francis, *À partir de Freud*, Paris, Payot, 1969.

WINNICOTT David W., *De la pédiatrie à la psychanalyse*, PBP, 1969.

TABLE DES MATIÈRES

Collection Païdos

dirigée par le professeur Pierre Ferrari

La bibliothèque de psychologie et de psychopathologie de l'enfant et de l'adolescent publie dans les domaines suivants : – les âges de l'enfant – les grands aspects de la vie psychique – les formes de socialité – la psychopathologie – la psychologie – la thérapeutique – les théories du développement de l'enfant – la recherche.

Dans la même collection :

Gérard Bléandonu, *L'école de Melanie Klein.*
Sylvie Bouchet, *De mère à grand-mère.*
Bernard Brusset, *Psychanalyse du lien.*
Sylvie Cady, *Le corps, la parole, le mouvement.*
Sylvie Cady, *Latéralité et image du corps chez l'enfant.*
Yvonne Castellan, *L'enfant entre mythe et projet.*
Jacques Chabanier, *Le centre médico-psycho-pédagogique.*
Catherine Charbit, Annie Cervoni, *L'enfant psychotique et l'école.*
Pierre Clanché, *L'enfant écrivain.*
Aaron Coriat, *Les enfants surdoués.*
Rosine Debray, *Bébés/mères en révolte.*
Jean-Marie Dolle, Denis Bellano, *Ces enfants qui n'apprennent pas.*
Jacques Doron, *Le chaos psychique.*
Marie Drouet, Michelle Royer, *L'enfant violenté.*
Didier-Jacques Duché, *L'enfant au risque de la famille.*
Alberto Eiguer, *Un divan pour la famille.*
Alberto Eiguer, *Une fêlure dans le miroir.*
Yannick François, *Françoise Dolto.*
Rose Gaetner, *Un hôpital de jour enfants psychotiques et autistes.*
Pierre et Claudine Geissmann, *Histoire de la psychanalyse de l'enfant.*
Bernard Gibello, *L'enfant à l'intelligence troublée.*
Philippe Gutton, *Le bébé du psychanalyste.*
Serge Lebovici, *Le nourrisson, la mère et le psychanalyste.*
Jean Le Camus, *Les racines de la socialité.*
Jean-G. Lemaire, *Famille, amour, folie.*
Colette Pericchi, *Le fil de la vie.*

Gérard Poussin, Isabelle Sayn, *Un seul parent dans la famille.*
Zélia Ramozzi-Chiarottino, *De la théorie de Piaget à ses applications.*
Michel Soulé et Bernard Golse (sous la direction de), *Les traitements des psychoses de l'enfant et de l'adolescent.*
Jean-Claude Stoloff, *L'interprétation.*
Hélène Stork, *Enfances indiennes.*
Astrid van der Straten, *Premiers gestes, premiers mots.*
Pierre Verdier, *Recueil des textes législatifs et réglementaires sur l'aide sociale à l'enfance.*

Païdos/Adolescence :

Annie Birraux, *L'adolescent face à son corps.*
Pierre Kammerer, *Délinquance et narcissisme à l'adolescence.*
Hervé Tenenhaus, *Le tatouage à l'adolescence.*

Païdos/Histoire :

Jacqueline Gateau-Mennecier, *Bourneville et l'enfance aliénée.*
Danielle Laplaige, *Sans famille à Paris.*
Jean-Marie Renouard, *De l'enfant coupable à l'enfant inadapté.*

Païdos/Recherche :

Sous la direction de Jacques Hochmann et Pierre Ferrari, *Imitation, identification chez l'enfant autiste.*
Sous la direction de Yvon Gauthier, Serge Lebovici, Philippe Mazet et Jean-Pierre Visier, *Tragédies à l'aube de la vie.*
Sous la direction de Christiane Préneron, Claire Meljac et Serge Netchine, *Des enfants hors du lire.*

Journal de la psychanalyse de l'enfant

n° 1 L'interprétation.
n° 2 Le cadre.
n° 3 Colloque de Monaco. Psychanalyse de l'enfant ?
n° 4 Le transfert.
n° 5 Psychanalyse des psychoses de l'enfant.
n° 6 Le contre-transfert.
n° 7 Le narcissisme à l'adolescence.
n° 8 Rêves, jeux, dessins.

n° 9 Traumatismes.
n° 10 Identifications.
n° 11 La fonction paternelle.
n° 12 L'observation du bébé.
n° 13 Dépressions.
n° 14 Naissance de la pensée, processus de pensée.
n° 15 Métaphore et représentation.

Depuis 1994, Bayard Éditions publie la revue *Adolescence* dirigée par le professeur Philippe Gutton :

n° 23 *Errances.*
n° 24 *Croyances.*

À paraître :

n° 25 *Psychodrame.*
n° 26 *Fin d'adolescence.*

Achevé d'imprimer en novembre 1994 dans les ateliers de
Normandie Roto Impression s.a., 61250 Lonrai
N° d'éditeur : 1946. N° d'imprimeur : I4-2145. Dépôt légal : novembre 1994
Imprimé en France